はじめに

　我が国においては、科学技術創造立国の理念の下、産業競争力の強化を図るべく「知的創造サイクル」の活性化を基本としたプロパテント政策が推進されております。

　「知的創造サイクル」を活性化させるためには、技術開発や技術移転において特許情報を有効に活用することが必要であることから、平成9年度より特許庁の特許流通促進事業において「技術分野別特許マップ」が作成されてまいりました。

　平成13年度からは、独立行政法人工業所有権総合情報館が特許流通促進事業を実施することとなり、特許情報をより一層戦略的かつ効果的にご活用いただくという観点から、「企業が新規事業創出時の技術導入・技術移転を図る上で指標となりえる国内特許の動向を分析」した「特許流通支援チャート」を作成することとなりました。

　具体的には、技術テーマ毎に、特許公報やインターネット等による公開情報をもとに以下のような分析を加えたものとなっております。
　・体系化された技術説明
　・主要出願人の出願動向
　・出願人数と出願件数の関係からみた出願活動状況
　・関連製品情報
　・課題と解決手段の対応関係
　・発明者情報に基づく研究開発拠点や研究者数情報　　など

　この「特許流通支援チャート」は、特に、異業種分野へ進出・事業展開を考えておられる中小・ベンチャー企業の皆様にとって、当該分野の技術シーズやその保有企業を探す際の有効な指標となるだけでなく、その後の研究開発の方向性を決めたり特許化を図る上でも参考となるものと考えております。

　最後に、「特許流通支援チャート」の作成にあたり、たくさんの企業をはじめ大学や公的研究機関の方々にご協力をいただき大変有り難うございました。

　今後とも、内容のより一層の充実に努めてまいりたいと考えておりますので、何とぞご指導、ご鞭撻のほど、宜しくお願いいたします。

独立行政法人工業所有権総合情報館

理事長　藤原　譲

カーテンウォール　　　　エグゼクティブサマリー

カーテンウォールは外壁材の主流

■ 施工性、耐久性、外観意匠性に優れたカーテンウォール

　高層建築においては、なお一層の高層化に伴い、作業性のよい、耐震性に優れ、かつデザイン性に富んだ、色彩豊かなカーテンウォールが求められている。

　とりわけ、施工現場においては、工期短縮を図るため、構造躯体への荷重負担を軽減させるための外壁部材の軽量化およびプレハブ化が肝要である。

■ 技術で支えるカーテンウォール

　ガラスカーテンウォールは枠材を無くして、全面をガラスとしたSSG構法によるカーテンウォールの開発により、パネルに継目のない斬新なデザインのカーテンウォールの採用が活発である。

　さらに、近年はガラスを支えるアルミ支持部材の接着強度と耐久性を向上させた2辺SSG構法および4辺SSG構法の開発により、耐風圧性の高いカーテンウォールとして脚光を浴びている。

　また、ガラス繊維や炭素繊維を使用した高強度で、成形性に優れ、軽量化されたPCカーテンウォールが開発されたことで、近年、PCカーテンウォールが盛んに使用されるようになった。

　さらに、メタルカーテンウォールでは、正六角形の蜂の巣状のハニカムコアを2枚の面材に接着して組み立てたサンドイッチ状のアルミハニカムパネルが軽量化を目的として開発され、高層建築に採用されるようになった。

　そして、メタルとPCカーテンウォールの長所を採り入れた複合カーテンウォールは、ハイブリットカーテンウォールとして知られ、耐火性、遮音性、断熱性、施工性に優れ、かつ軽量化されたことから活発に使用されるようになった。

■ カーテンウォール技術は建材メーカ・住宅施工会社が保有

　主要企業20社で、カーテンウォール出願件数の54％を占めている。

　その内訳は、建材メーカが12社で出願件数の61％、住宅施工会社が4社で出願件数の26％、ゼネコンが4社で出願件数の13％を占めている。

| カーテンウォール | エグゼクティブサマリー |

カーテンウォールは外壁材の主流

■ 環境・居住性の確保向上が鍵

　都市部では、高層ビル間に飛び交う各種電気通信機器から発生する電波によって引き起こされるさまざまな電波障害が起きている。

　近年、電波障害防止対策として、導電性のある金属とガラスを複合化した電波遮断ガラスカーテンウォールや、フェライト・炭素繊維などの電波吸収材料をPCパネルに嵌め込んだ電波吸収型カーテンウォール、あるいは逆に、電波を透過する非金属繊維で補強したPC板を使用して室内に電波を透過させ、室内の機器に乱反射させて電波が外部に出ることを抑制した電波透過型カーテンウォールなどの技術開発が活発である。

　また、外壁の有効面積を利用して、太陽電池などを組み込んだカーテンウォールを採用したり、冷暖房設備を外壁空き部分に取付けるなどのインテリジェントビルへの対応が活発である。

■ 技術開発の拠点は関東地方に集中

　主要企業20社の開発拠点を発明者の住所・居所でみると、東京都、千葉県、神奈川県など関東地方に16拠点、関西地方の大阪府に4拠点、愛知県、静岡県、三重県などの中部地方に4拠点、北陸地方の富山県に2拠点、東北地方の山形県に1拠点ある。

■ 技術開発の課題

　近年の建築物の大型化、高層化に伴い、施工性向上を図るため、高強度で耐衝撃性に優れた超薄肉で、超軽量化された外壁材の技術開発が活発である。

　軽く、強く、錆びにくい21世紀の金属といわれるチタンを使用した外壁材や、軽量骨材と発泡剤をコンクリートに混在させて製造した超軽量PCパネルや、超軽量ビニロン繊維等を使用した補強PCパネルなどのより一層技術開発と実用化を図る必要がある。

　また、SSG工法を使用したガラスカーテンウォールにおいては、ガラスの接着強度を高めたシーリング材の技術開発と実用化が求められている。

　一方、ヒートアイランド現象を抑制する取組みが環境庁から提示され、都市部から熱量を減らすための一環として、メタルフレームの中に植栽基盤を敷設した壁面緑化カーテンウォールの開発の促進と実用化が望まれている。

カーテンウォール　主要構成技術

カーテンウォールに関する特許分布

カーテンウォール技術は外壁技術と、外壁取付技術および外壁接合技術に大別され、それぞれ各技術要素からなっている。

重複を除いたカーテンウォールに関連した特許・実用新案で、1991年以降2001年10月までに公開された出願件数は、全体で2,646件になっている。このうち、外壁技術に関連するものが1,327件、外壁取付技術に関連するものが1,088件、外壁接合技術に関連するものが231件である。

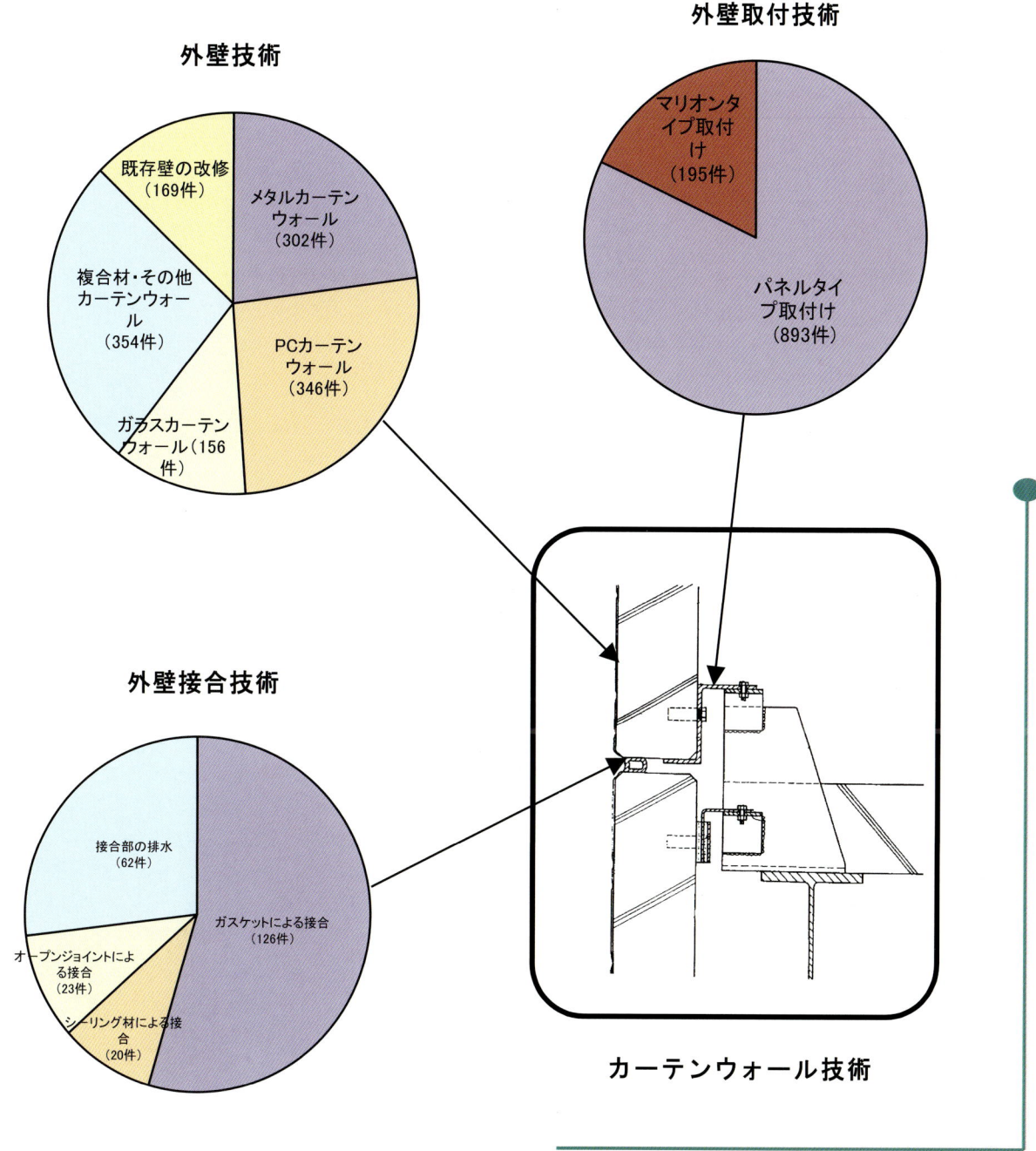

外壁技術
- 既存壁の改修（169件）
- メタルカーテンウォール（302件）
- 複合材・その他カーテンウォール（354件）
- PCカーテンウォール（346件）
- ガラスカーテンウォール（156件）

外壁取付技術
- マリオンタイプ取付け（195件）
- パネルタイプ取付け（893件）

外壁接合技術
- 接合部の排水（62件）
- ガスケットによる接合（126件）
- オープンジョイントによる接合（23件）
- シーリング材による接合（20件）

カーテンウォール技術

カーテンウォール　技術の動向

安定成長に入った特許出願

> カーテンウォールの開発は1992年から93年にかけて多くの出願が集中したが、その後95年に一時的な増加がみられたものの、全体として出願件数は減少している。外壁技術に関する出願は91年から93年にかけて増加したが、それ以後ほぼ安定している。外壁取付技術に関する出願はパネルタイプ取付け技術の出願が多く、近年は漸減の様相を示している。また、外壁接合技術に関する出願はガスケットによる接合技術の開発が主流となっており、94年以降はほぼ横ばい状態を維持している。

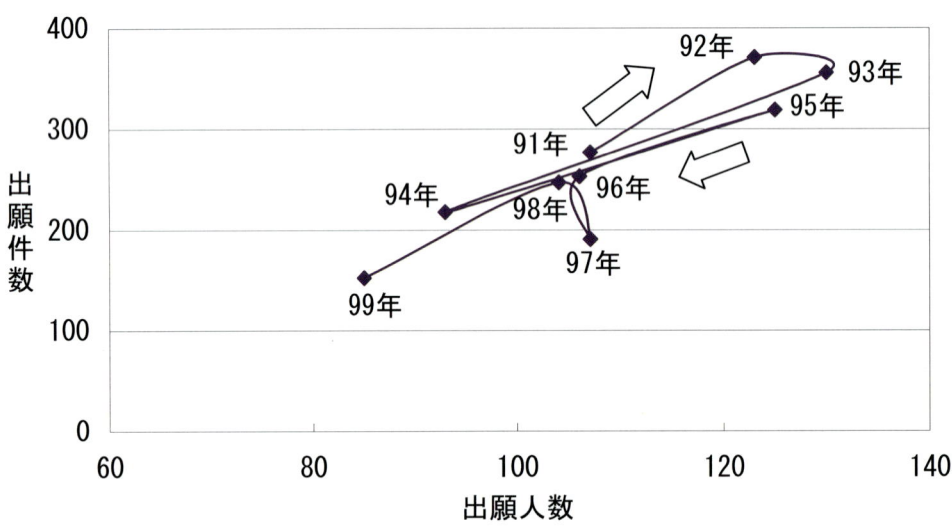

カーテンウォールにおける出願人数と出願件数との関係

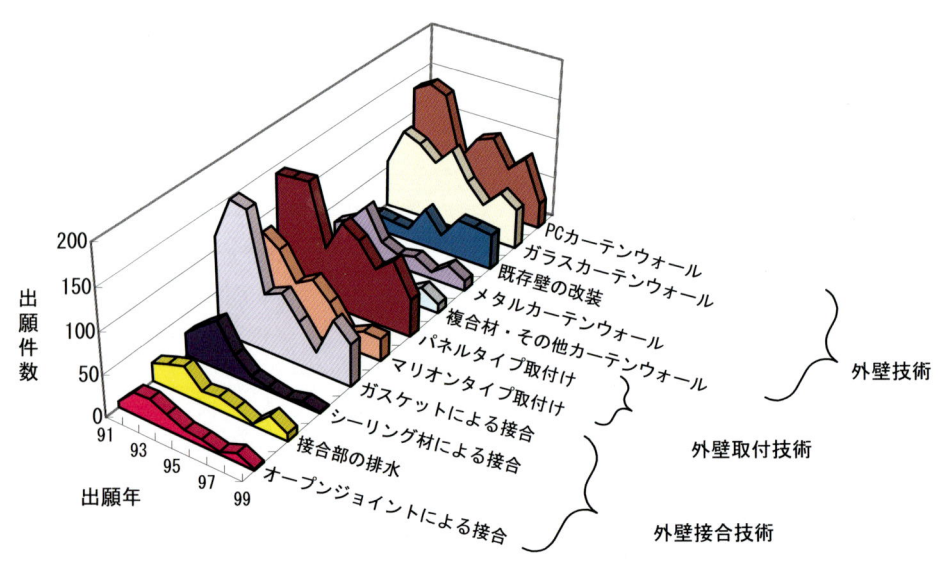

カーテンウォールの特許出願件数推移

カーテンウォール

課題・解決手段対応の出願人

施工性、耐久性と外観向上が課題

> PCカーテンウォールの技術開発課題は施工性向上、耐久性向上と外観品質向上に関するものが多い。この分野の特許は旭化成、積水ハウス、クリオンが保有するものが多い。

課題＼解決手段	パネル構造の改善 本体構造の改善	取付部の改善	接合部の改善	製造法の改善 加工法	加工装置	加工法の改善 設備・治具の改善	連結法の改善	施工手順の改善	材料の変更 材料・材料構成の変更	その他 その他の改善
施工性の向上 作業性向上	2	26	9	1		3	2	1		
軽量化	1	2	3							
工期短縮										
耐久性向上 強度向上	3									
耐震・耐風圧性向上										
耐候性向上	2									
外観向上 外観意匠性向上										
生産性向上 製造の容易化										
構造の簡素化・共通化										
環境・居住性向上 気密性向上										
電波特性の改良	3									
断熱性改良										
防湿性向上	1									
省エネ	1									

課題＼解決手段	パネル構造の改善 本体構造の改善	取付部の改善	接合部の改善	製造法の改善 加工法の改善	加工装置の改善	加工法の改善 設備・治具の改善	連結法の改善
施工性の向上 作業性向上	旭化成 住友金属鉱山	旭化成(6) 積水ハウス(6) クリオン(3) 住友金属鉱山(2) YKK.A.P(2) 日本イトン工業(2) 鹿島建設 ミサワセラミックス 竹中工務店 ナショナル住宅産業 清水建設	旭化成(3) 住友金属鉱山(3) ナショナル住宅産業(2) YKK.A.P	旭化成		積水ハウス 鹿島建設 大成建設	積水ハウス 住友金属鉱山
軽量化	鹿島建設	旭化成(2)	鹿島建設(2) 竹中工務店				
耐久性向上 強度向上	旭化成(2) 大林組	クリオン(3) 竹中工務店(2) ノザワ(2) 旭化成 クリオン ナショナル住宅産業 日本イトン工業	クリオン		大和ハウス工業		
耐震・耐風圧性向上		大林組(2) 積水ハウス クリオン 鹿島建設 ミサワセラミックス 大成建設	積水ハウス				
耐候性向上	旭化成 鹿島建設						
外観向上 外観意匠性向上		旭化成(2) クリオン ナショナル住宅産業	旭化成(2) 積水ハウス 住友金属鉱山 クリオン YKK.A.P				
生産性向上 製造の容易化		クリオン		旭化成 積水ハウス 鹿島建設 大和ハウス工業 ミサワセラミックス ミサワホーム ノザワ	ミサワホーム(2) 鹿島建設		
構造の簡素化・共通化		旭化成(2)					ミサワホーム
環境・居住性向上 気密性向上			竹中工務店 大成建設 YKK.A.P				
電波特性の改良	鹿島建設(3)						

v

カーテンウォール　技術開発の拠点の分布

技術開発の拠点は関東地方に集中

主要企業20社の技術開発拠点を発明者の住所・居所でみると、東京都、千葉県、神奈川県など関東地方に16拠点、大阪府に4拠点、愛知県、静岡県、三重県などの中部地方に4拠点、山形県、富山県など東北・北陸地方に3拠点ある。

技術開発拠点図

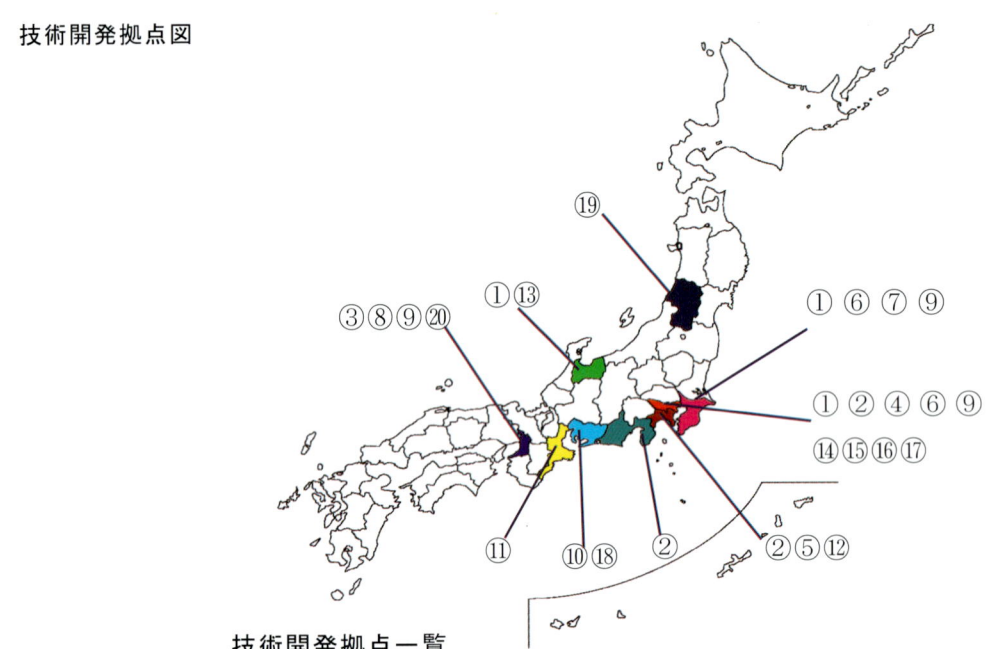

技術開発拠点一覧

NO	企業名	事業所名	住所
①	YKK.A.P	本社	東京都
		京葉工場	千葉県
		滑川工場	富山県
②	旭化成	本社	東京都
		川崎工場	神奈川県
		富士工場	静岡県
③	積水ハウス	本社	大阪府
④	新日軽	本社	東京都
⑤	旭硝子	中央研究所	神奈川県
⑥	住友金属鉱山	本社、電子事業所	東京都
		中央研究所	千葉県
⑦	日本建鉄	本社	千葉県
⑧	ナショナル住宅産業	本社	大阪府
⑨	竹中工務店	本社、大阪本店	大阪府
		東京本店	東京都
		技術研究所	千葉県
⑩	クリオン	名古屋工場	愛知県
⑪	セントラル硝子	松坂工場	三重県
⑫	不二サッシ	本社	神奈川県
⑬	三協アルミニウム工業	本社、富山工場	富山県
⑭	ミサワホーム	本社	東京都
⑮	鹿島建設	本社、技術研究所	東京都
⑯	大成建設	本社、住宅事業本部	東京都
⑰	清水建設	本社	東京都
⑱	イナックス	本社	愛知県
⑲	アイジー技術研究所	技術研究所	山形県
⑳	東洋シヤッター	本社	大阪府

1991年1月～2001年10月までに公開の出願

カーテンウォール — 主要企業の状況

主要企業20社で54%の出願件数

> 出願件数の多い企業はYKKアーキテクチュラル プロダクツ、旭化成、積水ハウス、新日軽、旭硝子である。
> このうち、YKKアーキテクチュラル プロダクツは出願件数が全期間を通して高い水準にあるが、旭化成、積水ハウスは1990年代後半の出願が多くなっている。

No.	出願人	91	92	93	94	95	96	97	98	99	計
1	YKKアーキテクチュラル プロダクツ	27	50	53	24	34	22	14	29	16	269
2	旭化成	3	15	19	19	22	20	22	22	5	147
3	積水ハウス	10	12	4		10	33	5	33	7	114
4	新日軽	9	17	12	12	20	9	4	7	10	100
5	旭硝子	6	11	7	9	11	5	7	6	5	67
6	住友金属鉱山	6	12	8	2	8	12	6	8	4	66
7	日本建鉄	6	24	8	11	7	1	3	2	1	63
8	ナショナル住宅産業	14	12	7	10	7	4	1	1	3	59
9	不二サッシ	7	15	10	9	4	8		3	2	58
10	竹中工務店	13	9	10	11	8	1	2	1	1	56
11	アイジー技術研究所	1	5	1	1	23	1	5	4	13	54
12	クリオン	4	10	5	6	8	8	5	6		52
13	セントラル硝子	1	4	3	8	11	6	6	11	1	51
14	三協アルミニウム工業	1	3	10	1	3	10	5	6	8	47
15	ミサワホーム	6	13	6	2	6	5		5	3	46
16	鹿島建設	3	9	16	3	2	5	3	2	3	46
17	大成建設	2	3	3	3	5	2	6	10	9	43
18	清水建設	8	10	9	3	2	1	3	2	2	40
19	イナックス	6	2	1	1	1	3	2	4	5	25
20	東洋シヤッター			16	9						25

出願件数の割合

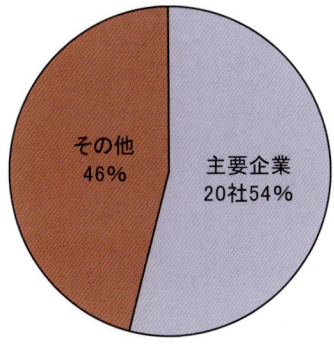

1991年1月～2001年10月までに公開の出願

カーテンウォール　主要企業

YKK アーキテクチュラル プロダクツ株式会社

出願状況	技術要素・課題対応出願特許の概要
YKK アーキテクチュラル プロダクツ（株）の出願は269件である。 そのうち登録になったもの特許76件、実用新案24件であり、係属中の特許・実用新案は97件である。 マリオンタイプ取付けに関する特許を多く保有している。	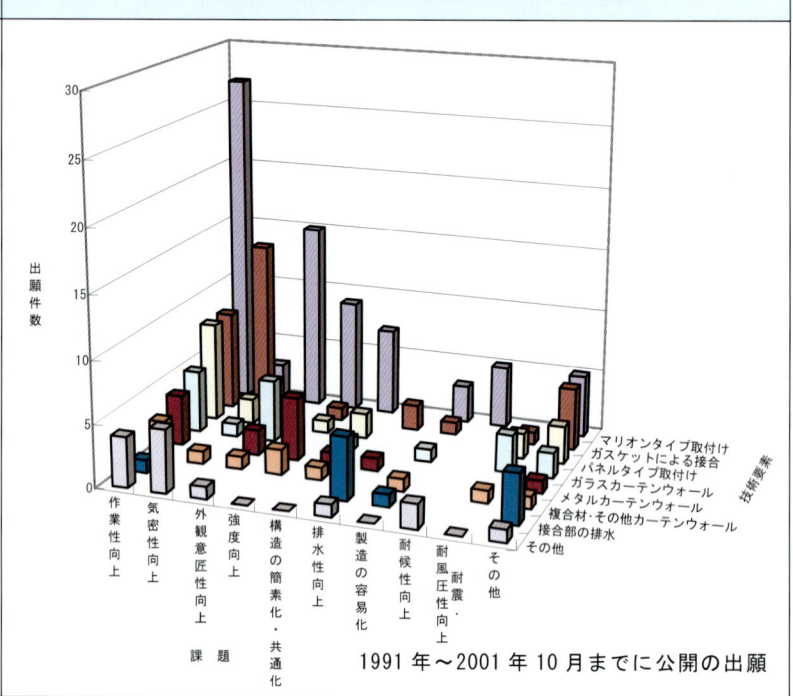 1991年～2001年10月までに公開の出願

保有特許リスト例

技術要素	課題	解決手段	発明の名称 特許番号	概要
メタルカーテンウォール	作業性向上	接合部の改善	分割方立式カーテンウォールの水蜜装置 特許2849039	分割方立において、方立内に浸入した漏水を無目部分から排水させ、分割方立の上下連結部にジョイントパッキンを配置することで現場での作業が容易になる
マリオンタイプ取付け	外観意匠性向上	連結方法の改善	カーテンウォールにおける縦軸回転装窓 特許2763457	障子の横框と縦框のいずれか一方をシール材で接着してガラスを支持し、他方は框溝にのみ込ませて支持すると同時に、のみ込み支持する側の框とガラスの室外側の面を壁体に一致させる構造とすることで見栄えが良くなる

カーテンウォール　主要企業

旭化成株式会社

出願状況	技術要素・課題対応出願特許の概要
旭化成（株）の出願は147件である。 　そのうち登録になったもの、特許8件であり、係属中の特許・実用新案は108件である。 　パネルタイプ取付けに関する特許を多く保有している。	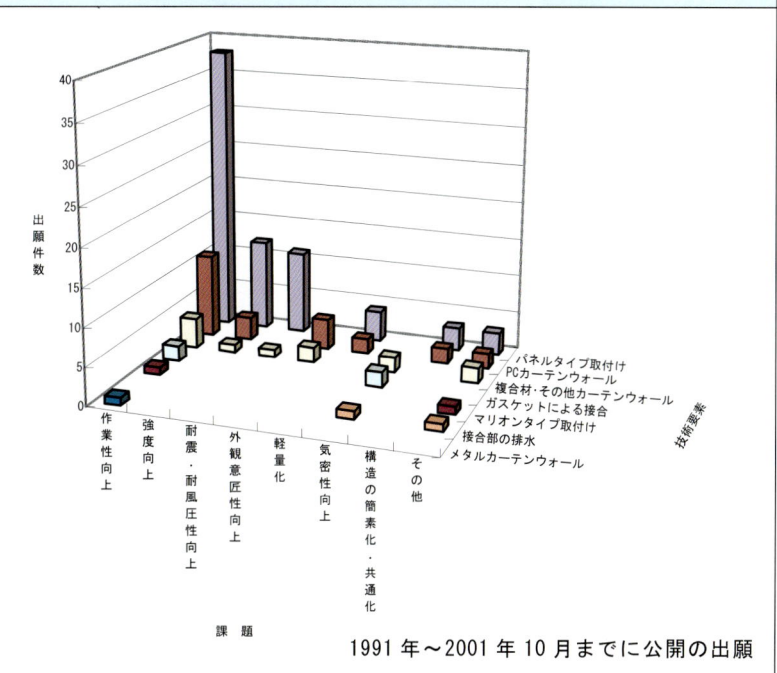 1991年～2001年10月までに公開の出願

保有特許リスト例

技術要素	課題	解決手段	発明の名称 特許番号	概要
PCカーテンウォール	作業性向上	加工法の改善	ファスナー埋込パネル 特開平11-006245	型枠に鉄筋籠およびファスナを配置してモルタルを打設し、発泡が完了して半硬化状態のとき、所定の厚さに切断し、これにより発泡面と切断面を形成後、オートクレーブ養生した大型ALCパネルを使用して作業性向上を図る
PCカーテンウォール	外観意匠性向上	パネル取付部の構造改善	出隅部用パネルの取付構造 特開平10-338981	コーナーパネルの長手方向の小口面に穴を穿孔し、フランジに立設されるとともに、突起を有する棒状部材を穴に挿入固定し、躯体に固定したアングルピースにフランジを固定してコーナーパネルを躯体に取付けることで出隅部の外観性が向上する

カーテンウォール　主要企業

積水ハウス株式会社

出願状況	技術要素・課題対応出願特許の概要
積水ハウス（株）の出願は114件である。 そのうち登録になったもの特許10件、実用新案2件であり、係属中の特許・実用新案は93件である。 パネルタイプ取付けに関する特許を多く保有している。	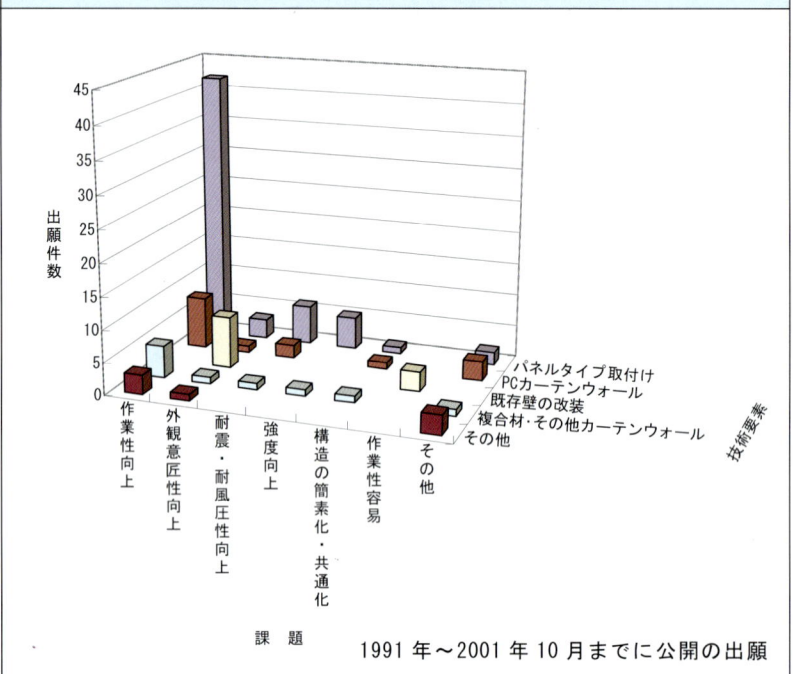 1991年～2001年10月までに公開の出願

保有特許リスト例

技術要素	課題	解決手段	発明の名称 特許番号	概要
PCカーテンウォール	耐震性・耐風圧性向上	パネル接合部の改善	壁パネル 特開平 11-315602	サイディング材と金属製フレームとを相互に接着し、さらにサイディング材裏面側にねじ込まれたビスにてサイディング材と金属製フレームを相互に固定することで耐震性が向上する
パネルタイプ取付け	強度向上	連結方法の改善	外壁の入隅構造 特開平 10-121624	一側縁に略45度の傾斜面を互いに形成した一対の入隅用パネルを傾斜端面で突合せることで連結部の強化を図る

| カーテンウォール | 主要企業 |

新日軽株式会社

出願状況

新日軽（株）の出願は100件である。

そのうち、登録になったもの特許22件、実用新案12件であり、係属中の特許・実用新案は41件である。

マリオンタイプ取付けに関する特許を多く保有している。

技術要素・課題対応出願特許の概要

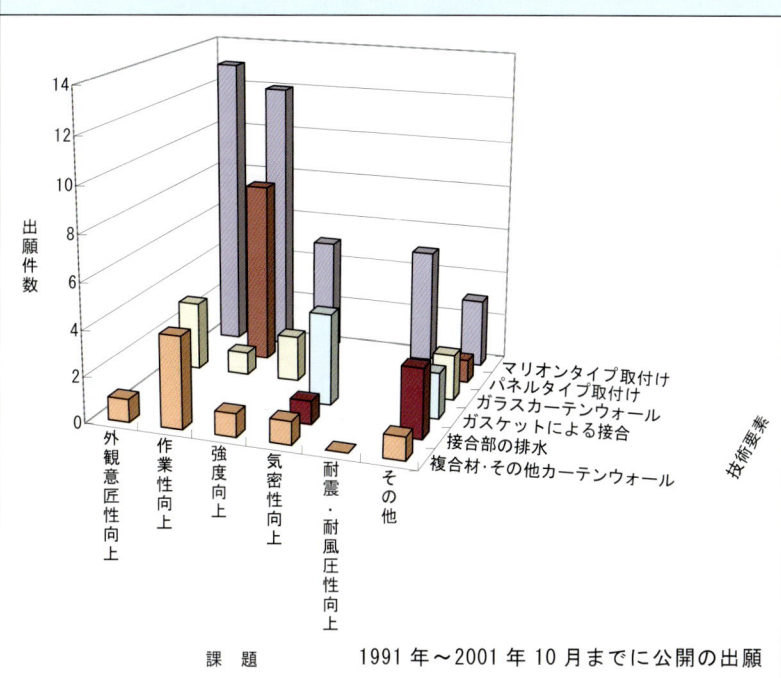

1991年～2001年10月までに公開の出願

保有特許リスト例

技術要素	課題	解決手段	発明の名称 特許番号	概要
パネルタイプ取付け	作業性向上	構造枠の改善	パネルユニットの連結装置 特開平11-200540	下側ユニットの両縦枠上部に所定の幅の連結ブラケットを上方に突出するように固着し、上側ユニットの両縦枠下部に配した縦枠と一体化された連結片の切欠き部を上記連結ブラケットに嵌合連結する構造とすることで施工性がよくなる
接合部の排水	排水性向上	排水構造の改善	面材を有する外壁における排水装置 特許3054045	ガスケットと枠材の当接部分に囲まれる縦樋空間と横樋空間が構成され、これらが連通され、ガスケットのガラス下部係止溝部と横樋空間とを連通する導水路と、少なくとも一個所は室外に連通する排水路が下部ガスケットに形成されている

カーテンウォール　　主要企業

旭硝子株式会社

出願状況	技術要素・課題対応出願特許の概要
旭硝子（株）の出願は67件である。 そのうち、登録になったもの特許7件、実用新案1件であり、係属中のものは47件である。 ガラスカーテンウォールに関する特許を多く保有している。	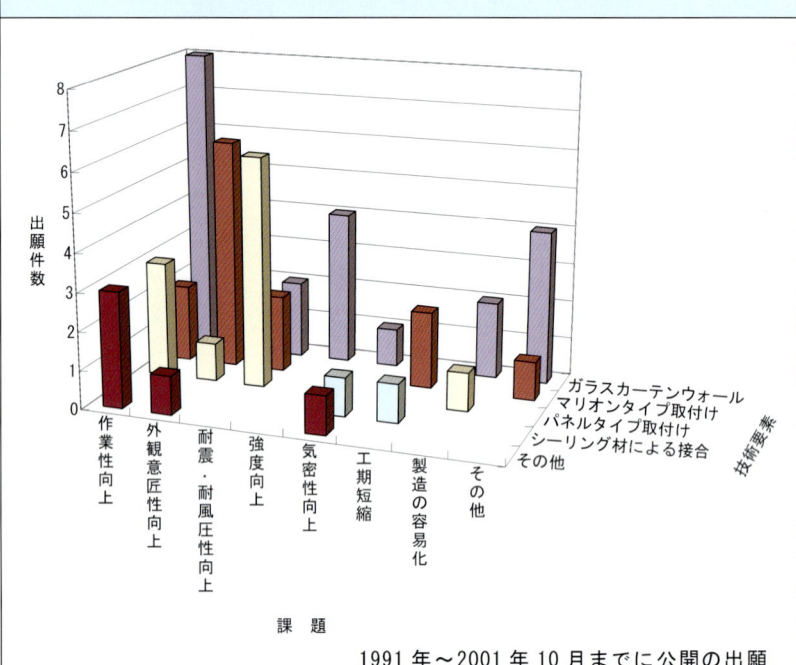 1991年～2001年10月までに公開の出願

保有特許リスト例

技術要素	課題	解決手段	発明の名称 特許番号	概要	
ガラスカーテンウォール	作業性向上	設備・治具などの改善	緊張材張力調整装置 特開平 11-270028	緊張材に装着した押え具を張力付与治具により躯体側へ押圧して緊張材へ張力を付与するとともに、連結部に設けた張力調整具を人力で作業できるようにする	
パネルタイプ取付け	耐震性・耐風圧性向上	構造枠の改善	板ガラスの施工構造体 特開平 11-159036	ガラス壁面を構成する面ガラスの突合せ部分に変位同調部材を挿入して固定枠に固着し、固定枠と面ガラスとが同調変位する構造とし、地震発生時、ガラス壁面に接着されたリブガラスに作用する曲げ荷重の軽減を図る	

目次

カーテンウォール

1. 技術の概要
1.1 カーテンウォールの技術 3
1.1.1 カーテンウォールの歩み 3
1.1.2 カーテンウォールの技術 5
(1) 外壁技術 6
(2) 外壁取付技術 10
(3) 外壁接合技術 11
1.2 カーテンウォール技術の特許情報へのアクセス 13
1.3 技術開発活動の状況 14
1.3.1 カーテンウォール技術の動向 14
1.3.2 外壁技術 16
(1) メタルカーテンウォール 16
(2) PCカーテンウォール 17
(3) ガラスカーテンウォール 18
(4) 複合材・その他カーテンウォール 19
(5) 既存壁の改装 20
1.3.3 外壁取付技術 21
(1) パネルタイプ取付け 21
(2) マリオンタイプ取付け 22
1.3.4 外壁接合技術 23
(1) ガスケットによる接合 23
(2) シーリング材による接合 24
(3) オープンジョイントによる接合 25
(4) 接合部の排水 26
1.4 技術開発の課題と解決手段 27
1.4.1 外壁技術 27
(1) メタルカーテンウォール 27
(2) PCカーテンウォール 29
(3) ガラスカーテンウォール 32
(4) 複合材・その他カーテンウォール 35
(5) 既存壁の改装 38
1.4.2 外壁取付技術 41
(1) パネルタイプ取付け 41

目次

  (2)マリオンタイプ取付け 44
 1.4.3 外壁接合技術 47
  (1)ガスケットによる接合 47
  (2)シーリング材による接合 49
  (3)オープンジョイントによる接合 50
  (4)接合部の排水 51

2．主要企業等の特許活動

2.1 YKK アーキテクチュラル プロダクツ 56
 2.1.1 企業の概要 56
 2.1.2 製品例 56
 2.1.3 保有特許の概要 57
 2.1.4 技術開発拠点 66
 2.1.5 研究開発者 67
2.2 旭化成 68
 2.2.1 企業の概要 68
 2.2.2 製品例 68
 2.2.3 保有特許の概要 69
 2.2.4 技術開発拠点 76
 2.2.5 研究開発者 76
2.3 積水ハウス 77
 2.3.1 企業の概要 77
 2.3.2 製品例 77
 2.3.3 保有特許の概要 78
 2.3.4 技術開発拠点 84
 2.3.5 研究開発者 85
2.4 新日軽 86
 2.4.1 企業の概要 86
 2.4.2 製品例 86
 2.4.3 保有特許の概要 87
 2.4.4 技術開発拠点 92
 2.4.5 研究開発者 93
2.5 旭硝子 94
 2.5.1 企業の概要 94
 2.5.2 製品例 94
 2.5.3 保有特許の概要 95

目次

- 2.5.4 技術開発拠点 99
- 2.5.5 研究開発者 99
- 2.6 住友金属鉱山 101
  - 2.6.1 企業の概要 101
  - 2.6.2 製品例 101
  - 2.6.3 保有特許の概要 102
  - 2.6.4 技術開発拠点 106
  - 2.6.5 研究開発者 106
- 2.7 日本建鉄 108
  - 2.7.1 企業の概要 108
  - 2.7.2 製品例 108
  - 2.7.3 保有特許の概要 109
  - 2.7.4 技術開発拠点 113
  - 2.7.5 研究開発者 113
- 2.8 ナショナル住宅産業 115
  - 2.8.1 企業の概要 115
  - 2.8.2 製品例 115
  - 2.8.3 保有特許の概要 115
  - 2.8.4 技術開発拠点 119
  - 2.8.5 研究開発者 120
- 2.9 不二サッシ 121
  - 2.9.1 企業の概要 121
  - 2.9.2 製品例 121
  - 2.9.3 保有特許の概要 122
  - 2.9.4 技術開発拠点 127
  - 2.9.5 研究開発者 127
- 2.10 竹中工務店 129
  - 2.10.1 企業の概要 129
  - 2.10.2 製品例 129
  - 2.10.3 保有特許の概要 130
  - 2.10.4 技術開発拠点 135
  - 2.10.5 研究開発者 135
- 2.11 アイジー技術研究所 137
  - 2.11.1 企業の概要 137
  - 2.11.2 製品例 137
  - 2.11.3 保有特許の概要 138

目次

- 2.11.4 技術開発拠点 143
- 2.11.5 研究開発者 143
- 2.12 クリオン 145
  - 2.12.1 企業の概要 145
  - 2.12.2 製品例 145
  - 2.12.3 保有特許の概要 146
  - 2.12.4 技術開発拠点 150
  - 2.12.5 研究開発者 150
- 2.13 セントラル硝子 152
  - 2.13.1 企業の概要 152
  - 2.13.2 製品例 152
  - 2.13.3 保有特許の概要 153
  - 2.13.4 技術開発拠点 157
  - 2.13.5 研究開発者 157
- 2.14 三協アルミニウム工業 159
  - 2.14.1 企業の概要 159
  - 2.14.2 製品例 159
  - 2.14.3 保有特許の概要 160
  - 2.14.4 技術開発拠点 164
  - 2.14.5 研究開発者 164
- 2.15 ミサワホーム 166
  - 2.15.1 企業の概要 166
  - 2.15.2 製品例 166
  - 2.15.3 保有特許の概要 167
  - 2.15.4 技術開発拠点 170
  - 2.15.5 研究開発者 171
- 2.16 鹿島建設 172
  - 2.16.1 企業の概要 172
  - 2.16.2 製品例 172
  - 2.16.3 保有特許の概要 173
  - 2.16.4 技術開発拠点 176
  - 2.16.5 研究開発者 177
- 2.17 大成建設 178
  - 2.17.1 企業の概要 178
  - 2.17.2 製品例 178
  - 2.17.3 保有特許の概要 179

目次

- 2.17.4 技術開発拠点 183
- 2.17.5 研究開発者 183
- 2.18 清水建設 185
  - 2.18.1 企業の概要 185
  - 2.18.2 製品例 185
  - 2.18.3 保有特許の概要 186
  - 2.18.4 技術開発拠点 189
  - 2.18.5 研究開発者 189
- 2.19 イナックス 191
  - 2.19.1 企業の概要 191
  - 2.19.2 製品例 191
  - 2.19.3 保有特許の概要 191
  - 2.19.4 技術開発拠点 193
  - 2.19.5 研究開発者 193
- 2.20 東洋シヤッター 195
  - 2.20.1 企業の概要 195
  - 2.20.2 製品例 195
  - 2.20.3 保有特許の概要 196
  - 2.20.4 技術開発拠点 199
  - 2.20.5 研究開発者 199

3．主要企業の技術開発拠点

- 3.1 カーテンウォールの技術開発拠点 203
  - 3.1.1 カーテンウォール全体 203
  - 3.1.2 外壁技術 205
    - (1)メタルカーテンウォール 205
    - (2)PCカーテンウォール 206
    - (3)ガラスカーテンウォール 207
    - (4)複合材・その他カーテンウォール 208
    - (5)既存壁の改装 209
  - 3.1.3 外壁取付技術 210
    - (1)パネルタイプ取付け 210
    - (2)マリオンタイプ取付け 211
  - 3.1.4 外壁接合技術 212
    - (1)ガスケットによる接合 212
    - (2)シーリング材による接合 213

目次

  (3) オープンジョイントによる接合 214
  (4) 接合部の排水 215

資料
 1. 工業所有権総合情報館と特許流通促進事業 219
 2. 特許流通アドバイザー一覧 222
 3. 特許電子図書館情報検索指導アドバイザー一覧 225
 4. 知的所有権センター一覧 227
 5. 平成 13 年度 25 テーマの特許流通の概要 229
 6. 特許番号一覧 245

1．技術の概要

1.1 カーテンウォールの技術
1.2 カーテンウォール技術の特許情報へのアクセス
1.3 技術開発活動の状況
1.4 技術開発の課題と解決手段

> 特許流通
> 支援チャート

1. 技術の概要

カーテンウォールはデザイン性に富み、耐火性、耐震性、耐候性、気密性などの性能に優れ、かつ現場での施工性に優れていることから、今や高層建築の外壁材の主流をなしている。

1.1 カーテンウォールの技術

1.1.1 カーテンウォールの歩み

　カーテンウォールは、高い耐風圧性、水密性、気密性を有し、建築の自由な表情を表すために高層建築の外壁として技術開発され、今日に至るまで製品化が急速に進んだ。カーテンウォール採用の主な目的は、構造躯体への荷重負担を軽減させる軽量化であり、外壁のプレハブ化である。これによって、危険な高所での作業を減らすことが可能となり、工期が短縮されるとともに仮設足場が不用となるという長所を享受することができる。

　カーテンウォールの近代建築への適用の起源は、1911年、ドイツのアルフェルトのファグス工場の建築に携わったヴァルター・グロピウスによるものとされている。

　我が国においては、1960年に、飯野ビルへサッシ及びスパンドレル（腰壁）が採用されている。その後、1964年に竣工した新宿京王百貨店ビルは、当時のカーテンウォール技術の粋を集めた代表例として挙げられている。

　この年には、建築基準法の改正による高さ制限の撤廃に伴い、高層のホテルニューオータニ本館が東京オリンピックの開幕にあわせて短期間で建設されたが、このとき、外壁にはメタルカーテンウォールが採用された。このメタルカーテンウォールのなかでは、アルミカーテンウォールが代表的なものとして挙げられ、1968年には、日本最初の柔構造により設計された超高層ビルの霞が関三井ビル外壁に、このアルミカーテンウォールが用いられた。

　アルミカーテンウォールには、代表的なものとして、鍛練性のよい「展伸アルミニウム」製と鋳造性の良い「鋳物用アルミニウム(アルミダイキャスト)」があり、超高層ビルなどにおける建築の生産性や経済性を向上させるとともにデザインの改良に寄与してきた。

　その後、アルミハニカムカーテンウォールが、アルミ単板の大型化にともなう素材の反り、ロールの巻き跡、スタッド溶接跡、製品の歪みによる外観上のクレームなどへの対応から検討された。1976年には、米国カプル社がシートタイプの接着剤を使い、恒温高圧プレス方式によるハニカムパネルの製造を開始し、さらに、1978年には、シカゴのTwo

North Lasalleビルのカーテンウォールを、高温焼付けフッ素ハニカムパネルにて製作している。

このハニカムパネルは、正六角形をした蜂の巣状のハニカムコアを、2枚の面材に接着して組み立てた構造となっており、アルミニウム材で構成したものをアルミハニカムパネルという。アルミハニカムパネルは、1943年以来、航空機に使用され進歩してきた。日本では、1995年竣工した新宿アイランドタワーのカーテンウォールに使用されている。

最近では、メタルカーテンウォールのうち、抜群の耐久性のあるチタンカーテンウォールが、デザインやイメージ面あるいはメンテナンスフリーの観点から、ライフサイクルコストを考慮したうえでの採用が増えつつある。1996年には、臨海地域における耐食性、耐久性の良いチタンパネルを使用したフジテレビ本社ビルが竣工した。

一方、低価格化を目的として、あらかじめ工場でプレキャストコンクリート工法により生産されるPCカーテンウォールは、1964年に初めて富山第一生命ビルに採用された。その後、建築物の高層化とそれに伴い施工の合理化・工業化の要請に応えて急速に発展し、軽量化への努力と相俟ってメタルカーテンウォールと同様に外壁として発展してきた。この軽量化は、軽量骨材の使用やPC板の薄肉化、繊維形新素材の活用などの技術によって、開発が進められている。

さらに、アルミサッシの高性能ジョイント材などの開発により、横連窓や、縦方向の連窓を炭素繊維で補強したCFRCカーテンウォールが登場した。代表例として、縦連窓カーテンウォールが、民間による我が国最初の大規模都市開発により1986年に竣工したアークヒルズ内の「アーク森ビル」に適用された。

近年のマルチメディア時代への突入とともに、ビル内では携帯電話、無線LANなどの電波が、また、鉄道や送電線などからはさまざまな電磁波が飛び交っている。これらの電磁波による障害を防ぐために、電磁波の遮蔽、吸収、透過技術を利用して、快適な業務環境を作り出すサイバービルが誕生している。その一例として、ガラスカーテンウォールの表面に金属膜をコーティングして電磁波を遮蔽する技術が採用されている。

2000年10月には、植物を緑化する自動灌水設備付のグリーンスクエア・エコカーテンウォールが開発・発売されており、近年のヒートアイランド現象を抑制し、都市部の熱量を減らす取り組みがなされている。

1.1.2 カーテンウォールの技術

表 1.1.2 は、カーテンウォールの技術構成とその概説および 1991 年以降 2001 年 10 月までに公開された特許・実用新案の出願件数を表わしたものである。技術は、外壁技術、外壁取付技術および外壁接合技術に大別され、それぞれ各技術要素からなっている。なお、重複を除いたカーテンウォールに関連した特許・実用新案出願件数は 2,646 件となっている。

表 1.1.2 カーテンウォールの技術構成

技術区分	技術要素	解説	特許・実用新案件数
外壁技術	メタルカーテンウォール	主要材料としてアルミニウム、スチール、ステンレス、チタン、ブロンズなどが用いられる。その特徴として、軽量化、耐久性、取付け容易性などが挙げられる。	277
	PC（プレキャストコンクリート）カーテンウォール	コスト優位性が大きな特徴である。また、耐火性、気密性に優れ、遮音や断熱効果が高い。さらに、錆や腐食の恐れがなく、各種表面仕上げが可能などの長所がある。	1,028
	ガラスカーテンウォール	高い透視性を有し、断熱性能や省エネルギー効果あるいはコーティングによる優れた電磁遮蔽性能などにも優れている。耐震性や大型開口部確保、フレームレスなどのために、強化ガラスが使用されている。	759
	複合材・その他カーテンウォール	樹脂コーティングしたメタルカーテンウォール、タイルや金属の貼付け、セラミックコーティングなどを施したPCカーテンウォール、電磁波吸収材や反射材と組み合わせたガラスカーテンウォールなどが挙げられる。	218
	既存壁の改装	既存壁に構造的な変更を加えないで改修、補修、補強などを行う技術である。	301
外壁取付技術（ファスナ）	パネルタイプ取付け	カーテンウォールを躯体に結合、固定する技術であり、回転方式、スライド方式、固定式などの種類がある。また、水平方向や上下方向に伸縮するワンタッチ式のものもある。	1,115
	マリオンタイプ取付け	マリオン（方立）をスラブからスラブにファスナにより固定し、このマリオンに構成部材である無目・スパンドレル（腰壁）・ガラスを取付けていくための技術である。	569
外壁接合技術（ジョイント）	ガスケットによる接合	ガラスの固定やシーリング材のバックアップ、大断面シールを目的として、ガスケットを用いてカーテンウォールを接合する技術である。環状や空洞などの形状をしたものもある。	985
	シーリング材による接合	カーテンウォール接合部の複雑な変位に追従し、止水や耐火などの機能を果たすためにシーリング材を使用する技術である。	191
	オープンジョイントによる接合	カーテンウォールの接合部の内部と外部を等圧に保つことによって、雨水の浸入を防ぎ、目地の防水シーリングを無くす技術である。	151
	接合部の排水	カーテンウォールの内側に浸入した雨水などを、目地を介してカーテンウォールの外側に排水する技術である。	186

つぎに、各技術要素について説明する。

(1) 外壁技術

外壁技術は、カーテンウォールを構成する外壁材料に関するものである。主要材料により、メタルカーテンウォールや PC カーテンウォール、ガラスカーテンウォールあるいは複合材やセラミックを用いたものなどがある。

a. メタルカーテンウォール

メタルカーテンウォールは、金属の有する持ち味が新鮮で、柔軟性に富み、耐候性、耐食性に優れている点で広く用いられる。金属としては、アルミニウムや鋼板あるいはチタン、ブロンズなどが用いられる。

アルミニウムカーテンウォールは、メタルカーテンウォールの中で最も多く使用されている。種類としては、鍛練性の良い「展伸アルミニウム」、鋳造性の良い「鋳物用アルミニウム(アルミダイキャスト)」及びアルミハニカムとガラスフレームとを一体化した加工性の良い「アルミハニカム」カーテンウォールがある。

また、スチールカーテンウォールは薄板鋼板に焼付塗装を施した、サイディング材が多かったが、近年では、フッ素樹脂塗装等の高品質塗装を施した鋼板外壁材や、両面にほうろうを高温焼付けしたほうろう鋼板などがある。ほうろう鋼板を使用した事例として、鹿児島県商工会議所ビル（アイム）が挙げられる。

ステンレスカーテンウォールは、意匠性と耐食性・耐熱性などの耐久性に優れた特性によりウォータフロントの建物外壁に採用されてきた。ただし、アルミニウムと比較して、コスト高であるので外装への採用率は低い。施工事例としては、台場フロンティアビル、墨田区庁舎・すみだリバーサイドホール、中野坂上ビルなどがある。

近年、デザイン面での色調やイメージ面からと、メンテナンスフリーが志向される中で、ライフコストを考えた上で耐久性の良いチタンカーテンウォールの採用が増えつつある。1000 年耐用というコンセプトで 1999 年 3 月開館した昭和館にはアルミナブラスト仕上げのチタン板が使用されている。

鋼を化学的に腐食させたブロンズカーテンウォールは、屋根材としての需要が主流であるが、デザイン上から外壁としても使われる場合もある。

図 1.1.2-1 はメタルカーテンウォールを取付部材を介して躯体に取付けた例を示す。

図 1.1.2-1 メタルカーテンウォール

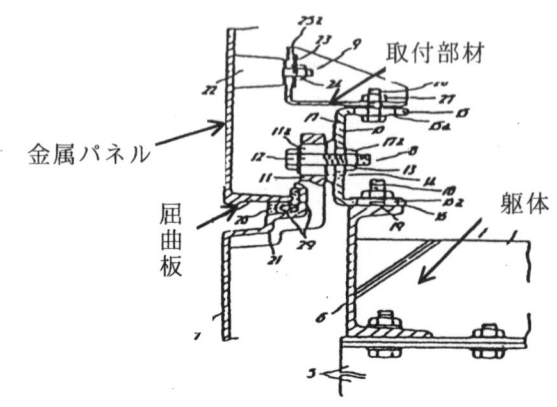

b. PCカーテンウォール

　PCカーテンウォールは、耐火性、遮音性などの性能および製造コストが安価などの点で優れている。その種類として、PCカーテンウォールの表面を金属で貼り合わせたもの、炭素繊維強化コンクリートで補強軽量化したもの、モルタル中にビニロン繊維補強コンクリートを鉄骨フレームで補強したものおよび表面鉄筋コンクリートが主として用いられている。

　超高層建物などでは躯体構造への負担及び施工時のクレーンの負担を軽減するため、軽量でかつ高強度・高品質の人工軽量骨材の開発が行われてきた。また、超軽量骨材と発泡剤により軽量化を図り、オートクレーブ養生により高強度化を得たPC板もある。さらに、PC板の薄肉化のために、格子型リブ補強PC板の開発も進められてきた。

　図1.1.2-2はPCカーテンウォールを取付部材を介して躯体に取付けた例を示す。

図1.1.2-2 PCカーテンウォール

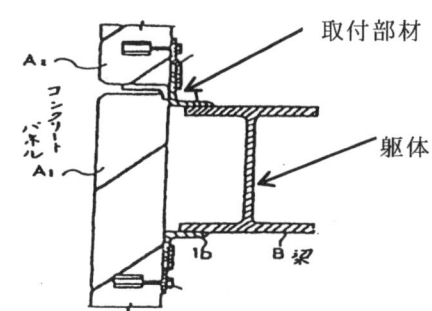

c. ガラスカーテンウォール

　ガラスカーテンウォールは、デザイン性、透視性、拡散性、日射遮蔽性などに優れており、近年、盛んに高層建築に使用されている。

　ガラス材料としては、熱線吸収ガラス、熱線反射板ガラス、高性能熱線反射板ガラス、複層ガラス、強化ガラス、電磁波遮蔽ガラス、合せガラスなど多くの種類がある。

　熱線吸収ガラスは、通常のガラスの原料に微量のコバルト・鉄・セレンなどの金属を添加して着色したもので、透明な板ガラスに比べ、太陽光の赤外線や可視光線の一部を吸収するものである。これにより、冷房負荷を軽減することができる。

　熱線反射板ガラスは、太陽放射エネルギーを積極的に反射し、美しいミラー効果で建物のデザイン性を高めるために、ガラスの側方表面に熱線反射性に優れた金属酸化皮膜を特殊な方法にてコートしたものである。そのため、冷房負荷を軽減し、昼間の可視光線をより多く反射するので、まぶしさを和らげ、落ち着いた室内環境をつくる。さらにミラー効果により、建物の外装を個性的な表情にする。

　高性能熱線反射板ガラスは、熱透過率を30％に押さえたガラスで、スパッタリング方式のコーティングによって性能を高めたもので、省エネ効果をさらにアップすることができる。

　複層ガラスは、通常2枚(特殊な場合は3枚)の板ガラスを専用スペーサにより一定間隔に保ち、その周囲を特殊な接着剤で密封し、内部の空気を乾燥状態に保った断熱性の高いガラスである。2枚のガラスの中間につくられた空気層によって熱が伝わりにくくなり、室内側のガラス表面の温度が下がりにくいために結露を防ぐ。また、遮音効果も高い。高

性能断熱複層ガラスは、冷暖房の負荷を軽減する目的で、特殊金属膜により、太陽エネルギーを積極的に取り入れながら、室内の暖房熱は逃さない新しいタイプの高性能複層ガラスである。高性能複層ガラスの室内側ガラスの中間空気層側に断熱・保温効果に優れた透明な特殊金属膜をコーティングしている。

強化ガラスは、板ガラスを軟化点(約 700℃)近くまで加熱した後、常温の空気を均一に吹き付けて急冷し、ガラス表面に圧縮層を持たせたガラスである。この処理により、ガラスの表面に圧縮応力が形成され、これがガラスを破壊しようとする引張力を打ち消す働きをする。このため普通ガラスに比べて強度が高く、万一割れても破片が粒状になる。安全性や耐熱性が求められる開口部に使用される。

電磁波遮蔽ガラスは、通常の採光性や透視性も保持し、コンピュータ関連機器やモータ・エンジン・蛍光灯・パンタグラフなどのスパークから発生する不要電磁波によるコンピュータや電子制御機器の誤動作を防ぐとともに、自分の発生する電磁波がもれて他の機器に影響を与えたりすることを防ぐガラスである。ガラスの内側に細かい金属スパッタリングを施した複層式ガラスと、導電性の細かいメッシュをガラスに挟み込んだ合わせガラスがある。インテリジェントサイバービルの窓に用いられる。

倍強度ガラスは、耐風圧強度や熱割れ強度が同じ厚さのフロート板ガラスの２倍以上となっており、高い耐風圧強度が求められる高層ビルなどで使用される。割れた時の破片は、通常のフロートガラスと同様の破片となる。

型板強化ガラスは、型板ガラスを強化処理したもので、その特性をいかして学校や、病院など安全性を重視し、かつ透明性を抑えたい場所に用いられる。

合せガラスは、２枚の板ガラスをポリビニルブチラール樹脂と呼ばれる強靭な透明接着フィルム（ポリビニールブチラール）をは挟み、加熱圧着で貼り合わせたものである。割れても中間膜によってガラスの飛散が防止されるため、安全性に優れている。また、衝撃・爆風・地震などで破損しても破片が飛散したり脱落しにくく、事故を防ぐ目的で、ガラスとガラスの間にパンチングメタルを挟み込んだ「パンチングメタル入り合わせガラス」がある。他に防音合わせガラスもある。

高透過ガラスは、ガラスの青みを少なくし、ほとんど色の着いていない状態にしたガラスである。

液晶調光ガラスは、ポリマーと液晶の複合フィルムを２枚のガラスの間に挟み込んで、これを電気的に制御することにより透明状態と不透明状態をつくりだすものである。

一般的なガラスカーテンウォール構法としては、次の３つの方法が挙げられる。

① SSG(Structural Sealant Glazing System)構法

ガラスを構造用シーリング材で内側の支持枠に接着して固定する。そのため、ガラスの表面にはサッシは現れない。SSG 構法では、ガラスの４辺すべてを SSG とする構法を４サイド SSG 構法と呼ぶ。この他に、シーリング材で支持する辺数により、１辺、２辺、３辺の SSG がある。1980 年代から急激に増えた構法で、主に鏡面仕上げの熱線反射ガラスに用いられる。構造用シーリング材は、気密・水密を保持するだけでなく、板ガラスに作用する風荷重をフレームに伝える役目もしている。

② DPG(Dot Point Glazing)構法

DPG 構法は、強化ガラスの四隅に穴をあけ、ボルト形の特殊な金物を挿入してガラスと

金物を結合する、ガラスを点(Dot Point)で支持(Glazing)する構法である。

さらに、この金物部を別の金物でガラスをトラスト部材や柱・梁に取付ける。

③ 吊り構法

布製のカーテンのように大板ガラスを吊り下げてスクリーンを形成しようとするもので、ガラス壁の構法としては最も大胆な方法といえる。この方法では、まず板ガラスの天端の表裏に2枚の特殊金属を溶着しクランプを設け、構造体を吊り下げる。

図1.1.2-3はガラスカーテンウォールを取付部材を介して躯体に取付けた例を示す。

図1.1.2-3 ガラスカーテンウォール

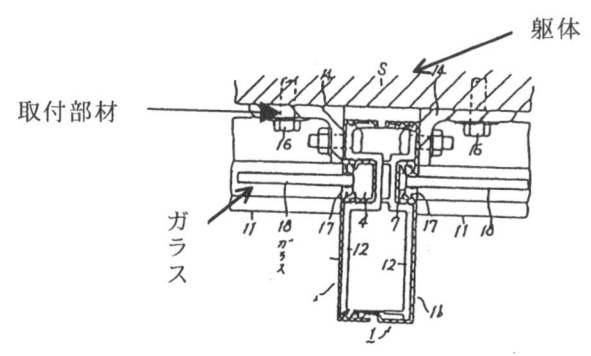

d. 複合材・その他カーテンウォール

複合材・その他カーテンウォールは、耐候性鋼にタイルを打ち込んだもの、石を組み込んだもの、表面素材にタイルや御影石を使用したものおよびセラミックス・新素材・乾式石張りのもの、さらに、ALCに大型陶板を仕上げ材として複合化したものなどがある。

近年、インテリジェントビル用の電磁波を制御するために開発されたものとして、電磁波シールド型や電磁波透過型あるいは電磁波吸収型などのカーテンウォールがある。電磁波シールドは、外部の不要電磁波の浸入による電子機器の誤動作防止や内部で発生した電磁波が外部へ漏洩することを防止するため、建物や部屋を電磁シールド材料で覆うもので、PCカーテンウォールの室内側に電磁波シールドの金属板または箔を張り付けている。電磁波透過型は、テレビ電波を透過させて、ゴーストを防止するカーテンウォールである。また、電波吸収型では、テレビ電波が建物の外壁面で反射して発生するテレビゴースト障害を防止する為に、外壁にフェライトなどの電波吸収材料を使用して、テレビ電波を吸収する。

太陽電池外壁は、建材一体型のカラー太陽電池システムであり、薄膜太陽電池や、結晶系カラー太陽電池セルを用いた各種カーテンウォールと複合した技術であり、複合材・その他カーテンウォールの外装材として開発されている。

e. 既存壁の改装

既存壁の改装は、既存壁に構造的な変更を加えないで改修、補修、補強などを行うもので、既存の構造壁にカーテンウォールを付加し、建築物の外装の仕上げ部分を模様替えする技術である。

例えば、既存外壁に補強材を配設して建物全体の強度を向上させたり、外壁開口部の左右に補強材を配設固定し、補強材上に新規外壁を形成したり、あるいは既存の躯体を構成する土台、軒桁もしくは妻梁の間を連結し、長尺補強材を斜めに既存外壁面上から配設

し、さらに補強材を既存壁に接する面に接着するなどの技術である。

(2) 外壁取付技術

外壁取付技術は、カーテンウォールを躯体に取付ける技術であり、地震や風圧に耐えること、温度変化などによる部材の変形あるいは伸縮を吸収することなどが基本機能として求められる。取付方法としては、パネルタイプとマリオンタイプに大別される。

a. パネルタイプ取付け

パネルタイプ取付けは、柱、サッシ、スパンドレルなどのパネル自体を直接躯体に取付ける方法である。溶接等により躯体に完全に固定する「固定ファスナ」、ファスナ部でスライドできるようにボルト締めし、スライドすべき部分にステンレス板やフッ素樹脂系のパッキング材を挟み込み、スライド出来るようにする「スライドファスナ」、溶接等によりファスナを固定するが、ブラケットのばねにより、熱膨張、層間変位等を吸収する「ブラケットファスナ」、あるいは、レベル調整ならびに自重受を兼ねたボルトを利用して、層間変位時に回転支持できるようにして、層間変位などを吸収する「ピンファスナ」などがある。また、ユニットカーテンウォール用に開発されたワンタッチファスナの例もある。

図1.1.2-4はパネルタイプ取付け方法の例を示す。

b. マリオンタイプ取付け

マリオンタイプ取付けは、マリオン(方立)と呼ばれる強度部材を階床の間に予め設置しておき、マリオン間にパネルをはめ込む方法である。この方法の長所としては、マリオンやパネルの重量が小さいこと、カーテンウォールと躯体を取付ける施工作業が容易であることなどが挙げられる。一方、水抜き機能の装着が困難であること、耐風能力に劣ることなどの短所がある。

最近は、大型ユニットカーテンウォールを取付けるための工法が開発されている。例えば、安全かつ迅速に施工するための耐風梁と本体鉄骨ジョイント部の位置決めガイド、方立補強鉄骨部のジョイントやユニット足場あるいはアトリウム上部からの雨水浸入を防止する電動開閉式ウエイブネットシステムなどがある。

図1.1.2-5はマリオンタイプ取付けの例を示す。

図1.1.2-4 パネルタイプ取付け　　図1.1.2-5 マリオンタイプ取付け

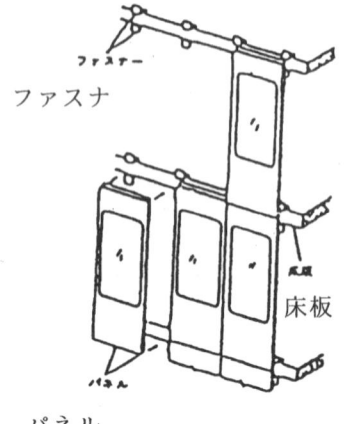
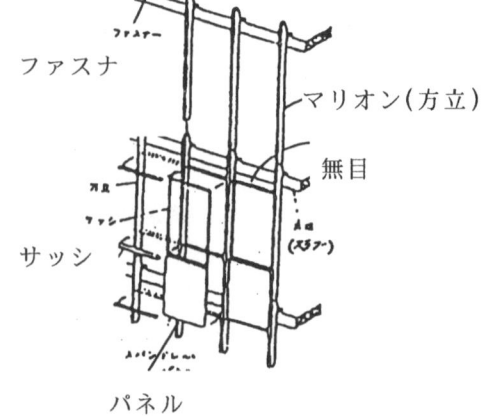

(3) 外壁接合技術

カーテンウォールは多くの部材との接合が多くなるので、水の浸入などを防止する技術や外部から浸入した雨水などを排出する技術が重要となる。前者は、ガスケットやシーリング材、オープンジョイントによる接合技術であり、後者は接合部の排水技術である。

a．ガスケットによる接合

Y形ジッパーガスケットによる接合は、ガラスの端辺をゴムの弾力でくわえ込んで留める構造である。ガスケットのジッパー部を抜いておいてガラスを入れ、次にジッパーを治具で差し込み反発力を与え、ガラスを留める。

その他、H形ガスケットや気密、止水用の環状ガスケットあるいは大断面シール用空洞ガスケットがある。この空洞ガスケットは、建築部材の自動化や大型化に伴い部材寸法が大型化し目地幅が大断面化したため、不定形シーリング材の垂下性を改善する目的で開発された。

b．シーリング材による接合

漏水を防ぐ方法の1つであり、隙間をシール材などで完全に密閉するクローズドジョイント方式である。特に、ガラス固定用にシーリング材が使われる例が多い。シーリング材にはパテ、ビード、ゴムなどがある。

図1.1.2-6にシーリング材による接合の例を示す。

図 1.1.2-6　シーリング材による接合

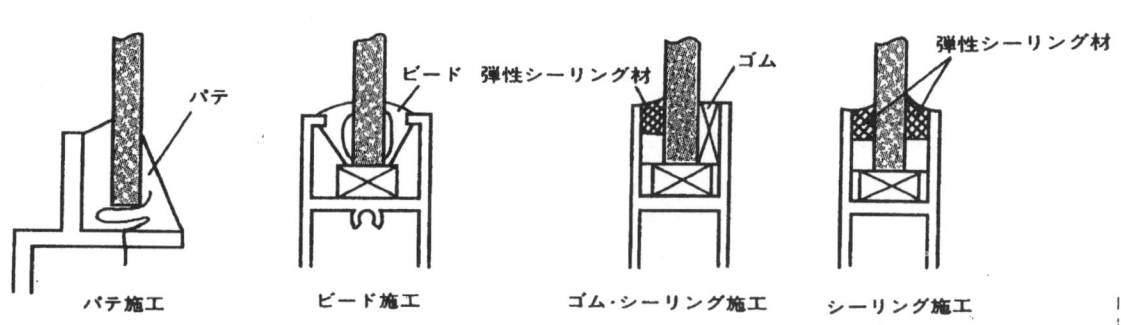

c．オープンジョイントによる接合

防水シーリング材を用いることなく漏水を防ぐ接合方法である。外気導入口とジョイント内部の圧力を等圧にして、パネルの隙間から雨水などが浸入しないようにするものである。

図1.1.2-7にオープンジョイントの模式図を、図1.1.2-8にオープンジョイントよる接合の例を示す。

図 1.1.2-7 オープンジョイントの模式図　　図 1.1.2.-8 オープンジョイントによる接合

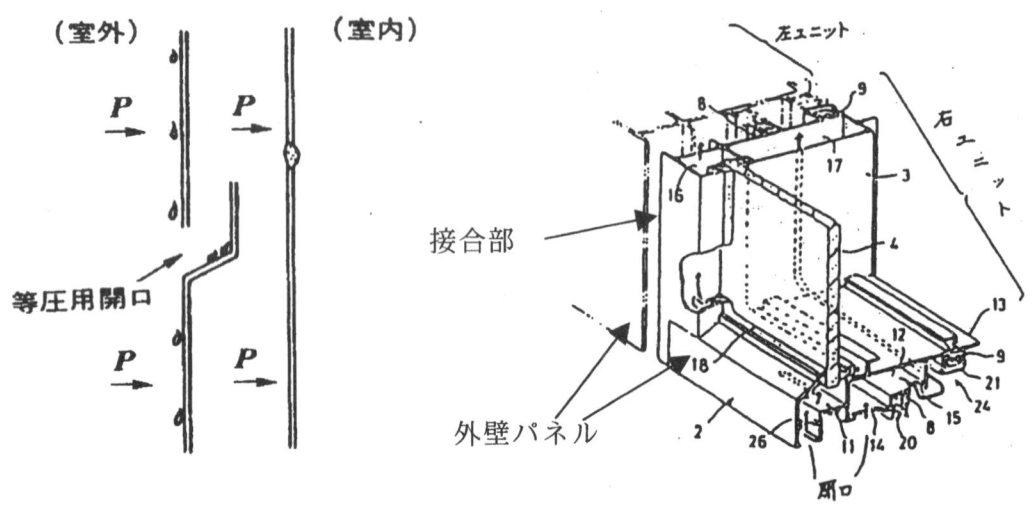

d．接合部の排水

外壁や目地から浸入した雨水を、目地、キャッチパン、樋、排水管などを通して外壁の外に排出する技術である。この中には結露水の排水も含まれる。

図 1.1.2-9 はキャッチパンをパネル間に装着した接合部の排水の例を示す。

図 1.1.2-9 接合部の排水

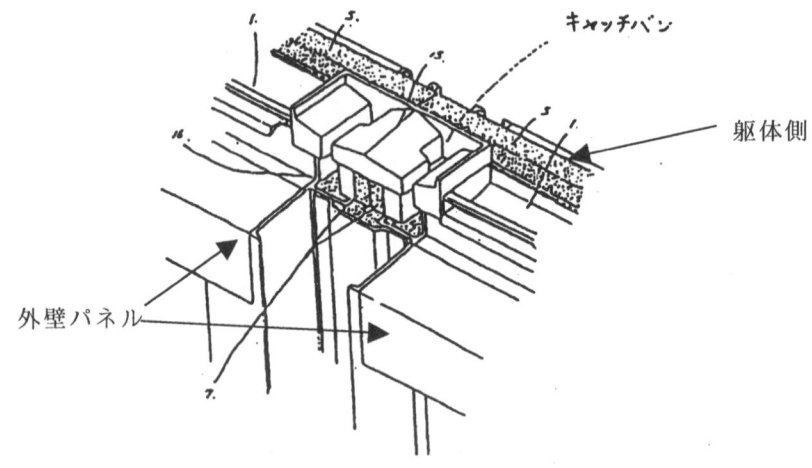

1.2 カーテンウォール技術の特許情報へのアクセス

表 1.2.1 はカーテンウォールについて、特許調査を行うアクセスツールとなる IPC および FI について説明したものである。

表 1.2.1 「カーテンウォール」の IPC・FI

技術要素		IPC または FI	概要
外壁技術	メタルカーテンウォール	IPC=E04B2/88	・柔構造の高層用建築の外壁材として使用される非耐力壁で、その材質を区分したもの
	PCカーテンウォール	IPC=E04B2/88	
	ガラスカーテンウォール	IPC=E04B2/88	
	複合材・その他のカーテンウォール	IPC=E04B2/88	
	既存壁の改装	FI=E04G23/02H	既存壁の改修、補修、補強に関する技術
外壁取付技術	パネルタイプ取付け	IPC=E04B2/90	・・構造体に直接取付けられたパネルからなるもの
	マリオンタイプ取付け	IPC=E04B2/96	・・方立または無目を介して構造材に取付けられるパネルからなるもの
外壁接合技術	ガスケットによる接合	IPC=E04B2/88	・カーテンウォール間の接合部に関する技術
	シーリング材よる接合	IPC=E04B2/88	
	オープンジョイントよる接合	IPC=E04B2/88	
	接合部の排水	IPC=E04B2/88	

・参考として、カーテンウォールで採用したFタームを下記に示す。
・2E002：耐力壁、カーテンウォール
　・NB00　壁材のパネルの構成
　・NB01　・薄板
　・NB02　・・ガラス
　・NB03　・・金属
　・NB06　・・コンクリート
　・PA00　壁材の躯体への取り付け
　・PA01　・方立・無目を介して取り付ける形式
　・PA04　・躯体へ直接取り付ける形式
　・UB00　雨仕舞の構成
　・UB01　・等圧
　・UB02　・水切
　・UB04　・シール（材）
　・UB05　・孔・切欠のある防水材
　・UB07　・材質が特殊な防水材

1.3 技術開発活動の状況

1.3.1 カーテンウォール技術の動向

図 1.3.1-1 は、カーテンウォールの特許および実用新案の出願について、技術要素別に件数推移を示したものである。

図に示されるように、外壁技術においては、1991 年から 93 年にかけて PC カーテンウォールの出願が多くみられ、それ以降は、ほぼ安定状態を示している。ガラスカーテンウォールも、90 年代前半の出願が多く、近年減少傾向がみられる。一方、既存壁の改装技術は、95 年以降件数が増加し、現在に至っている。

外壁取付技術の中では、パネルタイプ取付け技術の出願が多く、近年は漸減の様相を呈している。マリオンタイプ取付け技術の出願は、90 年代後半になると減少が顕著になっている。

外壁接合技術では、ガスケットによる接合技術に関する出願が主流となっており、94 年以降はほぼ横ばい状態を維持している。接合部の排水技術については、最近は出願件数が増加する兆しがみられる。

図 1.3.1-1 カーテンウォールの特許・実用新案出願件数推移

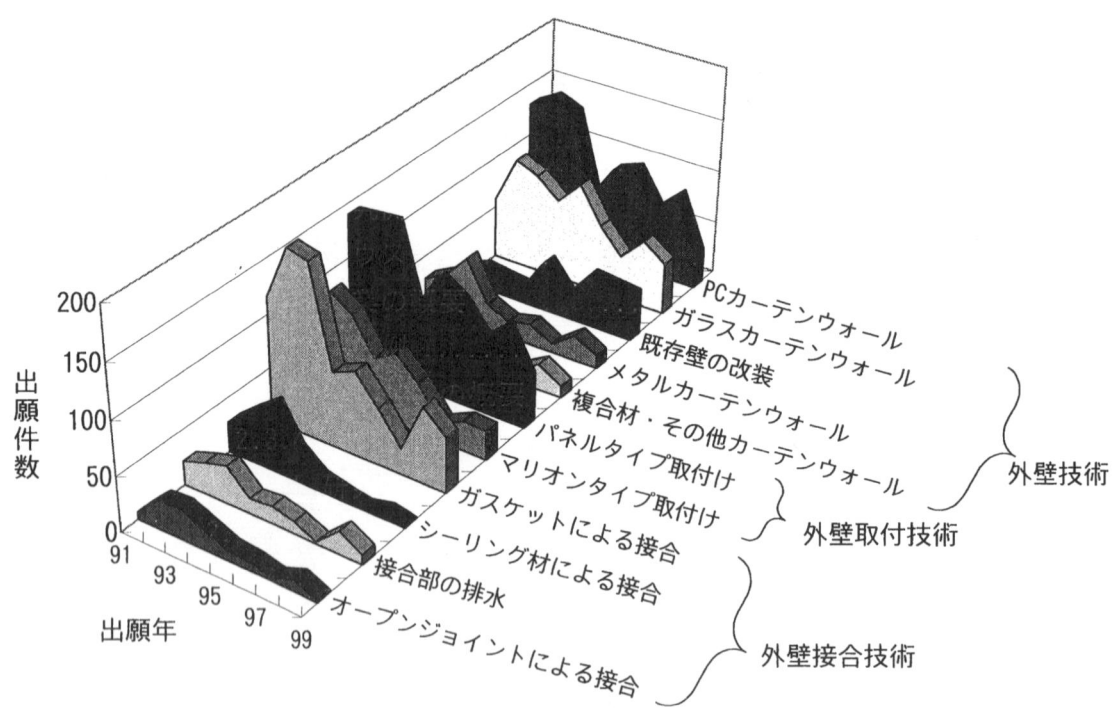

図 1.3.1-2 は、カーテンウォール技術全体について、出願人数と出願件数の相関を示したものである。図に示されるように、1992 年から 93 年にかけて多くの出願および出願人が集中したが、その後 95 年に一時的な増加がみられるものの、全体としては出願件数、出願人とも減少に転じている。

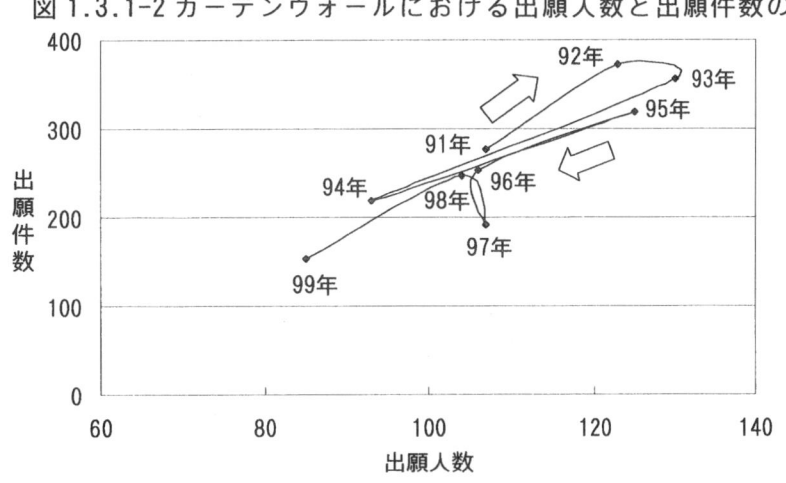

図1.3.1-2 カーテンウォールにおける出願人数と出願件数の相関

表 1.3.1-1 は、カーテンウォールに関する出願について、主要出願人 20 社の件数推移をみたものである。出願件数の上位グループには、YKK.A.P(YKK アーキテクチュラル プロダクツ)などの建材メーカーや積水ハウスなどの住宅業界の出願人が多くを占めている。一方、下位の出願人には、これらの業種のほかに鹿島建設などのゼネコン業種がみられる。

YKK.A.P の出願件数は、特に 1992 年と 93 年に集中しており、近年も安定した出願が行われている。旭化成は、90 年代半ば以降に出願が増加しており、積水ハウスにおいては、近年の件数増が顕著となっている。新日軽では 95 年以前の出願が多くみられる。旭硝子や住友金属鉱山では、90 年代を通して安定して出願されているが、日本建鉄は 92 年に、アイジー技術研究所は 95 年に集中している。

表 1.3.1-1 カーテンウォールの主要出願人別出願件数推移

No.	出願人	91	92	93	94	95	96	97	98	99	計
1	YKK.A.P	27	50	53	24	34	22	14	29	16	269
2	旭化成	3	15	19	19	22	20	22	22	5	147
3	積水ハウス	10	12	4		10	33	5	33	7	114
4	新日軽	9	17	12	12	20	9	4	7	10	100
5	旭硝子	6	11	7	9	11	5	7	6	5	67
6	住友金属鉱山	6	12	8	2	8	12	6	8	4	66
7	日本建鉄	6	24	8	11	7	1	3	2	1	63
8	ナショナル住宅産業	14	12	7	10	7	4	1	1	3	59
9	不二サッシ	7	15	10	9	4	8		3	2	58
10	竹中工務店	13	9	10	11	8	1	2	1	1	56
11	アイジー技術研究所	1	5	1	1	23	1	5	4	13	54
12	クリオン	4	10	5	6	8	8	5	6		52
13	セントラル硝子	1	4	3	8	11	6	6	11	1	51
14	三協アルミニウム工業	1	3	10	1	3	10	5	6	8	47
15	ミサワホーム	6	13	6	2	6	5		5	3	46
16	鹿島建設	3	9	16	3	2	5	3	2	3	46
17	大成建設	2	3	3	3	5	2	6	10	9	43
18	清水建設	8	10	9	3	2	1	3	2	2	40
19	イナックス	6	2	1	1	1	3	2	4	5	25
20	東洋シヤッター			16	9						25

1.3.2 外壁技術

(1) メタルカーテンウォール

　図 1.3.2-1 は、メタルカーテンウォールについて、出願人数と出願件数の相関を示したものである。図に示されるように、1992 年に出願人数が大きく増加し、次いで 93 年には出願件数の増加がみられる。その後、98 年に一時的な増加がみられるものの、全体の傾向としては出願人数、出願件数ともに大きく減少している。

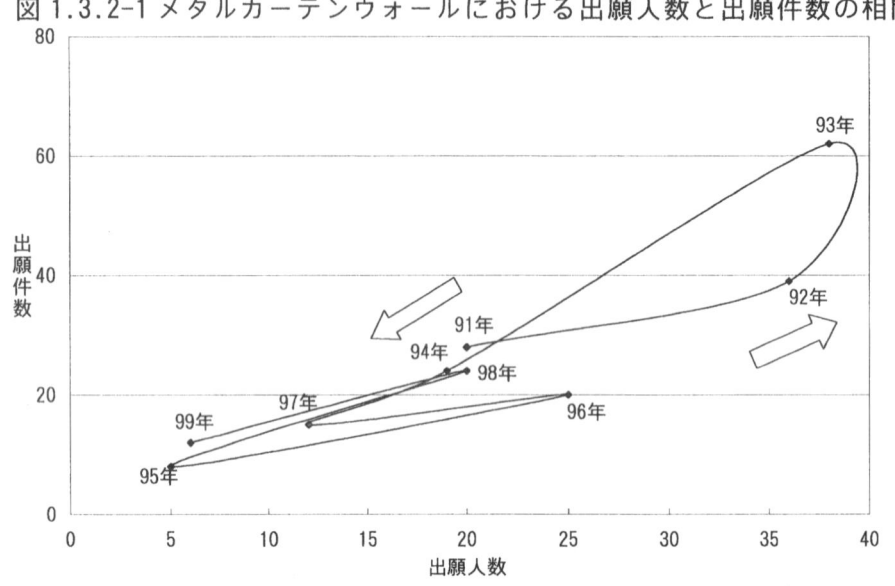

図 1.3.2-1 メタルカーテンウォールにおける出願人数と出願件数の相関

　表 1.3.2-1 は、メタルカーテンウォールに関する出願について、主要出願人 17 社の件数推移をみたものである。出願人には建材メーカーが多くみられ、建設業界や化学工業、鉄鋼、非鉄金属業界など多岐にわたる業界からの出願がみられる。

　YKK.A.P からの出願が他の出願人をリードしており、継続して行われている。新日軽では 1993 年以降の一時的な中断後、近年になって回復傾向がみられる。東洋シヤッターや竹中工務店では、93 年から 94 年にかけて出願が集中している。日本碍子では、全て 93 年以前に出願されている。

表 1.3.2-1 メタルカーテンウォールの主要出願人別出願件数推移

No.	出願人	91	92	93	94	95	96	97	98	99	計
1	YKK.A.P	2	3	8	4	4	1	3	3	7	35
2	新日軽	1	6	5				2	3		17
3	東洋シヤッター			9	3						12
4	竹中工務店	1	1	5	4						11
5	日本碍子	4	3	3							10
6	トーヨーサッシ		2	3	3	1	1				10
7	鹿島建設		3	3	1				1		8
8	三菱化成		1			1	3		2		7
9	日本アルミニウム工業	3		2	1						6
10	川鉄建材		4			2					6
11	日立機材		1	3	1		1				6
12	新日本製鉄	2	3								5
13	旭硝子	1		1	2				1		5
14	住友軽金属工業			3	1	1					5
15	清水建設	1		2		1				1	5
16	フジタ	1	2	1					1		5
17	川崎製鉄		5								5

(2) PCカーテンウォール

　図1.3.2-2は、PCカーテンウォールについて、出願人数と出願件数の相関を示したものである。図に示されるように、1991年から93年にかけて出願人数、出願件数ともに高い水準となっている。その後は、95年と96年に一時的な回復がみられるものの、出願人数、出願件数ともに強い相関を示しながら減少している。

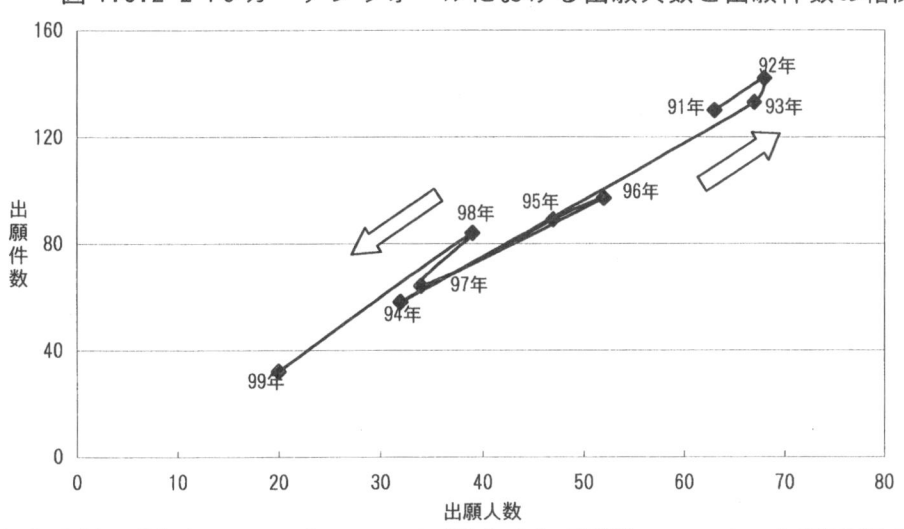

図1.3.2-2 PCカーテンウォールにおける出願人数と出願件数の相関

　表1.3.2-2は、PCカーテンウォールに関するに出願について、主要出願人20社の件数推移をみたものである。出願は、化学工業や住宅産業、非鉄金属、建設、建材などさまざまな業界から行われている。

　旭化成が108件と他を引離しており、1990年代には継続した技術開発が行われている。積水ハウスでは、近年の96年および98年に多くの出願がみられる。住友金属鉱山やクリオンにおいても、安定した技術開発の傾向がうかがえる。鹿島建設や大和ハウス工業、ミサワセラミックスなどでは、90年代前半に出願が集中している。

表1.3.2-2 PCカーテンウォールの主要出願人別出願件数推移

No.	出願人	91	92	93	94	95	96	97	98	99	計
1	旭化成	3	11	16	14	11	12	20	19	2	108
2	積水ハウス	7	12	1		8	18	3	16	5	70
3	住友金属鉱山	6	11	7	2	7	12	6	6	4	61
4	クリオン	3	7	5	4	7	8	5	6		45
5	鹿島建設	3	5	9	3		4	1		2	27
6	大和ハウス工業	6	6	3	5	2		1	1		24
7	ミサワセラミックス	6	7	3	1	4		1	1		23
8	久保田鉄工	4	9	10							23
9	竹中工務店	6	4	6	2	1	1	1	1		22
10	大成建設	2	2	2		4	1	3	4	4	22
11	ナショナル住宅産業	8		1	7	2	1		1		20
12	ミサワホーム	2	6	3	1	2	1		2	1	18
13	YKK.A.P	2	4			2	1	2	3	2	16
14	清水建設	4	6	2	2		1	1			16
15	ノザワ	3	2	3	1	3	2	1	1		16
16	岡部	2	2	7				1		2	14
17	住友林業	2	4			3	1	2	2		14
18	フジタ	2	2	3	1	1	1	1			13
19	大林組	2	3				8				13
20	日本イトン工業	1		1		1	5	3	2		13

(3) ガラスカーテンウォール

　図 1.3.2-3 は、ガラスカーテンウォールについて、出願人数と出願件数の相関を示したものである。図に示されるように、1991年から92年にかけて出願件数が大きく伸びている。また、出願人数は93年に最も多くなっている。全体として、90年代前半に技術開発が盛んに行われ、90年代後半にかけて停滞をきたしている。

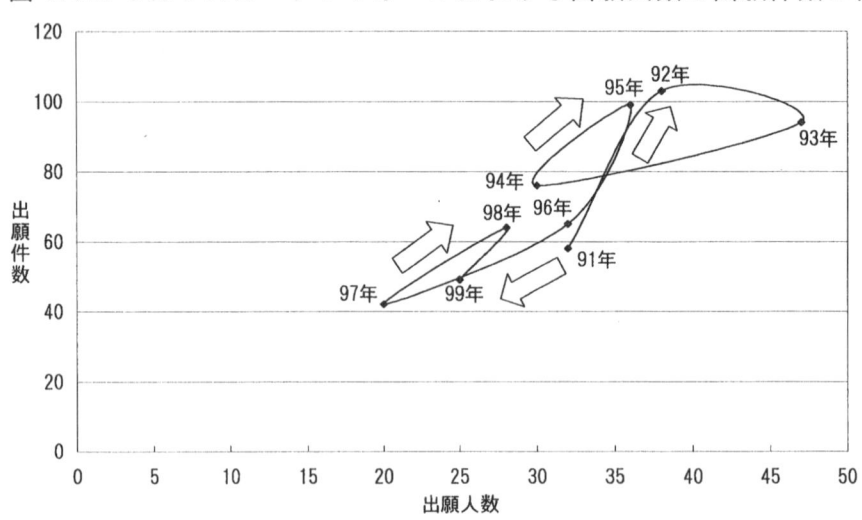

図1.3.2-3 ガラスカーテンウォールにおける出願人数と出願件数の相関

　表 1.3.2-3 は、ガラスカーテンウォールの出願について、主要出願人20社の件数推移をみたものである。出願人は、建材メーカーのほかガラス製品製造の業種に属するものが目立つ存在となっている。

　YKK.A.P の出願が突出しており、1990年代を通して安定した技術開発が行われている。新日軽では継続的な出願が行われており、最近件数が増加する兆しがみられる。旭硝子では、90年代の後半にかけて件数が減少している。セントラル硝子では、99年に一時的な減少がみられるが、90年代後半の出願が多い。

表1.3.2-3 ガラスカーテンウォールの主要出願人別出願件数推移

No.	出願人	91	92	93	94	95	96	97	98	99	計
1	YKK.A.P	9	25	30	14	22	13	12	19	13	157
2	新日軽	5	14	3	8	16	6	3	7	10	72
3	旭硝子	6	10	6	8	11	4	6	5	2	58
4	セントラル硝子	1	4	3	8	10	6	6	11	1	50
5	日本建鉄	2	12	5	7	4	1	2			33
6	竹中工務店	5	4	2	8	5			1		25
7	不二サッシ	3	6	1		3	6		1	1	22
8	三協アルミニウム工業	1	1	4		2	3		4	2	17
9	立山アルミニウム工業	4	2	1	2	1	2	3	1		16
10	日本板硝子	1			2	3	4	2		4	16
11	フイグラ			3	2	4		2		3	14
12	トーヨーサッシ	1	2	3	2	2	1	1	1		13
13	大成建設		2	1	1	2		1		5	12
14	日立機材			3	1	3	1	2		2	12
15	テイ アイ エス エンド パートナーズ			3	1	3		2		2	11
16	フジタ	2	2	4	1	1	1				11
17	田島工業			3	1	3		2		2	11
18	清水建設	2	3	2		1			1		9
19	昭和鋼機			1	2		1	1	2		7
20	日本アルミニウム工業	3			2		2				7

（4）複合材・その他カーテンウォール

図 1.3.2-4 は、複合材・その他カーテンウォールについて、出願人数と出願件数の相関を示したものである。図に示されるように、出願人数、出願件数ともに 1993 年から増加に転じ、95 年にピークを迎えた。その後、大きく減少し、98 年には一時的に持ち直したが、99 年に大きく落ち込んでいる。

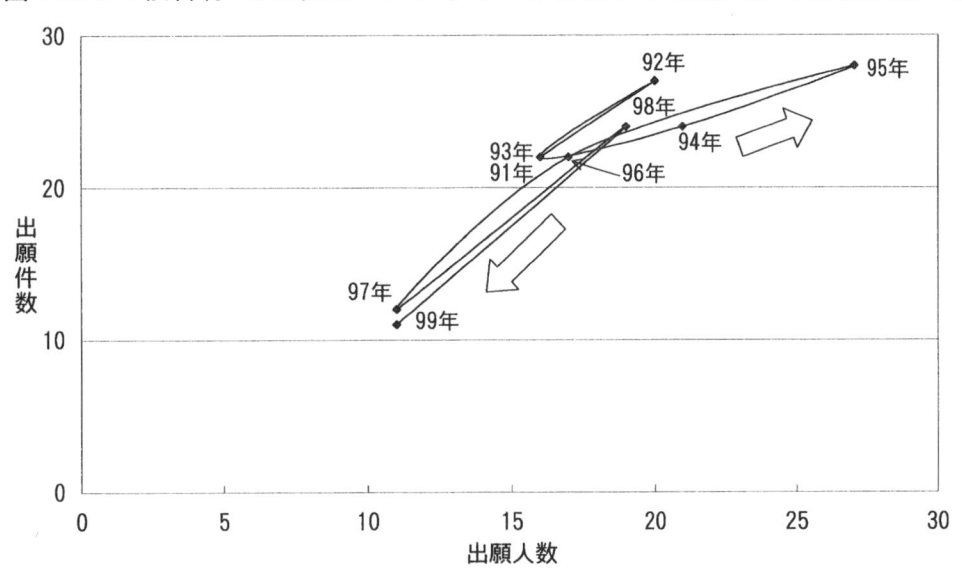

図 1.3.2-4 複合材・その他カーテンウォールにおける出願人数と出願件数の相関

表 1.3.2-4 は、複合材・その他カーテンウォールについて、主要出願人 16 社の件数推移をみたものである。出願人は、化学工業や建材メーカー、住宅、建設などの業界にみられる

本技術の出願件数は、他の技術に関するものと比較して少数となっている。トップの旭化成においても、1991 年から 99 年の出願は 15 件となっている。以下、YKK.A.P、ナショナル住宅産業、不二サッシなどが続いており、90 年代の前半から半ばにかけての出願が多くみられる。

表 1.3.2-4 複合材・その他カーテンウォールの主要出願人別出願件数推移

No.	出願人	91	92	93	94	95	96	97	98	99	計
1	旭化成		2	1	3		5	1	1	2	15
2	YKK.A.P		1	2	4	2	3				12
3	ナショナル住宅産業	2	3	1	1	3			1		11
4	不二サッシ		5	3	1				1		10
5	積水ハウス	2		1		2	4		1		10
6	ミサワホーム	1	2	2	1		1		2		9
7	日本建鉄		2					1	2	1	6
8	積水化学工業				2			1	2	1	6
9	鹿島建設			2		2	1		1		6
10	三協アルミニウム工業			1		1		2	1	1	6
11	大和ハウス工業	2				2		1	1		6
12	ニチハ			1					3		4
13	吉田工業				2		1	1			4
14	久保田鉄工	4									4
15	住友金属鉱山		1	1					2		4
16	大林組	2	1			1					4

(5) 既存壁の改装

図 1.3.2-5 は、既存壁の改装技術について、出願人数と出願件数の相関を示したものである。図に示されるように、1995 年に出願人数と出願件数の第 1 の増加時期を迎えた。その後、97 年に出願人数と出願件数の更なる増加がみられた。これ以降は、出願人数は減少したものの、出願件数はほぼ一定の水準を維持している。

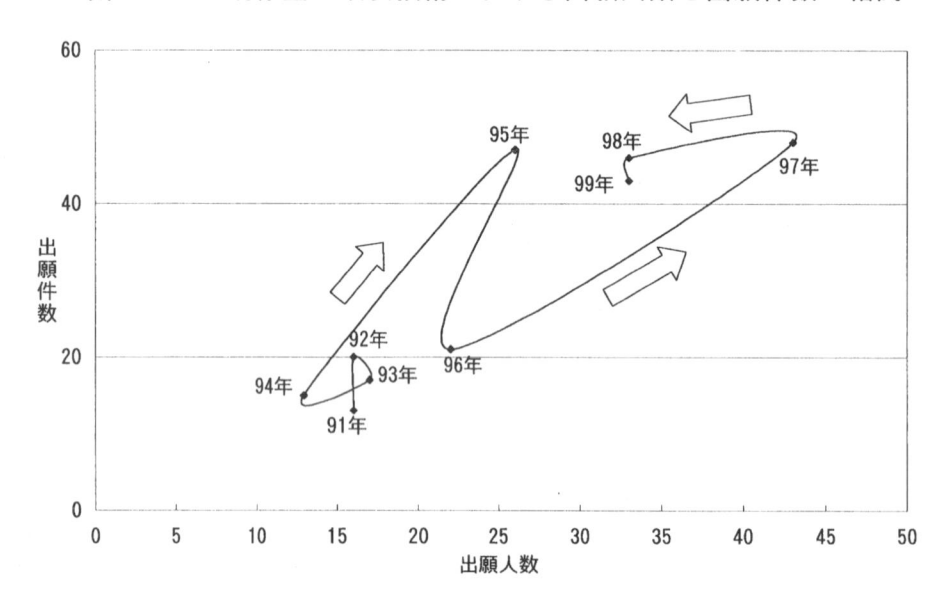

図1.3.2-5 既存壁の改装技術における出願人数と出願件数の相関

表 1.3.2-5 は、既存壁の改装技術に関するに出願について、主要出願人 19 社の件数推移をみたものである。住宅および建材関連業種の出願人が上位を占めている。

アイジー技術研究所の出願が多くを占め、特に 1995 年の件数が顕著である。また、近年においては技術開発の活発化の傾向がうかがえる。イナックスは、90 年代の後半になって、この分野への進出がみられる。積水ハウスでは、98 年に集中して出願が行われている。チューオーや東洋シヤッターは、90 年代前半に出願が集中している。

表1.3.2-5 既存壁の改装技術の主要出願人別出願件数推移

No.	出願人	91	92	93	94	95	96	97	98	99	計
1	アイジー技術研究所	1	3		1	23		5	4	13	50
2	イナックス						2	2	4	5	13
3	積水ハウス								11		11
4	チューオー		5	2		1					8
5	東洋シヤッター			4	4						8
6	大林組		1					4	1		6
7	YKK.A.P	1		1		1	1		1		5
8	ミサワホーム		2				1			1	4
9	エスケー化研						1	1		2	4
10	サンコーテクノ							4			4
11	鹿島建設		1	1				1	1		4
12	ケーエフシー							3			3
13	リノテック							3			3
14	経済産業大臣							2		1	3
15	松下電工					2		1			3
16	長谷工コーポレーション	1		1		1					3
17	東陶機器						1	1		1	3
18	日立化成ユニット								2	1	3
19	日立化成工業								2	1	3

1.3.3 外壁取付技術

(1) パネルタイプ取付け

　図 1.3.3-1 は、パネルタイプ取付け技術について、出願人数と出願件数の相関を示したものである。図に示されるように、1991 年から 93 年にかけて出願人数が増加する中で、ほぼ同一件数の出願が行われてきた。94 年以降は、出願人数は減少しつつも件数は増減を繰返し、全体の動きとしては落ち込みの傾向を示している。

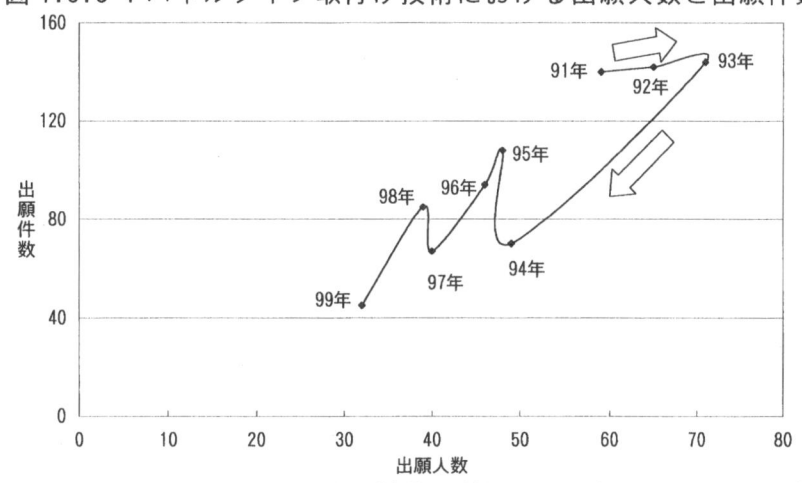

図 1.3.3-1 パネルタイプ取付け技術における出願人数と出願件数の相関

　表 1.3.3-1 は、パネルタイプ取付け技術に関するに出願について、主要出願人 19 社の件数推移をみたものである。出願は、化学工業をはじめ住宅、非鉄金属、建材、建設、ガラス製品製造など多岐にわたる業界から行われている。

　旭化成の出願件数が多く、継続的に技術開発が行われている。しかし、1999 年度には出願件数が大きく減少している。積水ハウスでは、93 年と 94 年に出願の一時的な中断がみられるが、90 年代後半には盛んになってきている。住友金属鉱山では 90 年代前半から半ばにかけて出願が目立っており、クリオンでは 98 年までほぼ一定した出願が行われている。ナショナル住宅産業は、近年出願にかげりがみられる。

表 1.3.3-1 パネルタイプ取付け技術の主要出願人別出願件数推移

No.	出願人	91	92	93	94	95	96	97	98	99	計
1	旭化成	2	9	13	11	21	11	13	17	3	100
2	積水ハウス	8	11			3	20	5	17	7	71
3	住友金属鉱山	5	8	6		6	10	5	3	3	46
4	クリオン	4	8	3	3	7	5	5	5		40
5	ナショナル住宅産業	9	7	6	6	3	3	1		2	37
6	YKK.A.P	7	4	14	1	2			6	2	36
7	ミサワセラミックス	10	9	5	2	1	1	1			29
8	大和ハウス工業	6	7	4	3	2		3		2	27
9	久保田鉄工	5	9	10	2		1				27
10	竹中工務店	6	4	6	6	2	1				25
11	ミサワホーム	4	5	3	1	5	1		2	2	23
12	鹿島建設	2	4	11	1			2	1	2	23
13	大成建設	2	2	2		3		4	5	4	23
14	旭硝子	2	4	2	2	2	1	1	3	3	21
15	新日軽	2	2	2	4	4	1		1		16
16	清水建設	3	5	2	2	1		2			15
17	大林組	1	2			5	6				14
18	セントラル硝子		2		4	2		1	4		13
19	不二サッシ	4	1		3	1	2				11

(2) マリオンタイプ取付け

図 1.3.3-2 は、マリオンタイプ取付け技術について、出願人数と出願件数の相関を示したものである。図に示されるように、1991 年から 92 年にかけて、出願人数と出願件数の増加が著しく、出願人数は 93 年に更に増加した。その後、95 年に出願人数、出願件数ともに、95 年に一時的な増加がみられるが、総じて減少傾向を示している。

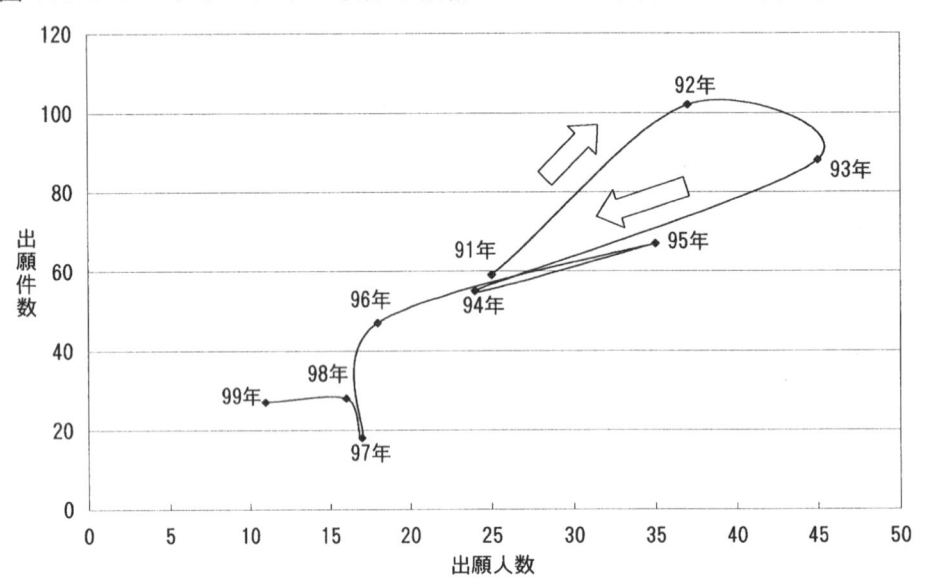

図 1.3.3-2 マリオンタイプ取付け技術におけるの出願人数と出願件数の相関

表 1.3.3-2 は、マリオンタイプ取付け技術に関する出願について、主要出願人 20 社の件数推移をみたものである。出願の上位は建材メーカーが大多数を占めている。建設や鉄鋼、ガラス製品製造などからの出願もみられる。

YKK.A.P の出願件数が多く、継続した技術開発が行われている。特に、1990 年代前半に活発さがみられる。新日軽では、97 年と 98 年には出願が 1 件にまで減少したが、99 年には 10 件と回復をみせている。不二サッシや日本建鉄においては、件数の落ち込みが際だっている。

表 1.3.3-2 マリオンタイプ取付け技術の主要出願人別出願件数推移

No.	出願人	91	92	93	94	95	96	97	98	99	計
1	YKK.A.P	14	37	21	14	18	11	6	15	6	142
2	新日軽	4	13	6	6	12	8	1	1	10	61
3	不二サッシ	3	5	4	5	3	5			1	26
4	日本建鉄	4	11	5				1			21
5	旭硝子	3		2	2	7	3			1	18
6	三協アルミニウム工業			2	1	1	5	2	3	4	18
7	立山アルミニウム工業	5	2	3	3	1	1	1	1		17
8	竹中工務店	4	3	2	3	3					15
9	東洋シヤッター			8	6						14
10	日本アルミニウム工業	5		2	3		1				11
11	フジタ	2	3	3	2						10
12	トーヨーサッシ	1		3	1	1		1	1		8
13	清水建設	1	1	4						1	7
14	セントラル硝子		2	1			3		1		7
15	新日本製鉄	4	3								7
16	日本板硝子					2	3	1			6
17	日本設計					1			3		4
18	ニューウォールシステム		3					1			4
19	大成建設				1	1		1		1	4
20	大林組						1		3		4

1.3.4 外壁接合技術
(1) ガスケットによる接合

図 1.3.4-1 は、ガスケットによる接合技術について、出願人数と出願件数の相関を示したものである。図に示されるように、1991 年から 92 年にかけて、出願人数、出願件数ともに増加し、93 年もほぼ同一のレベルを維持している。94 年には出願人数、出願件数ともに大きく減少し、以後、増減を繰返しながら減少の方向に向かっている。

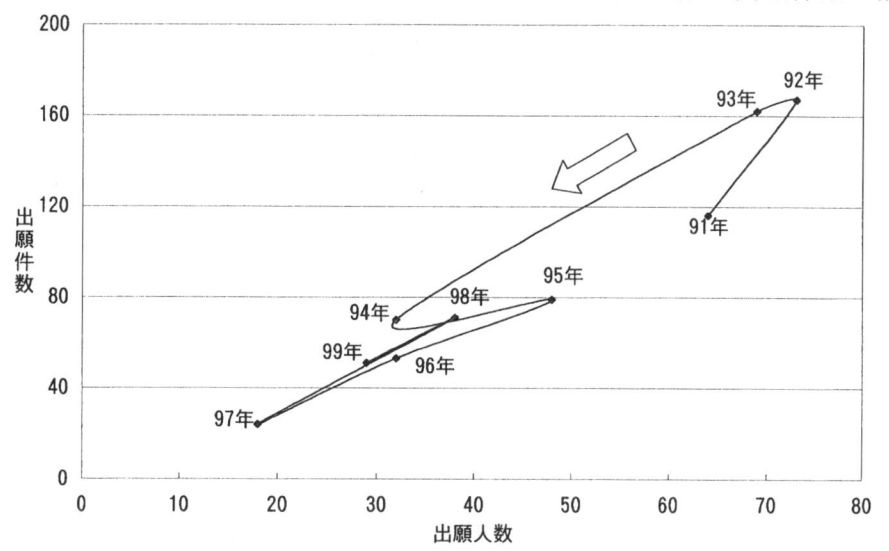

図1.3.4-1 ガスケットによる接合技術における出願人数と出願件数の相関

表 1.3.4-1 は、ガスケットによる接合技術について、主要出願人 20 社の件数推移をみたものである。上位には、建材メーカーのほかに建築、ガラス製品製造、化学工業などの業界からの出願人が占めている。

YKK.A.P における出願が突出し、継続的な技術開発が行われている。特に、1992 年と 93 年の出願件数が際だっている。新日軽においても継続した出願がなされており、近年には増加傾向がみられる。一方、日本建鉄や竹中工務店においては、90 年代初期に出願が集中しており、90 年代後半の減少が顕著になっている。

表1.3.4-1 ガスケットによる接合技術の主要出願人別出願件数推移

No.	出願人	91	92	93	94	95	96	97	98	99	計
1	YKK.A.P	14	41	37	11	19	6	4	15	10	157
2	新日軽	7	12	10	7	2	6	2	5	10	61
3	日本建鉄	4	20	7	6	6		2			45
4	竹中工務店	5	6	9	5	2			1		28
5	セントラル硝子		4	2	4	7	3	3	4		27
6	旭硝子	5	5	2	6	3	2		2		25
7	旭化成		1	3	5	2	1	2	9	1	24
8	三協アルミニウム工業		2	7		1	5		2	4	21
9	清水建設	6	3	6	2						17
10	不二サッシ	2	6	5	2		2				17
11	大成建設		2	1		2	1	1	5	4	16
12	久保田鉄工	3	4	9							16
13	立山アルミニウム工業	5	2	1	3	1	1	1	1		15
14	トーヨーサッシ	1	3	4	3	1	1		1		14
15	日本アルミニウム工業	7		2	2		1				12
16	クリオン	1	2	2		1	3		2		11
17	ミサワホーム	2	4	1		1	2		1		11
18	鹿島建設	2	4	2					2	1	11
19	日本碍子	3	3	3							9

(2) シーリング材による接合

　図 1.3.4-2 は、シーリング材による接合技術について、出願人数と出願件数の相関を示したものである。図に示されるように、1991 年および 92 年に、出願人数、出願件数ともに大きく増加し、93 年には、92 年とほぼ同じ人数で出願件数が大きく伸びた。94 年以降は、出願人数、出願件数ともに大きく後退している。

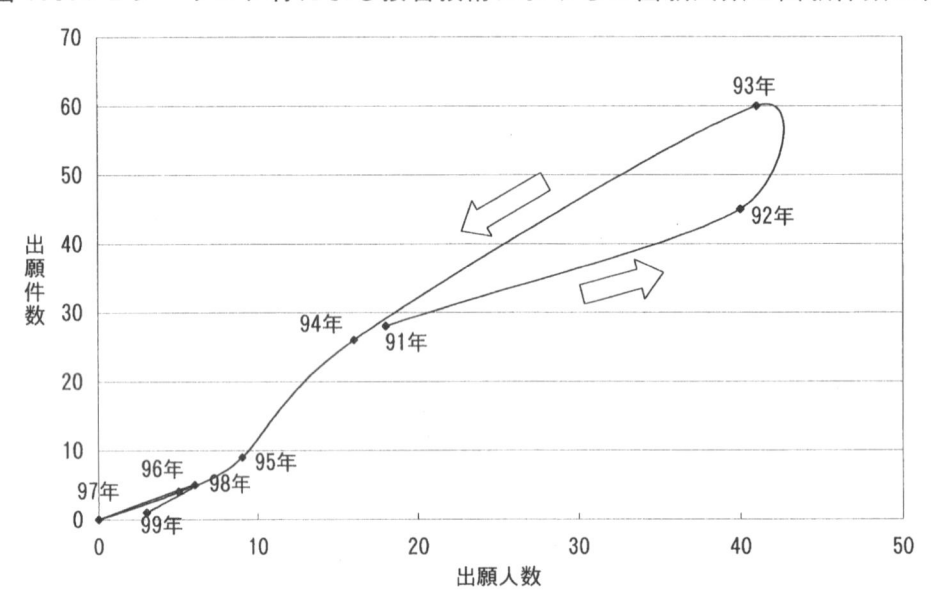

図 1.3.4-2 シーリング材による接合技術におけるの出願人数と出願件数の相関

　表 1.3.4-2 は、シーリング材による接合技術について、主要出願人 19 社の件数推移をみたものである。出願人は建材メーカーが多くみられるが、ガラス製品製造や建築、化学工業などの業種からも出願されている。

　出願件数が第 1 位の YKK.A.P では、1990 年代前半に出願が集中しており、近年は出願が行われていない。新日軽の場合には、92 年から 94 年に集中しており、以後出願はみられない。また、旭硝子や日本建鉄など他の出願人についても、同じような傾向がみられる。

表 1.3.4-2 シーリング材による接合技術の主要出願人別出願件数推移

No.	出願人	91	92	93	94	95	96	97	98	99	計
1	YKK.A.P	2	6	15	4	2	1				30
2	新日軽		4	8	6						18
3	旭硝子	3	2	1	3	1					10
4	日本建鉄	1	4	3	1						9
5	竹中工務店	1	4	3		1					9
6	清水建設	3	2	1	1						7
7	トーヨーサッシ		3	2	1	1					7
8	セントラル硝子		1	2		2	1				6
9	立山アルミニウム工業	3	1	1							5
10	信越ポリマー	3	1		1						5
11	大成建設		1	1					2		4
12	積水ハウス			3					1		4
13	松下電工	1	2	1							4
14	鹿島建設		2	1						1	4
15	ノザワ		1	2	1						4
16	フジタ		3	1							4
17	川鉄建材		2			1					3
18	久保田鉄工	1	2								3
19	旭化成			1	1				1		3

(3) オープンジョイントによる接合

　図 1.3.4-3 は、オープンジョイントによる接合技術について、出願人数と出願件数の相関をみたものである。図に示されるように、1991年から92年にかけて、出願件数の伸びが顕著であり、93年には出願人数の増加がみられる。94年以降は、98年に一時的な増加はみられるものの、出願人数、出願件数ともに、減少傾向を示している。

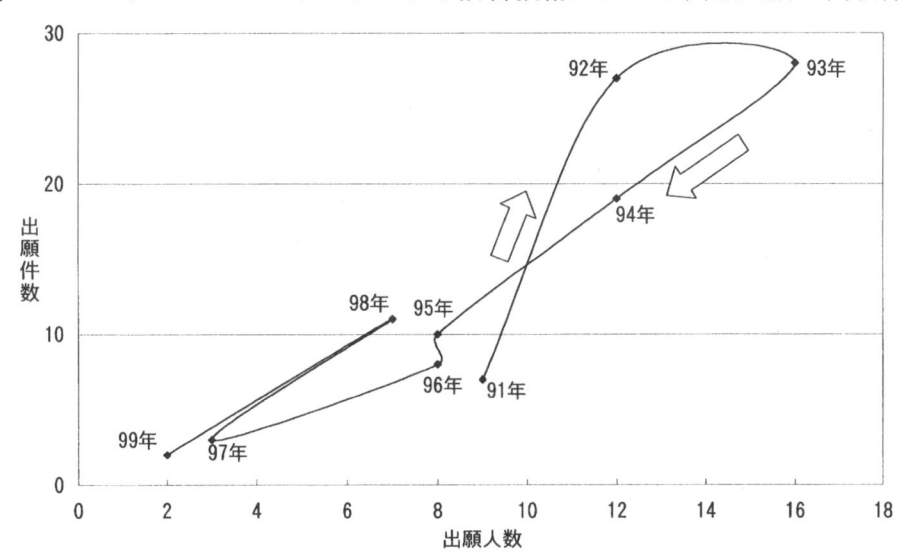

図1.3.4-3 オープンジョイントによる接合技術における出願人数と出願件数の相関

　表 1.3.4-3 は、オープンジョイントによる接合技術に関するに出願について、主要出願人23社の件数推移をみたものである。建材メーカーのほか建設、鉄鋼、化学工業、ガラス製品製造、住宅などさまざまな業界からの出願がみられる。

　YKK.A.Pにおいては、1990年代前半に出願が集中しており、98年に一時的な回復がみられる。日本建鉄でも同様な傾向を示しており、96年以降は出願がみられない。大成建設や日新製鋼では、98年の突発的な出願が目立つ。

表1.3.4-3 オープンジョイントによる接合技術の主要出願人別出願件数推移

No.	出願人	91	92	93	94	95	96	97	98	99	計
1	YKK.A.P	2	8	9	4	1	1	1	4		30
2	日本建鉄		3	4	3	5					15
3	新日軽			1	4	4		1	1	1	12
4	不二サッシ		6	2							8
5	大成建設								4	1	5
6	日新製鋼								4		4
7	川崎製鉄		3				1				4
8	川鉄建材		3		1						4
9	三協アルミニウム工業			1			2				3
10	旭化成			1	2						3
11	戸田建設			1				1	1		3
12	セントラル硝子			1			1				2
13	竹中工務店			2							2
14	立山アルミニウム工業	1		1							2
15	エービーシー商会			2							2
16	ショックベトン　ジャパン	1							1		2
17	トーヨーサッシ		1		1						2
18	ノザワ						2				2
19	三菱化成						1	1			2
20	山崎産商			2							2
21	鹿島建設			2							2
22	大和ハウス工業	1	1								2

(4) 接合部の排水

　図 1.3.4-4 は、接合部の排水技術について、出願人数と出願件数の相関を示したものである。図に示されるように、1991 年から 92 年にかけて出願人数および出願件数が増加し、93 年には出願件数が最大となっている。その後、98 年には 91 年水準にまで回復したものの、出願人数、出願件数ともに減少傾向を示している。

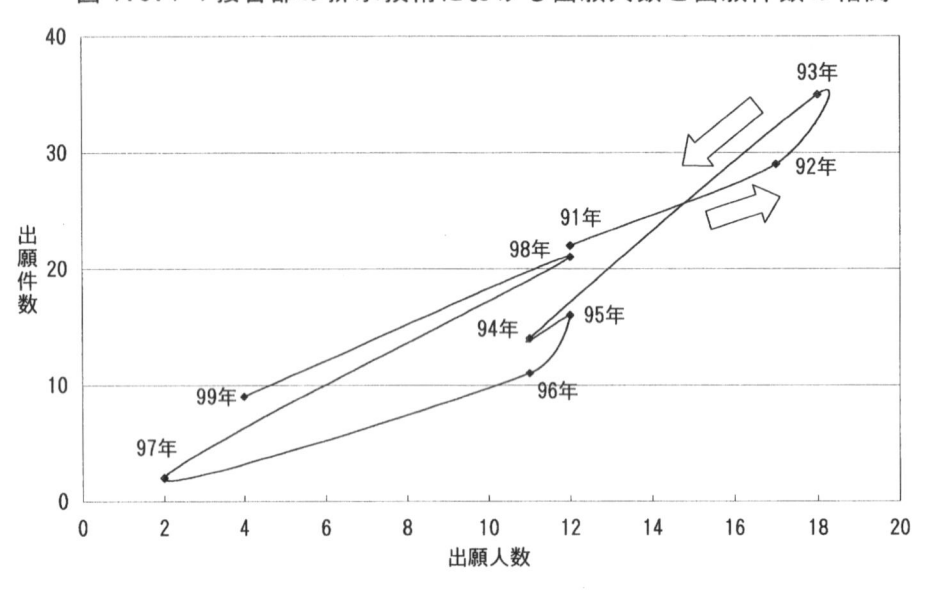

図 1.3.4-4 接合部の排水技術における出願人数と出願件数の相関

　表 1.3.4-4 は、接合部の排水技術について、主要出願人 18 社の件数推移をみたものである。上位は建材メーカーが多数を占めており、建設、住宅、鉄鋼、化学工業などの業界の出願人もみられる。

　YKK.A.P からの出願件数が多くみられ、継続的な技術開発の傾向がうかがえる。新日軽では、1993 年から出願がみられ、最近やや増加の様相を呈している。以下、日本建鉄や不二サッシ、東洋シヤッターなどが続いており、それぞれの出願件数は 90 年代前半に集中している。

表 1.3.4-4 接合部の排水技術の主要出願人別出願件数推移

No.	出願人	91	92	93	94	95	96	97	98	99	計
1	YKK.A.P	3	8	6	1	6	2		7	2	35
2	新日軽			4	3		2	1	2	5	17
3	日本建鉄		4	2	3	2					11
4	不二サッシ		4	2	1						7
5	東洋シヤッター			6							6
6	大成建設					1			4		5
7	立山アルミニウム工業	4		1							5
8	積水ハウス			1					2	1	4
9	日新製鋼								4		4
10	旭化成			1	2		1				4
11	久保田鉄工	2		1			1				4
12	大和ハウス工業	2	1			1					4
13	日本アルミニウム工業			1	1		1				3
14	ナショナル住宅産業	2				1					3
15	旭硝子	1						1	1		3
16	郭　茂林	3									3
17	戸田建設			3							3
18	竹中工務店			3							3

1.4 技術開発の課題と解決手段

カーテンウォールに関する特許・実用新案出願に表わされた技術開発の課題とその解決手段について、各企業の出願が課題に対してどのような解決手段を講じているかを公報を読込んで解析し、分類・整理する。

技術開発の課題とその解決手段の対応関係を解析するに当たって、課題およびその解決手段を2階層構造に分類し、各企業の出願について課題と解決手段の対応関係を対応表に纏めた。

なお、本節で取扱う出願は 1991～2001 年8月に公開された特許・実用新案で権利存続中のものあるいは特許庁に係属中のもので、各技術要素ごとに出願件数の多い上位 20 社の出願を選定して対応表に記載する。

1.4.1 外壁技術

（1）メタルカーテンウォール

表1.4.1-1 は、メタルカーテンウォールに関する出願について、技術開発の課題とその解決手段の観点から出願件数をカウントしたものである。この表をみると、強度の向上の課題に対する出願が最も多く、次に、作業性向上、外観意匠性向上、構造の容易化、構造の簡素化・共通化、電波特性の改良の課題に対する出願が続いている。

表1.4.1-1 メタルカーテンウォールの技術開発の課題と解決手段の対応表(出願件数)

課題	解決手段	パネル構造の改善			加工法の改善		製造法の改善	その他
		本体構造の改善	取付部の改善	接合部の改善	連結法の改善	設備・冶具の改善	加工法の改善	その他の改善
施工性の向上	作業性向上		6	2				
	工期短縮	1						
	軽量化				2	1		
耐久性向上	強度向上	3	6	1	2			
	耐震・耐風圧性向上	1	2					
	その他耐久性向上				1			
外観向上	外観意匠性向上	4						
生産性向上	製造の容易化		2	1			1	
	構造の簡素化・共通化		3					
環境・居住性向上	電波特性の改良	3						
	排水性向上			2				
	気密性向上			2				
	空間の有効利用							1
	その他	1						1

強度向上の課題に対する解決手段として、パネルの取付部の改善および本体構造の改善に関する出願が最も多く、次に、作業性向上の課題に対する解決手段として、パネルの取

付部の改善に関する出願が多く、以下、外観意匠性向上の課題に対する解決手段としてのパネル本体構造の改善に関する出願、製造の容易化および構造の簡素化・共通化の課題に対する解決手段としてのパネル取付部の改善に関する出願、電波特性の改良の課題に対する解決手段としてのパネル本体構造の改善に関する出願が続いている。

　表1.4.1-2は表1.4.1-1の内で、密度の高い部分(ハンチング部分)の出願人を取出して表したものである。

　この表をみると、YKK.A.Pは強度向上、作業性向上、外観意匠性向上の課題に対する出願が多い。YKK.A.Pは、強度向上の課題に対する解決手段のパネル取付部改善に関する出願例として、パネル荷重を枠全体で受ける構造とすることで強度向上を図り、また、作業性向上の課題に対する解決手段のパネル取付部改善に関する出願例として、支持枠を横フレームに着脱自在に取付けることで作業性向上を図り、さらに、外観意匠性向上の課題に対する解決手段のパネル本体構造改善に関する出願例として、金属製の下地材表面に石材模様を形成することで外観意匠性向上を図っている。

　新日軽は作業性向上の課題に対する解決手段としてもパネル取付部改善に関する出願例として、支持体とボルト・ナットを一体化して取付けることで、作業性向上を図っている。

　また、鹿島建設は外観意匠性向上の課題に対する解決手段のパネル本体構造改善に関する出願例として、メタル材にタイルを接着して外観意匠性向上を図っている。

　さらに、電波特性の改良の課題に対する解決手段のパネル本体構造改善に関する出願例として、鹿島建設や竹中工務店は電磁波吸収パネルを外装材に取付けてその解決を図っている。

表1.4.1-2 メタルカーテンウォールの技術開発の課題と解決手段の対応表(出願人)

課題	解決手段	パネル構造の改善 本体構造の改善	パネル構造の改善 取付部の改善	パネル構造の改善 接合部の改善	加工法の改善 連結法の改善
施工性の向上	作業性向上		YKK.A.P(3)*注1 新日軽(2) 竹中工務店	YKK.A.P 旭硝子	
施工性の向上	工期短縮	鹿島建設			
施工性の向上	軽量化				日本碍子(2)
耐久性向上	強度向上	YKK.A.P 吉田工業 住友軽金属工業	YKK.A.P(3) 三菱化成 住友軽金属工業 竹中工務店	竹中工務店	YKK.A.P 日本碍子
耐久性向上	耐震・耐風圧性向上	トーヨーサッシ	日本碍子(2)		
耐久性向上	その他耐久性向上			YKK.A.P	
外観向上	外観意匠性向上	YKK.A.P(2) 鹿島建設 三協アルミニウム工業		新日軽	
生産性向上	製造の容易化		フジタ 清水建設	三菱化成	
生産性向上	構造の簡素化・共通化		YKK.A.P トーヨーサッシ 新日本製鉄		
環境・居住性向上	電波特性の改良	鹿島建設 竹中工務店 新日本製鉄			

注1) YKKアーキテクチュラル　プロダクツをYKK.A.Pと総称する。

(2) PCカーテンウォール

表 1.4.1-3 は、PC カーテンウォールに関する出願について、技術開発の課題とその解決手段の観点から出願件数をカウントしたものである。この表をみると、作業性向上の課題に対する出願が最も多く、次に強度向上、製造の容易化、外観意匠性向上、耐震・耐風圧性向上の課題に関する出願が続いている。

表 1.4.1-3 PC カーテンウォールの技術開発の課題と解決手段の対応表（出願件数）

課題 \ 解決手段	パネル構造の改善			製造法の改善		加工法の改善			材料の変更	その他
	本体構造の改善	取付部の改善	接合部の改善	加工法	加工装置	設備・冶具の改善	連結法の改善	施工手順の改善	材料・材料構成の変更	その他の改善
施工性の向上 — 作業性向上	2	26	9	1		3	2	1		
施工性の向上 — 軽量化	1	2	3							
施工性の向上 — 工期短縮								1		
耐久性向上 — 強度向上	3	11	1	1						
耐久性向上 — 耐震・耐風圧性向上		7	1							
耐久性向上 — 耐候性向上	2									
外観向上 — 外観意匠性向上		4	6							
生産性向上 — 製造の容易化		1		7	3					
生産性向上 — 構造の簡素化・共通化		2					1			1
環境・居住性向上 — 気密性向上			3							
環境・居住性向上 — 電波特性の改良	3									
環境・居住性向上 — 断熱性改良				1					1	
環境・居住性向上 — 防湿性向上	1									
環境・居住性向上 — 省エネ	1									

作業性向上の課題に対する解決手段として、パネル取付部と接合部の改善に関する出願が最も多く、次に、強度向上の課題に対する解決手段として、パネル取付部の改善を、外観意匠性向上の課題に対する解決手段として、接合部の改善を、耐震・耐風圧性向上の課題に対する解決手段として、パネル取付部の改善に関する出願が多い。

表 1.4.1-4 は表 1.4.1-3 の内で、密度の高い部分(ハンチング部分)の出願人を取出して表したものである。

この表をみると、作業性向上の課題に関する出願が多い。解決手段のパネル取付部改善に関する出願例として、旭化成はパネル取付部に予め取付金具を埋設することで、作業性向上を図り、積水ハウスはパネルの位置調整作業をし易くするため、掛止具を予め埋設することで、作業性向上を図っている。

また、強度向上の課題に対応する解決手段のパネル取付部改善として、クリオンは接合

部にモルタル硬化物を埋設することで、竹中工務店は外壁材の裏面に補強用シートを貼着することで、強度向上を図っている。

　さらに、外観意匠性向上の課題に対する解決手段のパネル接合部改善に関する出願例として、旭化成は所定形状のL字形状のタイルを貼付けて目地幅を一定に保持することで、外観意匠性向上を図っている。

　また、製造の容易化の課題に対する解決手段の加工法改善に関する出願例として、旭化成は連結部材のフック部を鉄筋カゴに係合して一体成形することで、加工法の改善を図っている。

表1.4.1-4 PCカーテンウォールの技術開発の課題と解決手段の対応表(出願人)

課題	解決手段	パネル構造の改善			製造法の改善		加工法の改善	
		本体構造の改善	取付部の改善	接合部の改善	加工法の改善	加工装置の改善	設備・冶具の改善	連結法の改善
施工性の向上	作業性向上	旭化成 住友金属鉱山	旭化成(6) 積水ハウス(6) クリオン(3) 住友金属鉱山(2) YKK.A.P(2) 日本イトン工業(2) 鹿島建設 ミサワセラミックス 竹中工務店 ナショナル住宅産業 清水建設	旭化成(3) 住友金属鉱山(3) ナショナル住宅産業(2) YKK.A.P	旭化成		積水ハウス 鹿島建設 大成建設	積水ハウス 住友金属鉱山
	軽量化	鹿島建設	旭化成(2)	鹿島建設(2) 竹中工務店				
耐久性向上	強度向上	旭化成(2) 大林組	クリオン(3) 竹中工務店(2) ノザワ(2) 旭化成 クリオン ナショナル住宅産業 日本イトン工業	クリオン		大和ハウス工業		
	耐震・耐風圧性向上		大林組(2) 積水ハウス クリオン 鹿島建設 ミサワセラミックス 大成建設	積水ハウス				
	耐候性向上	旭化成 鹿島建設						
外観向上	外観意匠性向上		旭化成(2) クリオン ナショナル住宅産業	旭化成(2) 積水ハウス 住友金属鉱山 クリオン YKK.A.P				
生産性向上	製造の容易化		クリオン		旭化成 積水ハウス 鹿島建設 大和ハウス工業 ミサワセラミックス ミサワホーム ノザワ	ミサワホーム(2) 鹿島建設		
	構造の簡素化・共通化		旭化成(2)					ミサワホーム
環境・居住性向上	気密性向上			竹中工務店 大成建設 YKK.A.P				
	電波特性の改良	鹿島建設(3)						

（3）ガラスカーテンウォール

表1.4.1-5は、ガラスカーテンウォールに関する出願について、技術開発の課題とその解決手段の観点から出願件数をカウントしたものである。この表をみると、作業性向上の課題に関する出願が最も多く、次に、外観意匠性向上、強度向上、耐震・耐風圧性向上の課題に関する出願が続いている。

表1.4.1-5 ガラスカーテンウォールの技術開発の課題と解決手段の対応表（出願件数）

課題 / 解決手段		パネル構造の改善 本体構造の改善	パネル構造の改善 取付部の改善	パネル構造の改善 接合部の改善	製造法の改善 加工法	加工法の改善 設備・冶具の改善	加工法の改善 施工手順の改善	加工法の改善 連結法の改善	材料の改善 材料構成の変更	その他 その他の改善
施工性の向上	作業性向上	1	18			3		1		1
	工期短縮					1				
	軽量化		1							1
耐久性向上	耐震・耐風圧性向上		7	3						1
	強度向上		10	4						2
外観向上	外観意匠性向上	3	11	4	1	1				2
	外観品質向上		1	1						
生産性向上	製造の容易化		3		1					
	構造の簡素化・共通化	1	2	1						1
	その他生産性向上			1						
補修性向上	メインテナンス性向上		1	1						
環境・居住性向上	気密性向上			2						
	通気・換気性向上	1	2							
	防湿性向上			2					1	
	省エネ	1	1							
	安全その他	2	1							

作業性向上の課題に対する解決手段として、パネル取付部の改善に関する出願が最も多く、以下同様に、外観意匠性向上、強度向上、耐震・耐風圧性向上の課題ともにその解決手段として、パネル取付部の改善に関する出願が多い。

表1.4.1-6は表1.4.1-5の内で、密度の高い部分（ハンチング部分）の出願人を取出して表したものである。

この表をみると、旭硝子とセントラル硝子は、作業性向上、強度向上および外観意匠性向上に関する出願が多く、YKK.A.Pは作業性向上、外観意匠性向上に関する出願が多い。

作業性向上の課題に対する解決手段のパネル取付部改善に関する出願例として、旭硝子はガラス連結支持具を分割した改善を、YKK.A.Pは壁体支持部材に支持用透孔を有する受座部材を設けた改善により、その解決を図っている。
　また、外観意匠性向上の課題に対する解決手段のパネル取付部改善に関する出願例として、セントラル硝子はガラス板のみで自立したフレームレス構造体とすることで、旭硝子はガラス面より支持金具が突出しないようにすることで、外観意匠性向上を図っている。
　さらに、強度向上の課題に対する解決手段のパネル取付部改善に関する出願例として、旭硝子はリブガラス板の両側の凹部を凸状部材で挟持することで、その解決を図り、また、耐震・耐風圧性向上の課題に対する解決手段のパネル取付部改善に関する出願例として、セントラル硝子はガラスを回転自在な球面軸受で支持することで、その解決を図っている。
　また、強度向上の課題に対する解決手段のパネル接合部改善に関する出願例として、セントラル硝子は長短２種類の金具でガラス同士を縦方向に連結する構造とすることで、その解決を図っている。

表1.4.1-6 ガラスカーテンウォールの技術開発の課題と解決手段の対応表(出願人)

課題 \ 解決手段	パネル構造の改善 本体構造の改善	パネル構造の改善 取付部の改善	パネル構造の改善 接合部の改善	製造法の改善 加工法	加工法の改善 設備・冶具の改善
施工性の向上 / 作業性向上	旭硝子	YKK.A.P(5) 旭硝子(5) セントラル硝子(4) 新日軽 竹中工務店 日本建鉄 立山アルミニウム工業			フジタ 旭硝子 日本建鉄
施工性の向上 / 工期短縮					フジタ
施工性の向上 / 軽量化		立山アルミニウム工業			
耐久性向上 / 耐震・耐風圧性向上		セントラル硝子(2) YKK.A.P(2) 旭硝子(2) 立山アルミニウム工業	YKK.A.P 大成建設 日本建鉄		
耐久性向上 / 強度向上		セントラル硝子(5) 旭硝子(3) 新日軽 日立機材	セントラル硝子(2) 旭硝子 新日軽		
外観向上 / 外観意匠性向上	新日軽(2) セントラル硝子	セントラル硝子(4) 旭硝子(2) 大成建設(2) YKK.A.P 新日軽 清水建設	YKK.A.P(4)	セントラル硝子	
外観向上 / 外観品質向上		三協アルミニウム工業	日本建鉄		
生産性向上 / 製造の容易化		旭硝子(2) YKK.A.P		新日軽	
生産性向上 / 構造の簡素化・共通化	新日軽	セントラル硝子 旭硝子	YKK.A.P		
補修性向上 / メインテナンス性向上		セントラル硝子	不二サッシ		
環境・居住性向上 / 気密性向上			YKK.A.P 旭硝子		
環境・居住性向上 / 通気・換気性向上	清水建設	清水建設			
環境・居住性向上 / 防湿性向上			日本板硝子 旭硝子		
環境・居住性向上 / 省エネ	YKK.A.P	YKK.A.P			

（4）複合材・その他カーテンウォール

表 1.4.1-7 は、複合材・その他カーテンウォールに関する出願について、技術開発の課題とその解決手段の観点から出願件数をカウントしたものである。この表をみると、作業性向上の課題に関する出願が最も多く、次に、強度向上、外観意匠性向上、気密性向上、製造の容易化の課題に関する出願が続いている。

表1.4.1-7 複合材・その他カーテンウォールの技術開発の課題と解決手段の対応表（出願件数）

課題	解決手段	パネル構造の改善 本体構造の改善	接合部の改善	取付部の改善	加工法の改善 設備・冶具の改善	施工手順の改善	材料の改善 材料・材料構成の変更	接着材の改善	製造法の改善 加工法	加工装置	その他 連結法の改善
施工性の向上	作業性向上		7	27	5	3					1
	工期短縮	1							1		
	軽量化			1							
耐久性向上	強度向上	2	1	5			1				
	耐震・耐風圧性向上	1		4							
	耐火性向上						2				
	耐候性向上	1		1							
外観向上	外観意匠性向上	4	1	2				1			
生産性向上	製造の容易化	1	1	3					1		
	構造の簡素化・共通化		1								1
	その他生産性向上			1						1	
環境・居住性向上	気密性向上		4	1			1				
	排水性向上	1		1							
	通気・換気性向上	1		1							
	断熱性改良						2				
	電波特性の改良	2									
	安全その他			2							
	省エネ	1									

作業性向上の課題に対する解決手段として、パネル取付部の改善に関する出願が最も多く、パネル接合部の改善に関する出願および設備・冶具の改善に関する出願がこれに続いて多い。強度向上の課題に対する解決手段として、パネル取付部の改善に関する出願、気密性向上の課題に対する解決手段として、接合部の改善に関する出願、製造の容易化の課題に対する解決手段として、パネル取付部改善に関する出願が多い。

表1.4.1-8は表1.4.1-7の内で、密度の高い部分（ハンチング部分）の出願人を取出して表したものである。

この表をみると、作業性向上の課題に対する解決手段として、出願の最も多いパネル取付部改善に関する出願例として、旭化成はパネル取付部に予め取付部材を埋設または仕上げ材の裏面に予め螺子部を敷設することで、不二サッシは外壁材に調整用ブラケットを固着し、調整ボルトで位置調整することで、作業性向上を図っている。

　また、パネル接合部の改善に関する出願例として、積水ハウスは連結プレートにルーズ穴を設けてパネル同士の位置調整をすることで、作業性向上を図っている。

　さらに、設備・冶具の改善に関する出願の例として、旭化成は外壁材のフランジ部をコの字状のクリップで挟持して躯体へ取付けることで、作業性向上を図っている。

　強度向上の課題に対する解決手段のパネル取付部改善に関する出願例として、旭化成はパネルに重量受け金具からの応力が加わらない構造を開発して強度向上を図っている。

表 1.4.1-8 複合材・その他カーテンウォールの技術開発の課題と解決手段の対応表（出願人）

課題		解決手段					
		パネル構造の改善			加工法の改善		材料の変更
		本体構造の改善	接合部の改善	取付部の改善	設備・冶具の改善	施工手順の改善	材料・材料構成の変更
施工性の向上	作業性向上		積水ハウス(2) YKK.A.P 日本建鉄 積水化学工業 三協アルミニウム工業 大和ハウス工業	旭化成(3) 不二サッシ(3) 積水ハウス(3) YKK.A.P(2) 大和ハウス工業(2) 三菱化成(2) 石川島建材工業(2) クリオン(2) ミサワホーム 日本建鉄 積水化学工業 三協アルミニウム工業 ニチハ 住友金属工業 住友金属鉱山 大成建設	旭化成 ナショナル住宅産業 日本建鉄 住友金属鉱山 大成建設	三協アルミニウム工業 住友金属鉱山 大成建設	
	工期短縮	ミサワホーム					
	軽量化			旭化成			
耐久性向上	強度向上	YKK.A.P(2)	クリオン	旭化成 ナショナル住宅産業 積水ハウス 大和ハウス 大林組			積水化学工業
	耐震・耐風圧性向上	YKK.A.P		旭化成 YKK.A.P ナショナル住宅産業 不二サッシ			
	耐火性向上						ミサワホーム 三菱化成
	耐候性向上	石川島建材工業		三協アルミニウム工業			
外観向上	外観意匠性向上	旭化成 ミサワホーム 積水化学工業 鹿島建設	積水ハウス	旭化成 YKK.A.P			
生産性向上	製造の容易化	大和ハウス工業	三菱化成	ナショナル住宅産業(2) YKK.A.P			
環境・居住性向上	気密性向上		ニチハ(2) 旭化成 YKK.A.P	ミサワホーム			旭化成
	排水性向上	旭化成		不二サッシ			
	換気性向上	YKK.A.P		日本建鉄			
	断熱性改良						ナショナル住宅産業 積水ハウス
	電波特性の改良	鹿島建設(2)					

(5) 既存壁の改装

表 1.4.1-9 は、既存壁の改装に関する出願について、技術開発の課題とその解決手段の観点から出願件数をカウントしたものである。この表をみると、強度向上の課題に対する出願が最も多く、次に、作業性向上、外観意匠性向上、耐震・耐風圧性向上、空間の有効利用の課題に対する出願が続いている。

表1.4.1-9 既存壁の改装の技術開発の課題と解決手段の対応表(出願件数)

課題＼解決手段		改装			補強		補修						除去	その他
		内・外装材の交換法	内・外装材の添設法	外壁に収納空間確保	補強部材の設置	既存部材への補強材	表面処理法の改善	アンカーピンによる改善	不陸調整	材質変更	亀裂、スキマへの充填法	破損部の修繕法	除去の方法・装置の改善	太陽熱の冷却
施工性の向上	作業性向上	9	5			2	3	1				1	1	
	工期短縮	1	4											
耐久性向上	耐震・耐風圧性向上				3	9								
	強度向上	3	1		7	15								
	耐候性向上						2			3				
外観向上	外観意匠性向上	3	9			1	2		3			2		
環境・居住性向上	空間の有効利用			8										
	発電効率向上													2
	安全その他				1		1							
	気密性向上	1												
	排水性向上		1											
生産性向上	構造の簡素化	1												

強度向上の課題に対する解決手段として、既存部材への補強材の敷設に関する出願が最も多く、次に、作業性向上の課題に対する解決手段として、内・外装材の交換法や添設法に関する出願、外観意匠性向上の課題に対する解決手段として、内・外装材の添設法に関する出願、耐震・耐風圧性向上の課題に対する解決手段として、既存部材への補強材の敷設に関する出願が続いている。

表 1.4.1-10 は表 1.4.1-9 の内で、密度の高い部分(ハンチング部分)の出願人を取出して表したものである。

この表をみると、アイジー技術研究所は各課題、解決手段に幅広く出願している。

強度向上の課題に対する解決手段の既存部材への補強材敷設に関する出願の例として、アイジー技術研究所は、既存壁面上から補強材を配設もしくは外壁に接着材、粘着テープ

を配して外壁の強度向上を図っている。

　また、作業性向上の課題に対する解決手段の内・外装材交換法に関する出願例として、アイジー技術研究所は胴縁に新規の乾式壁材を固定して改修作業をすることで、また、作業性向上の課題に対する解決手段の内・外装材添設法に関する出願例として、イナックスは位置調整容易な連結ピースを用いてパネルを貼着することで作業性向上を図っている。

　さらに、外観意匠性向上の課題に対する解決手段の内・外装材の添設法に関する出願例として、積水ハウスは化粧胴差で目地部を覆い隠し、イナックスはパネル継目部に段差を設けて日陰が生じないような改善により、外観意匠性向上を図っている。

　そして、耐震・耐風圧性向上の課題に対する解決手段の既存部材への補強部材設置に関する出願例として、アイジー技術研究所は既存外壁面に長尺補強材を斜めに配設してその解決を図っている。

表1.4.1-10 既存壁の改装の技術開発の課題と解決手段の対応表(出願人)

課題 \ 解決手段		改装 内・外装材の交換法	改装 内・外装材の添設法	改装 外壁に収納空間確保	補強 補強部材の設置	補強 既存部材への補強材	補修 表面処理法の改善	補修 アンカーピンによる改善	補修 不陸調整	材質変更
施工性の向上	作業性向上	アイジー技術研究所(5) イナックス(2) エスケー化研 YKK.A.P	イナックス(2) 積水ハウス(3)			サンコーテクノ(2)		リノテック(2) チューオー	イナックス	
	工期短縮	松下電工	アイジー技術研究所 イナックス チューオー							
耐久性向上	耐震・耐風圧性向上				アイジー技術研究所 イナックス 鹿島建設	アイジー技術研究所(9)				
	強度向上	イナックス(2) アイジー技術研究所	イナックス		アイジー技術研究所(7)	アイジー技術研究所(13) サンコーテクノ(2)				
	耐候性向上						アイジー技術研究所(2)			アイジー技術研究所(2) 鹿島建設
外観向上	外観意匠性向上	アイジー技術研究所(3)	積水ハウス(6) イナックス(2) 松下電工			アイジー技術研究所	エスケー化研(2)	アイジー技術研究所(2) チューオー		
環境・居住性向上	空間の有効利用			東洋シヤッター(8)						

40

1.4.2 外壁取付技術
（1）パネルタイプ取付け

表 1.4.2-1 では、パネルタイプ取付けに関する出願について、技術開発の課題とその解決手段の観点から出願件数をカウントしたものである。この表をみると、作業性向上の課題に対する出願が最も多く、次に、耐震・耐風圧性向上、強度向上、構造の簡素化・共通化、外観意匠性向上の課題に対する出願が続いている。

表1.4.2-1 パネルタイプ取付けの技術開発の課題と解決手段の対応表（出願件数）

課題 \ 解決手段		構造の改善				加工法の改善			製造法の改善	材料の変更	その他
		取付金具の改善	パネル枠の改善	開口部の改善	仕上げ材の改善	連結方法の改善	施工手順の改善	設備・冶具の改善	加工法の改善	材料・材料構成変更	その他の改善
施工性の向上	作業性向上	178	7	2		5	10	7	1		
	工期短縮	2	2			1	1	2			
	軽量化	5			1	1					1
	施工の自動化							1			
耐久性向上	耐震・耐風圧性向上	45	3	1		3					1
	強度向上	33	1			1					
外観向上	外観意匠性向上	7	1	2							
	外観品質向上	1				1					
生産性向上	構造の簡素化・共通化	10	2			2					
	製造の容易化	1									
	その他	1									1
補修性向上	メインテナンス性向上	5									
環境・居住性向上	気密性向上	1	2								
	電波特性の改良				3						
	通気・換気性向上		1							1	
	安全その他			1							1
	採光・空気循環		1								
	空間の有効利用		1								

作業性向上の課題に対する解決手段として、取付金具の改善に関する出願が最も多く、耐震・耐風圧性向上、強度向上、構造の簡素化・共通化、外観意匠性向上の課題ともにその解決手段として、取付金具の改善に関する出願に関する出願が多い。

　また、作業性向上の課題に対する解決手段として、施工手順の改善および設備・冶具の改善など加工法の改善に関する出願も多い。

　表1.4.2-2は表1.4.2-1の内で、密度の高い部分(ハンチング部分)の出願人を取出して表したものである。

　この表をみると、旭化成と積水ハウスの出願の占める割合が多い。また、旭化成は各課題に幅広く出願している。

　作業性向上の課題に対する解決手段の取付金具改善に関する出願例として、積水ハウスは位置調整金具を用い、旭化成はパネルの寸法公差があってもバネ部材で付勢し位置調整する金具を用い、あるいは住友金属鉱山は自重受け金具などを用いてパネルの取付けを容易にし、作業性向上を図っている。

　また、耐震・耐風圧性向上の課題に対する解決手段の取付金具改善に関する出願例として、旭化成はパネルの層間変位吸収金具を用いることで、その解決を図っている。また、強度向上の課題に対する解決手段の取付金具改善に関する出願例として、積水ハウスは回転を阻止するバネ定数を備えた弾性体を設けることで、その解決を図っている。

　さらに、構造の簡素化・共通化の課題に対する解決手段の取付金具改善に関する出願例として、旭化成や住友金属鉱山などは部品点数の少ない取付金具を用いることで、その解決を図っている。

　そして、作業性向上の課題に対する解決手段の設備・冶具改善に関する出願例として、大成建設は水平・垂直運搬機を利用してパネルの移動を容易にして、作業性向上を図っている。

表1.4.2-2 パネルタイプ取付けの技術開発の課題と解決手段の対応表(出願人)

課題		解決手段 構造の改善			加工法の改善	
		取付金具の改善	パネル枠の改善	連結方法の改善	施工手順の改善	設備・治具の改善
施工性の向上	作業性向上	積水ハウス(41) 旭化成(33) 住友金属鉱山(16) ミサワセラミックス(16) クリオン(14) ミサワホーム(9) ナショナル住宅産業(8) 大和ハウス工業(8) YKK.A.P(5) 新日軽(5) 不二サッシ(5) 大成建設(4) 竹中工務店(3) 旭硝子(3) フジタ(2) 清水建設(2) セントラル硝子(2) 鹿島建設 大林組	新日軽(3) YKK.A.P(2) 旭化成 ナショナル住宅産業	大成建設(2) 旭化成 竹中工務店 清水建設	大成建設(3) 旭化成 積水ハウス ミサワセラミックス 大和ハウス工業 ミサワホーム 鹿島建設 清水建設	旭化成(2) 大成建設(2) クリオン ナショナル住宅産業 不二サッシ
	工期短縮	旭化成(2)	YKK.A.P 新日軽	鹿島建設	竹中工務店	フジタ 清水建設
	軽量化	旭化成(3) クリオン(2) フジタ				
	施工の自動化					フジタ
耐久性向上	耐震・耐風圧性向上	旭化成(9) 積水ハウス(6) クリオン(6) ミサワセラミックス(6) 大林組(5) 旭硝子(3) 住友金属鉱山(2) 不二サッシ(2) ナショナル住宅産業 YKK.A.P 大和ハウス工業 竹中工務店 大成建設 セントラル硝子	ナショナル住宅産業 YKK.A.P 旭硝子	旭硝子(2) 旭化成		
	強度向上	旭化成(11) クリオン(5) 積水ハウス(4) ナショナル住宅産業(4) 住友金属鉱山(3) 竹中工務店(3) YKK.A.P 大成建設 フジタ	ミサワホーム	積水ハウス		
外観向上	外観意匠性向上	積水ハウス(2) 住友金属鉱山 クリオン ミサワセラミックス 旭硝子 フジタ	ナショナル住宅産業			
	外観品質向上	旭化成		ミサワホーム		
生産性向上	構造の簡素化・共通化	旭化成(3) 住友金属鉱山(2) 積水ハウス クリオン YKK.A.P 竹中工務店 鹿島建設	ナショナル住宅産業 YKK.A.P	ミサワホーム セントラル硝子		

(2) マリオンタイプ取付け

　表 1.4.2-3 は、マリオンタイプ取付けに関する出願について、技術開発の課題とその解決手段の観点から出願件数をカウントしたものである。この表をみると、作業性向上の課題に対する出願が最も多く、次に、外観意匠性向上、強度向上、耐震・耐風圧性向上、構造の簡素化・共通化の課題に関する出願が続いている。

表 1.4.2-3 マリオンタイプ取付けの技術開発の課題と解決手段の対応表（出願件数）

課題 \ 解決手段	構造の改善：取付金具の改善	枠の改善	開口部の改善	仕上げ材の改善	加工法の改善：設備・冶具の改善	施工手順の改善	連結方法の改善	製造法の加工法の改善	材料の変更：材料・材料構成変更による改善	その他の改善
施工性の向上：作業性向上	46	27	1	1	2	3	3			1
工期短縮		2			1	2			1	
軽量化	1	2					1			
耐久性向上：強度向上	8	8					1			9
耐震・耐風圧性向上	10	8					1			
耐候性向上		2		2					1	
その他の耐久性向上	1	1					1			
外観向上：外観意匠性向上	4	26	1	5		1	2			10
外観品質向上	1									
生産性向上：構造の簡素化・共通化	5	4		1						
製造の容易化	2	2						1	1	
その他の生産性向上										1
補修性向上：メインテナンス性向上	2	3								
環境・居住性向上：気密性向上	3	4								
空間の有効利用	1	1								5
排水性向上		2								
遮音性改良									1	
断熱性改良		1								
電波特性の改良									1	
安全その他	1	1								1

作業性向上の課題に対する解決手段として、取付金具の改善および構造枠の改善に関する出願が最も多く、次に、外観意匠性向上の課題に対する解決手段として、構造枠の改善に関する出願、強度向上および耐震・耐風圧性向上の課題に対する解決手段として、取付金具の改善および構造枠の改善に関する出願、構造の簡素化・共通化の課題に対する解決手段として、取付金具の改善および構造枠の改善に関する出願が続いている。

　表1.4.2-4は表1.4.2-3の内で、密度の高い部分(ハンチング部分)の出願人を取出して表したものである。

　この表をみると、YKK.A.Pと新日軽は各課題、解決手段に幅広く出願している。

　作業性向上の課題に対する解決手段の取付金具改善に関する出願例として、YKK.A.P、新日軽は高さ・位置調整用金具やパネルの寸法公差があっても付勢する弾性体で位置調整する金具などを用いてパネル施工作業の改善を図っている。また、枠の改善に関する出願例として、YKK.A.Pは第1の枠部材に第2、第3の枠部材を十文字状に連結することで、作業性向上を図っている。

　さらに、外観意匠性向上の課題に対する解決手段の構造枠改善に関する出願例として、新日軽は枠を多角壁面体構造にすることで、外観意匠性向上を図っている。

　そして、耐震・耐風圧性向上の課題に対する解決手段の取付金具改善に関する出願例として、新日軽はパネルの上下・左右の回転変位を吸収する金具を用いことで、その解決を図り、また、耐震・耐風圧性向上の課題に対する解決手段の構造枠改善に関する出願例として、清水建設はパネル枠を方立で滑動可能な構造にすることで、その解決を図っている。

表 1.4.2-4 マリオンタイプ取付けの技術開発の課題と解決手段の対応表（出願人）

課題		解決手段：構造の改善				加工法の改善		
		取付金具の改善	枠の改善	開口部の改善	仕上げ材の改善	設備・冶具の改善	施工手順の改善	連結方法の改善
施工性の向上	作業性向上	YKK.A.P(13) 新日軽(9) 不二サッシ(5) 三協アルミニウム工業(3) トーヨーサッシ(3) 旭硝子(2) 竹中工務店(2) 新日本製鉄(2) YKK.A.P 日本建鉄 東洋シヤッター 日本アルミニウム工業 セントラル硝子 日本板硝子 大成建設	YKK.A.P(11) 三協アルミニウム工業(4) 新日軽(2) 不二サッシ(2) 立山アルミニウム工業 日本建鉄 竹中工務店 東洋シヤッター 日本アルミニウム工業 清水建設 新日本製鉄	日本アルミニウム工業	YKK.A.P	YKK.A.P 立山アルミニウム工業	フジタ(3)	YKK.A.P(2) 竹中工務店
	工期短縮		YKK.A.P 日本板硝子			フジタ	旭硝子 大成建設	
	軽量化	日本建鉄	YKK.A.P 東洋シヤッター					東洋シヤッター
耐久性向上	強度向上	YKK.A.P(3) 日本板硝子(2) 新日軽 不二サッシ 新日本製鉄	YKK.A.P(2) 新日軽(2) 清水建設(2) 三協アルミニウム 新日軽					立山アルミニウム工業
	耐震・耐風圧性向上	新日軽(3) 旭硝子(2) 不二サッシ トーヨーサッシ YKK.A.P セントラル硝子 日本板硝子	清水建設(2) YKK.A.P 不二サッシ 立山アルミニウム工業 竹中工務店 トーヨーサッシ 大成建設					YKK.A.P
	耐候性向上		新日軽(2)		YKK.A.P 旭硝子			
	その他	不二サッシ						竹中工務店
外観向上	外観意匠性向上	YKK.A.P(2) 新日軽 セントラル硝子	新日軽(10) YKK.A.P(8) 不二サッシ(3) 竹中工務店(2) 日本設計(2) 旭硝子	新日軽	三協アルミニウム工業(2) YKK.A.P 新日軽 不二サッシ		旭硝子	YKK.A.P 旭硝子
	外観品質向上	日本建鉄						
生産性向上	構造の簡素化・共通化	YKK.A.P(4) 三協アルミニウム工業	YKK.A.P(3) 日本板硝子		日本アルミニウム工業			

1.4.3 外壁接合技術
(1) ガスケットによる接合

表1.4.3-1は、ガスケットによる接合に関する出願について、技術開発の課題とその解決手段の観点から出願件数をカウントしたものである。この表をみると、気密性向上の課題に対する出願が最も多く、次に、作業性向上、外観意匠性向上、耐震・耐風圧性向上の課題に対する出願が続いている。

表1.4.3-1 ガスケットによる接合の技術開発の課題と解決手段の対応表（出願件数）

課題 / 解決手段		水密構造の改善 乾式シールの改善	等圧構造の改善	水切り・目地の改善	加工法の改善 連結方法の改善	施工手順の改善	材料の変更 目地部の改善	乾式シール材の改善	湿式シールの改善	排水構造の改善 キャッチバン・樋などの改善	管・排水口などの改善	結露水の排水構造	その他の改善
施工性の向上	作業性向上	8				1	5						
環境・居住性向上	気密性向上	37		1	1		4	2	1	1			
	排水性向上	1								1	2		1
	断熱性改良						1						
外観向上	外観意匠性向上	4			3								
耐久性向上	耐震・耐風圧性向上	2			4								
	強度向上	1			1		1						
	耐候性向上	1					1						
	その他	1											
生産性向上	構造の簡素化・共通化	2	1				1					1	
	製造の容易化					1					1		
補修性向上	メインテナンス性向上					1							

気密性向上の課題に対する解決手段として、乾式シールの改善に関する出願が最も多く、作業性向上、外観意匠性向上の課題もその解決手段として、乾式シールの改善に関する出願が多い。また、作業性向上課題に対する解決手段として、目地部の構造に関する出願が多く、続いて耐震・耐風圧性向上の課題に対する解決手段として、連結方法の改善に関する出願が多い。

表1.4.3-2は表1.4.3-1の内で、密度の高い部分(ハンチング部分)の出願人を取出して表したものである。

この表をみると、気密性向上の課題に対する解決手段として、乾式シールの改善に関する出願例として、YKK.A.Pやセントラル硝子などは乾式シールの形状や構造を変更することで、雨水からの防水、止水、水密性向上を図っている。

また、作業性向上の課題に対する解決手段の乾式シール改善に関する出願例として、YKK.A.Pや旭化成は方立に切欠凹部を形成し、パッキンを嵌着したり、目地挿入深さ規定片と一体になったガスケットを用いることで、作業性向上を図っている。さらに、目地部

の構造に関する解決手段の出願例として、クリオン、YKK.A.P、旭化成などは磁気体や通気性のある材質からなるシールを用いて、作業性向上を図っている。

そして、外観意匠性向上の課題に対する解決手段の乾式シール改善に関する出願例として、YKK.A.P や三協アルミニウム工業は弾性係合片からなるガスケットで目地部の波打防止をなくし、外観意匠性向上を図っている。

表1.4.3-2 ガスケットによる接合の技術開発の課題と解決手段の対応表（出願人）

課題	解決手段	水密構造の改善 乾式シールの改善	等圧構造の改善	水切り・目地の改善	加工法の改善 連結方法の改善	施工手順の改善	材料の変更 目地部の改善
施工性の向上	作業性向上	YKK.A.P(6) 旭化成 日本建鉄				YKK.A.P	クリオン(2) YKK.A.P 旭化成 不二サッシ
環境・居住性向上	気密性向上	YKK.A.P(12) セントラル硝子(5) 新日軽(4) 日本建鉄(4) 竹中工務店(3) 三協アルミニウム工業(2) 大成建設(2) 旭硝子 旭化成 不二サッシ 立山アルミニウム工業 日本アルミニウム工業		日本建鉄	三協アルミニウム工業		日本建鉄(2) YKK.A.P 旭化成
	排水性向上	日本建鉄					
	断熱性改良						YKK.A.P
外観向上	外観意匠性向上	YKK.A.P 三協アルミニウム工業 清水建設 立山アルミニウム工業			YKK.A.P 日本建鉄 清水建設		
耐久性向上	耐震・耐風圧性向上	日本建鉄(2)			セントラル硝子(2) YKK.A.P 竹中工務店		
	強度向上	竹中工務店			YKK.A.P		清水建設
	耐候性向上	不二サッシ					立山アルミニウム工業
	その他	トーヨーサッシ					
生産性向上	構造の簡素化・共通化	YKK.A.P 立山アルミニウム工業	YKK.A.P			新日軽	

（2）シーリング材による接合

表1.4.3-3はシーリング材による接合に関する技術開発の課題とその解決手段の観点から出願人名をカウントしたものである。

この表をみると、気密性向上の課題に対する出願が多く、次に、工期短縮の課題に関する出願が多いが、全体的に出願が少ない。

気密性向上の課題に対する解決手段の湿式シールの改善に関する出願例として、積水ハウスは建物内側から防水材を充填することで、気密性向上を図っている。

また、工期短縮の課題に対する解決手段の湿式シール材改善に関する出願例として、旭硝子は充填材に硬化性の接着剤を使用し、清水建設は熱加硫性シリコンゴムを使用して、接着時間を短縮することで、工期短縮を図っている。

表1.4.3-3 シーリング材による接合の技術開発の課題と解決手段の対応表（出願人）

課題	解決手段	水密構造の改善		材料の変更	加工法の改善
		湿式シールの改善	目地部の改善	湿式シール材の改善	連結方法の改善
施工性の向上	作業性向上			旭硝子	
	工期短縮			旭硝子 清水建設	
環境・居住性向上	気密性向上	旭硝子 信越ポリマー 積水ハウス	竹中工務店		YKK.AP
	電波特性の改良			清水建設	

(3) オープンジョイントによる接合

　表1.4.3-4はオープンジョイントによる接合に関する出願について、技術開発の課題とその解決手段の観点から出願人名を表したものである。

　この表をみると、気密性向上の課題に対する解決手段として、等圧構造の改善に関するものが多く、日新製鋼やYKK.A.Pなどは外壁面を流下する雨水を水切りフレームによって分離し、外部導入口とジョイント内部の圧力を等圧にして、パネルの隙間から雨水が浸入しないような構造とすることにより、防水性、止水性、水密性の向上を図っている。

表1.4.3-4 オープンジョイントによる接合の技術開発の課題と解決手段の対応表(出願人)

課題	解決手段	水密構造の改善 等圧構造の改善	水密構造の改善 目地部の改善	排水構造の改善 キャッチパン・樋などの改善
施工性の向上	作業性向上	川鉄建材		
耐久性向上	耐震・耐風圧性向上	YKK.A.P		
耐久性向上	耐候性向上	YKK.A.P		三菱化成
環境・居住性向上	気密性向上	日新製鋼(3) YKK.A.P(2) ノザワ(2) 戸田建設 川崎製鉄 川鉄建鉄 日本建鉄	YKK.A.P	
環境・居住性向上	排水性向上		YKK.A.P	日本建鉄

(4) 接合部の排水

表 1.4.3-5 は接合部の排水に関する出願について、技術開発の課題とその解決手段の観点から出願人名を表したものである。

この表をみると、排水性向上の課題に関する出願が最も多く、次に、気密性向上の課題に関する出願が多い。

排水性向上の課題に対する解決手段として、キャッチバン・樋などや管・排水口などの排水構造の改善に関する出願が最も多く、次に、気密性向上の課題に対する解決手段として、水切り目地の改善や等圧構造の改善に関する出願が多い。

排水性向上の課題に対する解決手段のキャッチバン・樋などの排水構造の改善に関する出願例として、YKK.A.P や新日軽などはパネル内部に浸入した雨水をキャッチバン・樋などで排水したり、あるいは左右無目間にキャッチバンを跨設して縦目地より雨水を排水することで、排水性向上を図っている。

また、管・排水口などの改善に関する出願例として、YKK.A.P や不二サッシはパネル内部に浸入した雨水を排水穴または排水管を通して外部へ排水することで、排水性向上の向上を図っている。

さらに、気密性向上の課題に対する解決手段の水切り目地改善に関する出願例として、日新製鋼は目地に流下した雨水を分離させる機構を有するにすることで、気密性向上を図っている。

表 1.4.3-5 接合部の排水の技術開発の課題と解決手段の対応表(出願人)

課題 \ 解決手段		排水構造の改善				水密構造の改善				
		キャッチバン・樋などの改善	管・排水口などの改善	結露水の排水構造の改善	その他の改善	等圧構造の改善	水切り・目地の改善	乾式シールの改善	湿式シールの改善	目地部の改善
環境・居住性向上	気密性向上					戸田建設 新日軽	日新製鋼(2)	旭化成		
	排水性向上	YKK.A.P(2) 新日軽(2) 大和ハウス工業 日本アルミニウム工業 日本建鉄	YKK.A.P(2) 不二サッシ(2)		YKK.A.P 不二サッシ					三協アルミニウム
	通気・換気性向上					旭化成	YKK.A.P			
	防湿性向上	YKK.A.P			三協アルミニウム		旭化成	新日軽		
施工性の向上	作業性向上			不二サッシ			YKK.A.P			旭硝子
外観向上	外観意匠性向上	YKK.A.P					積水ハウス			
生産性向上	製造の容易化		YKK.A.P							
	その他								YKK.A.P	

2. 主要企業等の特許活動

2.1 YKK アーキテクチュラル プロダクツ
2.2 旭化成
2.3 積水ハウス
2.4 新日軽
2.5 旭硝子
2.6 住友金属鉱山
2.7.日本建鉄
2.8 ナショナル住宅産業
2.9.不二サッシ
2.10 竹中工務店
2.11 アイジー技術研究所
2.12 クリオン
2.13 セントラル硝子
2.14 三協アルミニウム工業
2.15 ミサワホーム
2.16 鹿島建設
2.17 大成建設
2.18 清水建設
2.19 イナックス
2.20 東洋シャッター

> 特許流通
> 支援チャート
>
> ## 2．主要企業等の特許活動
>
> カーテンウォールは、外壁技術ではPCカーテンウォールおよびガラスカーテンウォールが、外壁取付技術ではパネルタイプ取付け技術が、そして外壁接合技術ではガスケットによる接合技術に関する出願が多い。

　カーテンウォールに対して出願した企業について、出願件数の多い上位15社に、技術要素で1～5位に入っている企業4社と、複数の技術要素で上位5～10位に入っている企業1社を加えて、合計20社を選定し、これを主要企業20社とした。

　保有特許一覧表に記載した特許・実用新案出願は権利存続中または係属中のものであり、また、発明の名称または発明の概要の欄に掲載された絵または図面は各技術要素の中で、特に重要なものまたは特色のあるものを採り上げた。

　さらに、開放欄に〇印を付与したものは、開放可能な特許を表わす。

　なお、主要企業各社が保有する特許に対し、ライセンスできるかどうかは、各企業の状況により異なる。

2.1 YKKアーキテクチュラル プロダクツ

2.1.1 企業の概要
表2.1.1にYKKアーキテクチュラル プロダクツの企業概要を示す。

表 2.1.1 YKKアーキテクチュラル プロダクツの企業概要

1)	商号	YKKアーキテクチュラル プロダクツ株式会社
2)	設立年月日	1957年7月22日
3)	資本金	10億12百万円
4)	従業員	5,510名
5)	事業内容	住宅建材・ビル建材の設計製造、施工、販売　　他
6)	技術・資本提携関連	Cupples Products（米国）、Besam AB（スウェーデン）
7)	事業所	本社／東京　支店／北海道、岩手、宮城、栃木、東京、新潟、富山、愛知、大阪、広島、香川、福岡、熊本　他　工場／黒部、東北、四国、九州　他
8)	関連会社	国内／プロス、YKK AP沖縄　他
9)	業績推移	売上高　2002年1月期／3,240億円（連結予想）
10)	主要製品	ビル用各種サッシ、カーテンウォール、自動ドア、室内建具　　他
11)	主な取引き先	建設会社、ハウスメーカー、デベロッパー

2.1.2 製品例
表2.1.2にYKKアーキテクチュラル プロダクツの製品例を示す。

表 2.1.2 YKKアーキテクチュラル プロダクツの製品例

製品	製品名	出典
全面ガラスカーテンウォール	YC300　他	ビル用総合カタログ／カーテンウォール編
横強調カーテンウォール	YCC-100　他	ビル用総合カタログ／カーテンウォール編
縦強調カーテンウォール	YC500　他	ビル用総合カタログ／カーテンウォール編

写真　2.1.2-1 YC300

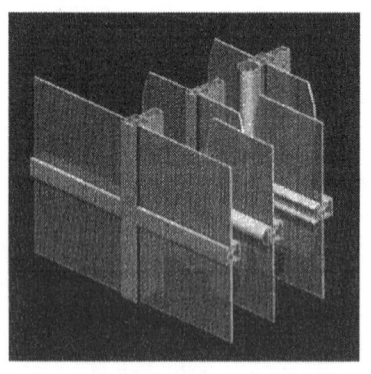

方立と無目の組合せにより設計意図に沿ったファザードデザインが可能

写真　2.1.2-2 YC500

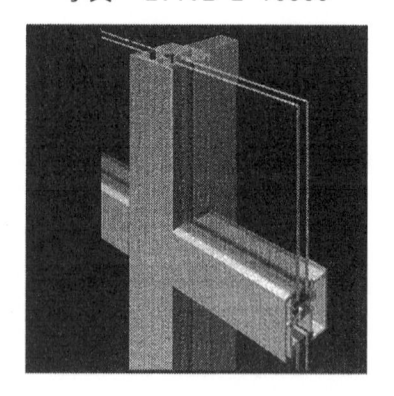

空気層12mmの複層ガラスに対応

2.1.3 保有特許の概要

図 2.1.3 は、YKK.A.P の権利存続中または係属中の保有特許における技術要素と開発課題を示したものである。この図によれば、マリオンタイプ取付け技術に関する作業性向上の課題が最も多くを占めている。また、この技術の外観意匠性向上や、ガスケットによる接合技術の気密性向上に関するものが多い。

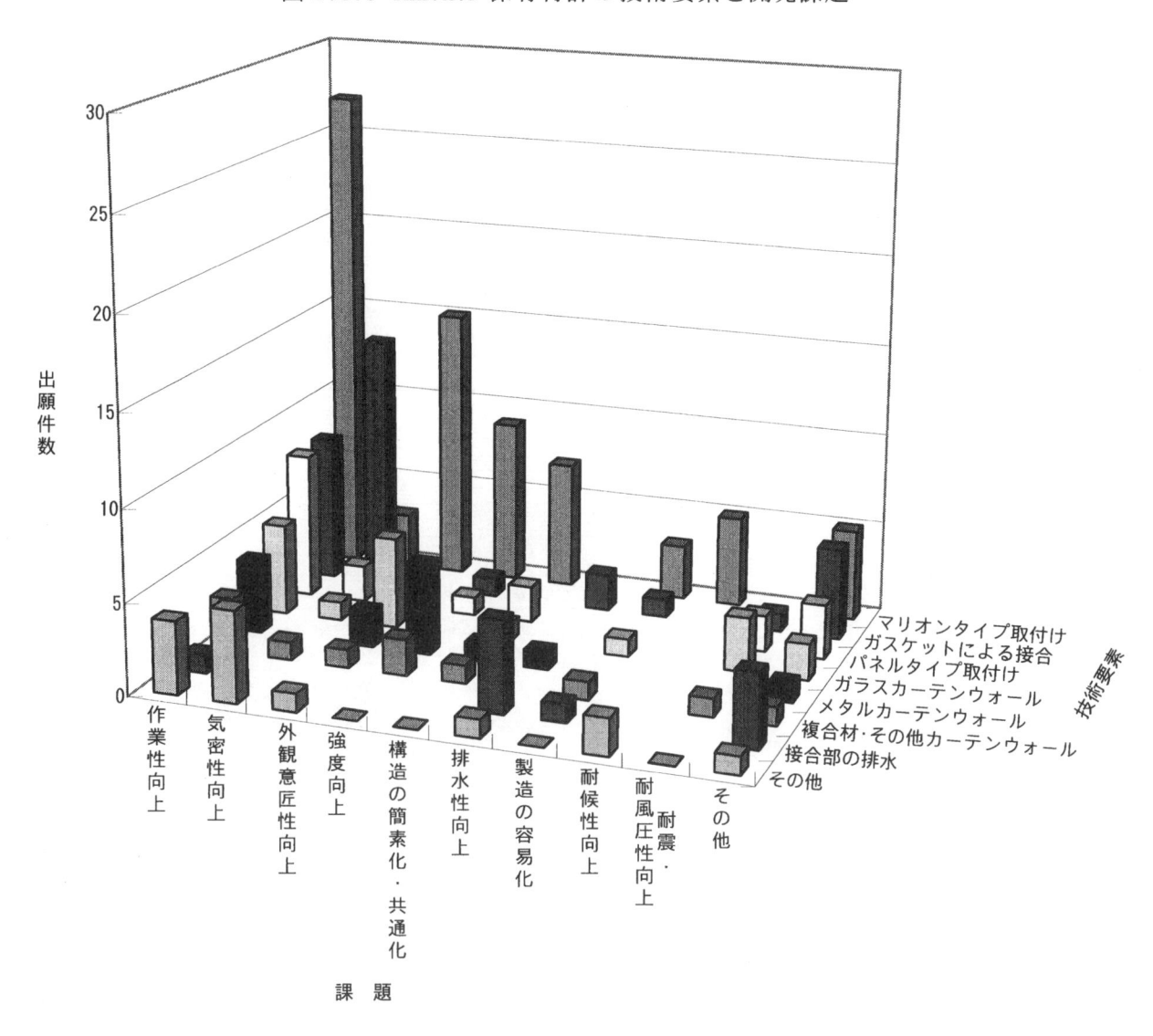

図 2.1.3 YKK.A.P 保有特許の技術要素と開発課題

表 2.1.3 は、YKK.A.P における保有特許の概要を表わしたものである。

なお、ここに掲載の特許は全て権利存続中または係属中のものであり、記載項目の特許分類は筆頭 IPC としている。

また、開放欄に○印を付与したものは、開放可能な特許を表わす。

表 2.1.3 YKK アーキテクチュラル プロダクツの保有特許一覧(1/9)

技術要素	課題	特許 No.	特許分類	発明の名称または発明の概要	開放
メタルカーテンウォール	強度向上	特許 2860515	E04B2/92	カーテンウォール用パネルユニットのパネル枠	
		特許 2860516	E04B2/92	建築材のリベット接合構造	
		特許 3069502	H01L31/042	透明パネルと、裏板との間に透明充填材を充填し、この充填材内に太陽電池を封入して形成される太陽電池モジュールであって、裏板は透明充填材に接触する接触部と、透明充填材から離れた非接触部とを備えている	
		特開 2000-248671	E04B2/96	断熱カーテンウォール	
		特開 2001-115591	E04B2/96	パネル壁面体	
	作業性向上	特許 2515034	E04B2/90	異種パネル付きカーテンウォールユニット	
		特許 2816798	E04B2/90	外装パネル	
		特許 2849039	E04B2/96	分割方立において、方立内に浸入した漏水を無目部分から排水させ、分割方立の上下連結部にジョイントパッキンを配置する	
		特開 2000-248673	E04B2/96	サッシの横材	
	外観意匠性向上	特許 2699228	E04C2/36	建築用パネル	
		特開 2000-080781	E04F13/02	建築仕上げ用部材	
	構造の簡素化・共通化	特開 2000-248674	E04B2/96	断熱サッシの最下部横材及びボーダー部材並びに接続構造	
	排水性向上	特開平 09-111935	E04B2/96	カーテンウォールの排水構造	
	その他耐久性向上	特開平 08-270139	E04C2/38	パネル	

表 2.1.3 YKK アーキテクチュラル プロダクツの保有特許一覧(2/9)

技術要素	課題	特許No.	特許分類	発明の名称または発明の概要	開放
PCカーテンウォール	作業性向上	特許 2783716	E04B2/90	横連窓の取付装置	
		特許 2754450	E04B2/88	建築物の壁構造	
		特開平 11-124935	E04B2/90	左右両側部よりも左右中間部が室外側寄りである平面形状の構造板兼止水板と、この構造板兼止水板の左右両側部に固着した取付用縦材と、前記構造板兼止水板に取付けた複数のパネルで形成する	
	外観意匠性向上	特開 2000-303598	E04B2/90	カーテンウォール	
	気密性向上	特開 2000-345642	E04B2/00	外壁用プレキャストコンクリート版	
ガラスカーテンウォール	外観意匠性向上	特許 2888760	E04B2/90	縦枠の凸部と凹部が互いに噛合いながら隣接し、全体が曲面状の壁体において、縦枠の室外側の見付け片と室内側の見付け片のいずれか一方の、曲面の凸となる側の見付け幅は凹となる他方側の見付け幅より大きく、前記凹部の幅は前記凸部の幅より大きくする	
		特開平 08-093103	E04B2/90	コーナー用サッシ	
		特開平 11-256935	E06B3/00	サッシ窓ユニット	
		特開平 11-310980	E04B2/90	カーテンウォール	
		実登 2554777	E06B3/66	複層ガラスを備えた断熱可動障子	
	作業性向上	特許 3130478	E06B3/38	障子の取付構造	
		特開平 10-259646	E04B2/90	パネル体の取付構造及びファスナー	
		特許 3148888	E04B2/96	カーテンウォール	
		特開平 11-131911	E06B1/12	建物の外壁	
		特開 2000-017763	E04B2/96	壁体支持装置	

表 2.1.3 YKK アーキテクチュラル プロダクツの保有特許一覧(3/9)

技術要素	課題	特許 No.	特許分類	発明の名称または発明の概要	開放
ガラスカーテンウォール	耐震・耐風圧性向上	特開平 09-111931	E04B2/96	支持材貫通穴内に支持材の厚みより長いブッシュを挿通し、これを介して支持材をナットで挟結すればナット座面はブッシュ端面に接触するのでボルトは貫通穴内を移動でき、かつブッシュがボルトネジ山を保護する	
		特開平 10-030376	E06B1/18	連窓サッシユニット	
		特開平 10-183830	E04B2/96	壁体の取付構造	
	省エネ	特開平 09-328852	E04B2/96	庇付きカーテンウォール	
		実登 2585662	E04B2/96	カーテンウォールユニットのガラス取付構造	
	気密性向上	特許 2889812	E04B2/96	縦材と横材間の水密構造	
	構造の簡素化・共通化	特開平 09-279740	E04B2/96	サッシ	
	製造の容易化	特開 2001-173138	E04B2/96	合わせガラスの支持構造	
複合材・その他カーテンウォール	作業性向上	特公平 07-057968	E04B7/00	連結装置	
		特開平 09-209485	E04B2/96	カーテンウォールのファスナー	
		特許 2780068	E04B2/96	建物外壁	
	強度向上	特許 2698531	E04C2/38	外壁パネル	
		特許 2763496	E04C2/38	建築用ハニカムパネル	
	外観意匠性向上	特許 3200700	E04C2/38	石材パネル付きフロントサッシ	
	気密性向上	特開平 09-228499	E04B1/684	外装材ユニットの目地部のシール構造	
	構造の簡素化・共通化	特開平 09-111934	E04B2/96	カーテンウォールの面材用支持部材	
	通気・換気性向上	特許 3078996	H01L31/042	太陽電池付壁パネル	
	製造の容易化	特開平 08-074363	E04B2/96	方立ユニット	
	耐震・耐風圧性向上	特許 2664120	E06B1/60	窓枠の固定装置	

表 2.1.3 YKK アーキテクチュラル プロダクツの保有特許一覧(4/9)

技術要素	課題	特許 No.	特許分類	発明の名称または発明の概要	開放
既存壁の改装	作業性向上	特許 2603891	E04B2/96	カーテンウォールの改装工法及びカーテンウォール	
	排水性向上	特許 2747249	E06B1/56	改装窓	
パネルタイプ取付け	作業性向上	実登 2578364	E04B2/90	ユニット式カーテンウォールの接合部	
		実登 2531158	E04B2/90	ユニット式カーテンウォールの接合部	
		特開平 11-217897	E04B2/90	カーテンウォールユニット	
		特開平 11-217898	E04B2/90	カーテンウォールの縦部材取付位置調整部材	
		特開平 11-217899	E04B2/90	カーテンウォール用の取付部材	
		特開平 11-336233	E04B2/90	カーテンウォールユニットは、ブラケットが設けられたメインフレームと、室内側にずれて配置されてガラスを保持するサブフレームとを連結材で連結して構成される	
		特開 2001-011993	E04B2/94	パネル体の取付装置	
		実公平 07-052258	E04B2/90	パネルユニットの取付構造	
	構造の簡素化・共通化	特許 2852850	E04B7/00	外装パネルの連結装置	
		実登 2562235	E04B2/90	ユニット式カーテンウォール	
	耐震・耐風圧性向上	特許 2774973	E04B2/90	建築物の屋根に連設された外壁ユニットの変位吸収機構	
		特開平 08-254076	E06B1/56	サッシ枠の取付構造	
	気密性向上	特許 2844155	E04B2/90	ユニット式カーテンウォール	
		特許 3202563	E04B2/96	カーテンウォールユニット	
	外観意匠性向上	特許 3181524	E04B2/90	窓ユニット	
	強度向上	特開平 11-310981	E04B2/90	カーテンウォールユニットの取付構造	
	工期短縮	実公平 08-003544	E04B2/90	カーテンウォールユニットフレーム	
	省エネ	特開 2000-257197	E04B2/90	ユニット式のカーテンウォール	
	その他耐久性向上	特開 2000-096746	E04B2/90	カーテンウォール用壁体支持金具	
マリオンタイプ取付け	作業性向上	特開平 10-037360	E04B2/96	枠部材の連結構造	
		実登 2540379	E04B2/96	方立の連結装置	
		実登 2562004	E04B2/96	方立と無目の取付構造	
		特許 2627118	E04B2/96	曲面カーテンウォールにおけるカーテンウォールユニットの取付構造	

表2.1.3 YKKアーキテクチュラル プロダクツの保有特許一覧(5/9)

技術要素	課題	特許No.	特許分類	発明の名称または発明の概要	開放
マリオンタイプ取付け	作業性向上	特許2826014	E04B2/96	カーテンウォールの方立	
		特許2832784	E04B2/96	カーテンウォール	
		特許2829826	E04B2/96	カーテンウォールのパネル材取付構造	
		特開平08-004165	E04B2/96	無目材の取付構造	
		特許2916989	E04B2/96	カーテンウォール	
		特許2836012	E04B2/96	カーテンウォールの方立と無目の連結構造	
		特開平09-053290	E04B2/96	連窓における横枠および縦枠の接合構造	
		特許3179684	E04B2/88	支持部材取付用ゲージ板及び支持部材の取付方法	
		特開平09-170282	E04B2/96	方立の断熱構造	
		特開平09-242235	E04B2/96	カーテンウォール	
		特開平09-324488	E04B2/96	カーテンウォールの壁体支持装置	
		特開平11-001982	E04B2/96	カーテンウォール	
		特開平11-022083	E04B2/96	カーテンウォール	
		特開平11-324198	E04B2/96	壁体支持装置	
		特開2000-017762	E04B2/96	壁体支持装置	
		特開2000-104376	E04B2/96	カーテンウォールの高さ調整装置	
		特開2000-144993	E04B2/96	カーテンウォール及び方立と無目の連結構造	
		特開2000-248672	E04B2/96	断熱カーテンウォールにおけるパネル用ブラケットの取付構造	
		実登2562301	E04B7/00	屋根構造材と支柱材との連結装置	
		実登2586906	E04B2/96	カーテンウォール用窓ユニットの取付装置	
		実登2567525	E04F13/08,101	外装パネルの保持部材	
		実登2586208	E04B2/96	カーテンウォールにおける排水装置の取付構造	
		実登2572663	E04B2/96	カーテンウォールの横枠用化粧カバー	
	外観意匠性向上	実登2532972	E04B2/96	外装パネル体の取付構造	
		特許2780065	E04B2/96	カーテンウォール用外壁パネルユニット	
		特許2763457	E06B3/40	障子の横框と縦框のいずれか一方をシール材で接着してガラスを支持し、他方は框溝にのみ込ませて支持すると同時に、のみ込み支持する側の框とガラスの室外側の面を壁体に一致させる構造とする	

表 2.1.3 YKK アーキテクチュラル プロダクツの保有特許一覧(6/9)

技術要素	課題	特許 No.	特許分類	発明の名称または発明の概要	開放
マリオンタイプ取付け	外観意匠性向上	特許 2767181	E04B2/96	カーテンウォールの側部接合構造	
		特許 2754449	E04B2/96	面材支持部材	
		特開平 08-120811	E04B2/96	カーテンウォールコーナー部における無目の支持構造	
		特許 2627493	E04B2/96	パネルユニットの取付用ブラケットとその取付装置	
		特許 2843531	E04B2/96	カーテンウォールユニットの取付構造およびこのカーテンウォールユニットを支持する方立および無目の接合構造	
		特開平 09-111930	E04B2/96	方立式カーテンウォールにおける方立補強構造	
		特開平 11-022086	E04B2/96	建物の壁パネル支持用方立	
		特開平 11-200543	E04B2/96	無目を建物の壁面に沿った水平方向のみに移動可能に支持する支持材と、支持材に一端側が固定され支持アームと、支持アームの他端側に設けられて無目の長手方向中央部を建物の壁面に沿った水平方向に移動不能に固定する固定手段とを備えた構造	
		特開平 11-222966	E04B2/96	方立または無目の構成部材	
		特開 2001-020425	E04B2/96	カーテンウォール	
		特開 2001-059299	E04B2/96	カーテンウォール	
		実開平 05-094417	E04B2/96	パネルユニットの取付用ブラケットとその取付装置	
	強度向上	実登 2532971	E04B2/96	外装パネル体の取付構造	
		特許 2843494	E04B2/96	構造部材	
		特許 3001370	E04B2/96	分割方立の連結装置	
		特開平 08-004166	E04B2/96	傾斜カーテンウォールの補強構造	
		特開平 09-004129	E04C3/02	外壁支持体	
		特開平 09-151559	E04B2/96	カーテンウォールの壁体支持装置	
		特開平 09-242234	E04B2/96	カーテンウォール	
		特開平 09-242236	E04B2/96	カーテンウォール	
		実登 2578365	E04B2/96	傾斜カーテンウォールにおける横材カバー	
	構造の簡素化・共通化	特許 2755900	E04B2/96	カーテンウォール	
		特開平 09-041531	E04B2/96	傾斜カーテンウォールの無目取付構造	
		特開平 09-053289	E04B2/96	カーテンウォールの無目支持装置	
		特開平 09-287227	E04B2/96	カーテンウォールパネル	
		特開平 11-200541	E04B2/96	カーテンウォール	
		実公平 07-043424	E06B3/964	横連窓における横枠と縦枠の接合装置	
		実登 2567524	E04F13/08,101	外装パネルの支持装置	

表2.1.3 YKKアーキテクチュラル プロダクツの保有特許一覧(7/9)

技術要素	課題	特許No.	特許分類	発明の名称または発明の概要	開放
マリオンタイプ取付け	耐候性向上	特開 2000-038792	E04B2/96	カーテンウォール	
		特開平 10-061080	E04B2/96	方立	
		特許 2827172	E04B2/96	建築物の屋根に連設されたサッシの変位吸収機構	
		特許 2886757	E06B1/12	窓の出隅部または入隅部における中骨装置	
	気密性向上	実登 2585663	E04B2/96	方立と上枠の連結構造	
		特許 2822115	E04B2/96	方立連結部のシール構造	
		特許 2826066	E04B2/96	縦材と横材間の水密構造	
	製造の容易化	実登 2578366	E04B2/96	カーテンウォールにおける縦材と横材の連結装置	
		実登 2585664	E04B2/88	ラチス材	
		実登 2572236	E06B3/96	ガラス装着用枠	
	メインテナンス性向上	特許 2603891	E04B2/96	カーテンウォールの改装工法及びカーテンウォール	
	その他	特許 3087218	E04B2/96	カーテンウォール	
	空間の有効利用	特許 2978365	E04B2/96	構造部材	
	軽量化	特開平 10-054099	E04B2/96	壁体	
	工期短縮	特開平 11-217900	E04B2/96	ユニット式カーテンウォールのコーナー部	
ガスケットによる接合	耐候性向上	特許 2952628	E04B2/96	アルミ外装建材	
	気密性向上	特公平 07-116780	E04B2/90	ユニット式カーテンウォールにおける水密装置	
		特許 2783715	E04B2/90	ユニット式カーテンウォールにおける接合部の水密構造	
		特許 2829806	E04B2/90	ガラスユニットの取付部シール構造	
		特許 2829470	E04B2/92	ハニカムサンドイッチパネルの外壁ユニット	
		特許 2867098	E04B2/96	ユニットカーテンウォールのシール構造	
		特許 2767183	E04B2/90	ユニットカーテンウォールのシール構造	
		特許 2755892	E04B2/90	ユニット式カーテンウォールの水密構造	
		特開平 09-096041	E04B2/96	外装材ユニット及びその目地部のシール構造	
		特開平 09-096042	E04B2/96	外装材ユニット及びその目地部のシール構造	
		特開平 10-002052	E04B2/90	建物外壁の水密構造	
		特開平 11-222965	E04B2/96	パネルの背面側から側面側に跨る断面形状をした定型ガスケットをパネル周囲を連続して周回させ、パネルの背面に密着させた状態で、パネルが収納される方立ののみ込み溝と無目ののみ込み溝に取付ける	

表 2.1.3 YKK アーキテクチュラル プロダクツの保有特許一覧(8/9)

技術要素	課題	特許 No.	特許分類	発明の名称または発明の概要	開放
ガスケットによる接合	気密性向上	特開平 11-303253	E04B2/56	枠材の接合構造	
		特開 2000-154606	E04B2/88	カーテンウォールおよびその施工方法	
		実登 2540224	E04B2/96	カーテンウォールユニット間の水密構造	
		特許 2829209	E04B2/90	建築用パネルの張付け装置	
		特開平 09-228498	E04B1/684	外装材ユニット	
		特許 2780070	E04B2/96	カーテンウォール用ガラスユニット	
		特許 2660893	E04B2/96	方立連結部のシール材接続構造	
		特許 2663091	E04B2/90	複層ガラスのカーテンウォール	
		特許 2755899	E04B2/90	ユニット式カーテンウォールにおける突出棒の取付構造	
		特開平 09-049375	E06B3/96	連窓における横枠の接合構造	
	作業性向上	特開 2000-038793	E04B2/96	カーテンウォールの止水構造	
	外観意匠性向上	特許 2822116	E04B2/90	ユニット式カーテンウォール	
		実登 2557313	E04F13/08,101	外装パネルの出隅部構造	
	構造の簡素化・共通化	特開平 11-303265	E04B2/90	ユニット式カーテンウォールの気密構造	
		実登 2553281	E04B1/684	出隅部用外装パネル	
	強度向上	特開平 11-310979	E04B2/88	ユニット式カーテンウォール	
	排水性向上	特開 2001-090237	E04B2/96	外壁の汚れ防止構造	
		特許 2678425	E04D13/15,301	笠木の連結部の排水装置	
	製造の容易化	特許 2662756	E04B2/96	パネル部材の取付装置	
	耐震・耐風圧性向上	特開平 09-060168	E04B2/96	板状材の固定部の構造	
	断熱性改良	特許 2754448	E04B2/90	外装パネルユニット	
シーリング材による接合	気密性向上	特許 2867099	E04B2/92	パネルユニット	
オープンジョイントによる接合	気密性向上	特許 2783694	E04B2/90	ユニット式カーテンウォール	
		特許 2627119	E04B2/96	曲面カーテンウォールにおけるカーテンウォールユニットの取付構造	
		特許 2899523	E04B2/90	カーテンウォールの水密構造	
	耐候性向上	特開平 08-004163	E04B2/94	カーテンウォールにおける外気導入構造	
		実登 2577732	E04B2/96	カーテンウォールユニット間の水密構造	
	排水性向上	実登 2583186	E04D3/08	トップライトの方立と無目の取合部排水構造	
の接合部排水	排水性向上	特許 2754470	E04B2/96	カーテンウォールの排水構造	
		特許 2826015	E04B2/96	方立と無目の接合部における排水装置	
		特許 2755898	E04B2/90	ユニット式カーテンウォールの水密構造	

表 2.1.3 YKK アーキテクチュラル プロダクツの保有特許一覧(9/9)

技術要素	課題	特許No.	特許分類	発明の名称または発明の概要	開放
接合部の排水	排水性向上	特許 2754469	E04B2/96	最上部無目4の上部中空部を方立2の凹溝に連続させ、方立の凹溝に排水ブロックを取付け，中空部内の雨水を外部に排出する	
		特開平 09-151558	E04B2/96	カーテンウォールの水抜き構造	
	その他生産性向上	特許 2985054	E04D13/15,301	笠木のジョイント部水密構造	
		特許 2767180	E04B2/96	カーテンウォールユニット、およびこれを組み込んだカーテンウォール	
	作業性向上	特許 2851789	E04B2/96	分割方立の水密構造	
	製造の容易化	特許 2783700	E04B2/96	カーテンウォールにおける方立連結部の水密構造	
	通気・換気性向上	特開平 09-165852	E04B2/90	カーテンウォールの換気構造	
	防湿性向上	特開 2000-144992	E04B2/96	カーテンウォール	

2.1.4 技術開発拠点

当該テーマ技術の開発を行っている事業所、研究所等を、発明者住所および企業情報をもとに紹介する。

カーテンウォールに関する YKK アーキテクチュラル プロダクツ(株)
東京都：本社
千葉県：京葉工場
富山県：滑川工場

2.1.5 研究開発者

図2.1.5-1は、YKK.A.Pにおける発明者数と出願件数の年度別推移をみたものである。この図によれば、出願件数は1992年、発明者数は93年がピークとなり際だっている。94年以降は、人数および件数に変動はみられるもののほぼ安定的に継続した開発が行われている。

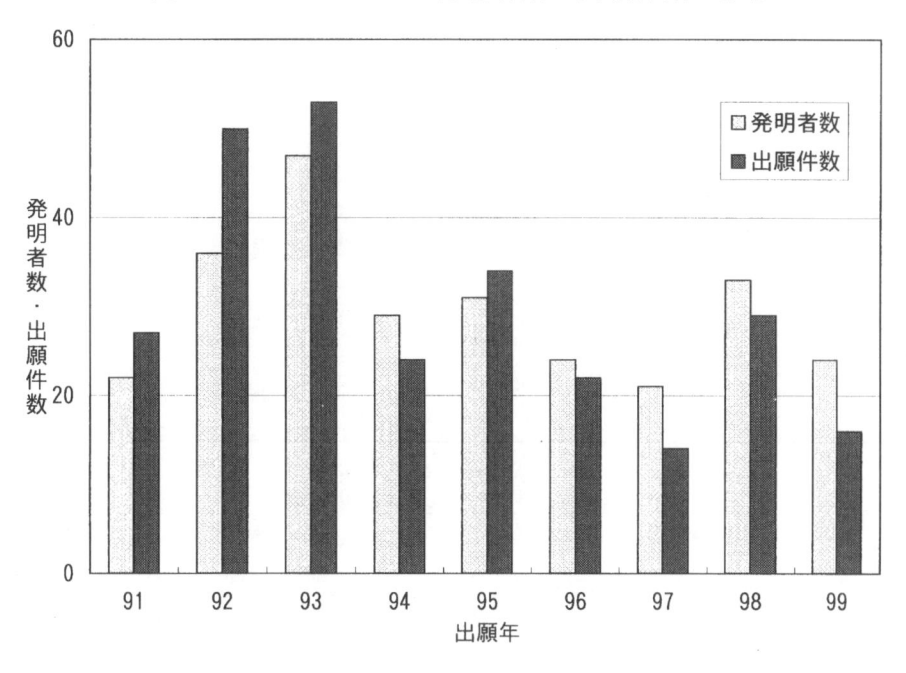

図2.1.5-1 YKK.A.Pの発明者数と出願件数の推移

図2.1.5-2は、YKK.A.Pにおける発明者数と出願件数の相関を時系列推移にみたものである。この図に示すように、1992年から93年にかけて技術開発が非常に活発に行われたが、その後安定した状態で開発活動が推進されている。

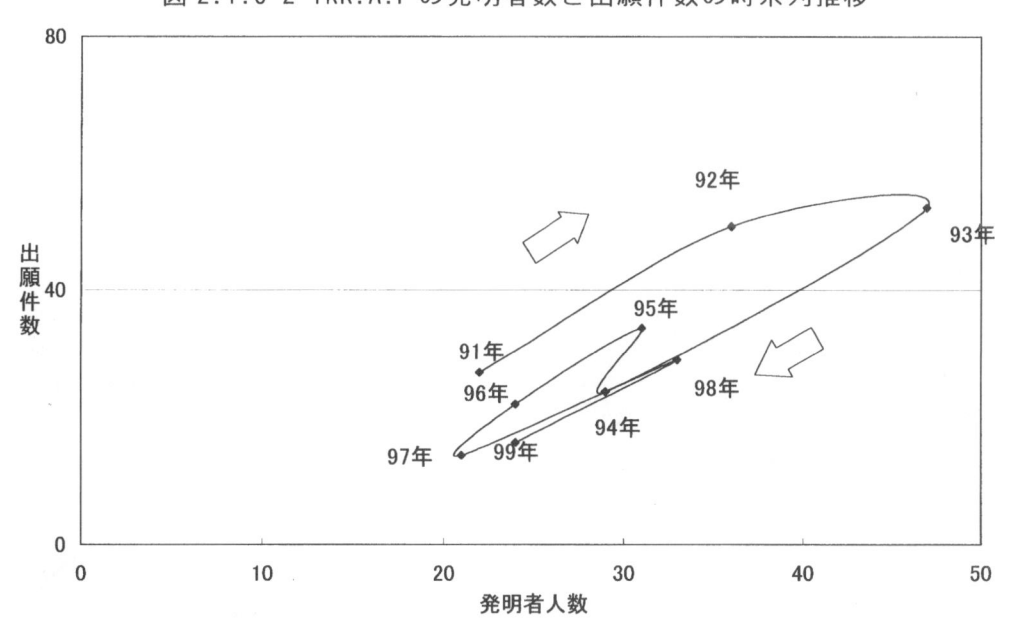

図2.1.5-2 YKK.A.Pの発明者数と出願件数の時系列推移

2.2 旭化成 （旧 旭化成工業）

2.2.1 企業の概要
表2.2.1に旭化成の企業概要を示す。

表2.2.1 旭化成の企業概要

1）	商号	旭化成株式会社　　（旧　旭化成工業株式会社）
2）	設立年月日	1931年5月21日
3）	資本金	1,033億88百万円
4）	従業員	12,218人
5）	事業内容	化成品・樹脂事業、住宅・建材事業、繊維事業、エレクトロニクス事業、医薬医療事業　他
6）	事業所	本社／東京・大阪　支社／延岡、富士、守山、大仁、福岡、名古屋、札幌 海外／中国、ドイツ、アメリカ　他
7）	関連会社	国内／旭化成マイクロシステム、旭化成ホームズ、旭リサーチセンター、旭化成建材　他 海外／インドネシア旭化成
8）	業績推移	売上高　2001年3月期／990,430百万円　2000年3月期／955,624百万円 　　　　1999年3月期／959,624百万円
9）	主要製品	各種石油化学製品、各種樹脂・合成ゴム製品、住宅・建材、合成繊維、エレクトロニクス（LSI）、医薬・医療機器、酒類　他
10）	主な取引き先	蝶理、三菱商事、エーアンドエムスチレン、伊藤忠商事、サランラップ販売

2.2.2 製品例
表2.2.2に旭化成の製品例を示す。

表2.2.2 旭化成の製品例

製品	製品名	出典
外壁材	ヘーベル	http://www.asahi-kasei.co.jp/akk/syouhin1.html
外壁材	グランデ	http://www.asahi-kasei.co.jp/akk/syouhin1.html
外壁材	ヘーベルライト	http://www.asahi-kasei.co.jp/akk/syouhin1.html
外壁材	ヘーベルパワーボード	http://www.asahi-kasei.co.jp/akk/syouhin1.html

（注）本製品は旭化成建材（株）で製造・販売されています。

写真　2.2.2-1 ヘーベル

軽量気泡コンクリート外壁

写真　2.2.2-2 グランデ

超軽量コンクリートパネル

2.2.3 保有特許の概要

図2.2.3は、旭化成の権利存続中または係属中の保有特許における技術要素と開発課題を示したものである。この図によれば、パネルタイプ取付け技術に関する課題が多く、中でも作業性向上のが突出している。

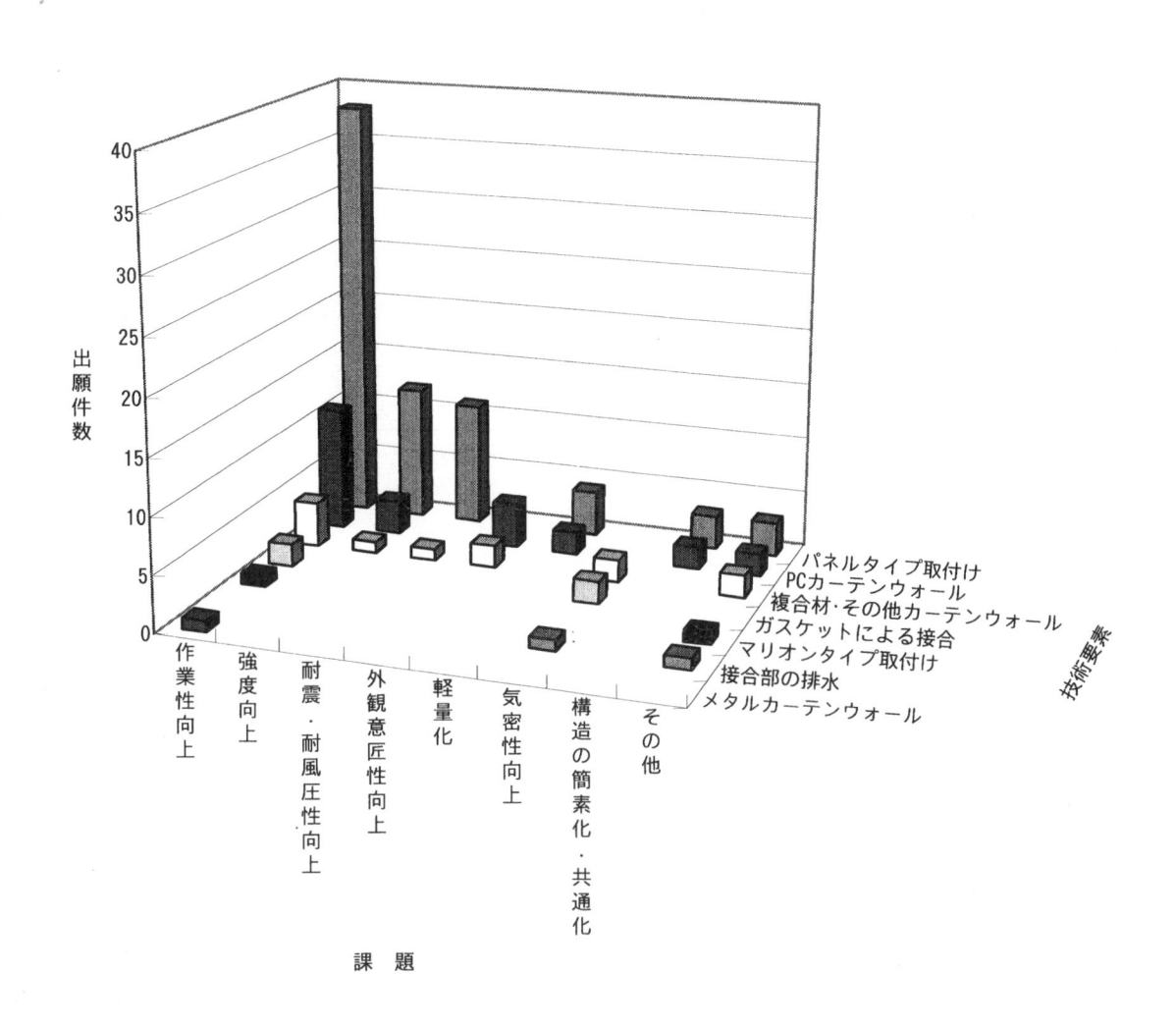

図 2.2.3 旭化成保有特許の技術要素と開発課題

表 2.2.3 は、旭化成における保有特許の概要を表わしたものである。

なお、ここに掲載の特許は全て権利存続中または係属中のものであり、記載項目の特許分類は筆頭 IPC としている。

また、開放欄に○印を付与したものは、開放可能な特許を表わす。

表 2.2.3　旭化成の保有特許一覧(1/6)

技術要素	課題	特許 No.	特許分類	発明の名称または発明の概要	開放
メタルカーテンウォール	作業性向上	特開平 08-049290	E04B1/00,501	腰壁ユニット	
PCカーテンウォール	作業性向上	特許 2907576	E04G21/14	パネルの吊り上げ方法及びそのためのパネル	
		特開平 07-324438	E04C2/30	中空押出成形板	
		特開平 08-177151	E04B2/94	コーナーパネルの取り付け構造	
		特開平 09-273264	E04C2/30	化粧板取付構造及び連結金具	
		特開平 10-102916	E06B1/02	開口補強縦材の取付構造	
		特開平 11-006245	E04C2/30	型枠に鉄筋籠およびファスナを配置してモルタルを打設し、発泡が完了して半硬化状態のとき、所定の厚さに切断し、これにより発泡面と切断面を形成後、オートクレーブ養生した大型ALCパネル	
		特開平 11-036495	E04B2/90	コーナーパネル及びコーナー部の施工方法	
		特開平 11-181934	E04B2/94	壁パネル取付構造および雄ねじ部材	
		特開平 11-181935	E04B2/94	壁の開口部構造	
		特開平 11-324179	E04B2/56	壁パネルの取付構造	
		特開 2000-064475	E04B2/96	壁パネルの取付構造及び面精度出し方法	
	外観意匠性向上	特開平 10-338981	E04B2/94	コーナーパネルの長手方向の小口面に穴を穿孔し、フランジに立設されると共に、突起を有する棒状部材を穴に挿入固定し、躯体に固定したアングルピースにフランジを固定してコーナーパネルを躯体に取付ける	

表 2.2.3　旭化成の保有特許一覧(2/6)

技術要素	課題	特許 No.	特許分類	発明の名称または発明の概要	開放
PCカーテンウォール	外観意匠性向上	特開平 10-338982	E04B2/94	出隅部用パネル取付具及び出隅部用パネルの取付構造	
		特開平 11-270099	E04F13/08,101	ALC コーナーパネル及び ALC コーナーパネルとその表面に固着される表面材の取付構造	
		特開平 11-303270	E04B2/94	意匠パネル及び外壁の出隅構造	
	強度向上	特開平 08-177149	E04B2/94	大型軽量コンクリートパネル及びその取付構造	
		特開平 08-326263	E04F13/08,101	外壁板への仕上材取付構造及び取付金具	
		特開平 09-310447	E04C2/30	押出成形セメント板	
	軽量化	特開平 11-044028	E04B2/94	壁パネルの取付構造及び壁パネルの取付方法	
		特開平 11-044029	E04B2/94	壁パネルの取付構造	
	構造の簡素化・共通化	特開平 10-338983	E04B2/94	出入隅部用パネルの自重受け金具及び出入隅部用パネルの自重受け構造	
		特開 2001-040817	E04C2/30	補強部材埋設パネルの取り付け構造	
	製造の容易化	特開平 09-256540	E04C2/30	ALC パネル及びその製造方法	
	耐候性向上	特許 2764244	E04C2/52	建築用パネル	
複合材・その他カーテンウォール	作業性向上	特開平 11-117400	E04B1/38	ボードの取付構造及びクリップ材	
		特開 2001-081945	E04F13/12	成形仕上げ材の裏面に孔明けやタップを切りにより螺子部を設け、この螺子部に接着剤を用いてボルトを挿入し、成形仕上げ材とボルトを一体化して裏面側の下地壁に固定して取り付ける	
		特開平 09-256541	E04C2/30	ALC パネル及びその製造方法	
		特開平 08-049331	E04B2/96	コーナーパネルの固定方法	

表 2.2.3 旭化成の保有特許一覧(3/6)

技術要素	課題	特許No.	特許分類	発明の名称または発明の概要	開放
複合材・その他カーテンウォール	外観意匠性向上	特開 2000-129812	E04B1/70	壁体内の換気構造	
		特開 2000-303657	E04F13/08,101	化粧板の取付構造および取付具	
	気密性向上	特開平 09-228493	E04B1/66	ユニット住宅の施工方法	
		特開平 09-228494	E04B1/66	ユニット住宅の防水構造	
	強度向上	特開平 06-129070	E04F13/08,101	ALCパネル重量受構造及びその金具	
	工期短縮	特開 2000-179078	E04B2/94	垂直フランジ部の上に水平フランジ部を有し、水平フランジ部の上面がスラブコンクリートから露出する高さの嵩上げ鋼材が躯体梁上に載置固定され、嵩上げ鋼材上には定規アングルが載置固定され、定規アングルに取付金具を介して外壁パネルが取り付けられている	
	排水性向上	特許 2598755	E04C2/52	建築用パネル	
パネルタイプ取付け	作業性向上	特許 2769888	E04B2/94	略L形断面コンクリートパネルの取付構造	
		特許 3181096	E04B2/94	外装パネルの取付構造	
		特開平 07-018768	E04B2/94	壁パネル取付構造及び壁パネル取付方法	
		特開平 08-074362	E04B2/94	中空断面を有する壁パネルの取付金物	
		特開平 08-158583	E04F13/08	成形パネルへの仕上材取付構造	
		特開平 08-239925	E04B2/94	外周部が全体として六角形をなし、かつボルトの頭部あるいはナットの周辺部の形状に合致する角部もしくは辺部を中心穴部に有し、該ボルトの頭部あるいはナットの周辺部にはめて使用するボルト、ナットの過締め防止カバーであって、該カバーを所定の強度の材質を用いている	

表 2.2.3 旭化成の保有特許一覧(4/6)

技術要素	課題	特許No.	特許分類	発明の名称または発明の概要	開放
パネルタイプ取付け	作業性向上	特開平 08-239926	E04B2/94	組立大型パネルの取付構造	
		特開平 08-277591	E04B2/94	中空壁パネル取付装置及び中空壁パネル取付方法	
		特開平 08-277592	E04B2/94	中空壁パネル取付装置及び中空壁パネル取付方法	
		特開平 08-277593	E04B2/94	中空壁パネル取付装置及び中空壁パネル取付方法	
		特開平 09-088219	E04B2/94	壁パネルの取付構造及び目地受用金具	
		特開平 09-111927	E04B2/94	壁パネルの取付構造	
		特開平 09-144184	E04B2/94	壁パネルの取付構造	
		特開平 09-273255	E04B2/94	腰壁の取付構造	
		特開平 09-317068	E04B2/94	パネル取付構造	
		特開平 10-002053	E04B2/94	パネル固定構造	
		特開平 10-002047	E04B2/56,601	壁パネルの取付構造	
		特開平 10-008546	E04B1/00,501	壁パネルの支持構造	
		特開平 10-008611	E04B2/94	壁パネルの取付構造	
		特開平 10-140717	E04B2/90	壁パネルの取付け構造	
		特開平 11-013182	E04B2/94	パネルへの取付金物およびそのパネルへの取付構造	
		特開平 11-013183	E04B2/94	パネルの取付金物およびそのパネルの取付構造	
		特開平 11-036497	E04B2/94	パネル面外方向調整用押出金物、パネルの取付構造およびパネルの取付方法	
		特開平 11-044030	E04B2/94	ALCパネルの取付金具および取付工法	
		特開平 11-081682	E04G21/14	大型パネルの建込み方法	
		特開平 10-169060	E04B2/94	壁パネルの取付構造	
		特開平 11-124936	E04B2/94	外壁パネルの取付構造及び構法	
		特開平 11-124937	E04B2/94	壁パネルの下部構造、嵩上げ金具および取付金具	
		特開平 11-131660	E04B2/94	壁パネルの取付構造及び目地受用金具	
		特開平 11-141034	E04B2/94	壁パネルの取付金具	
		特開平 11-293833	E04B2/94	壁パネルの取付構造および下地鋼材	
		特開平 11-303268	E04B2/94	横壁パネルの取付構造	
		特開平 11-303269	E04B2/94	壁パネルの連結構造	
		特開平 11-256739	E04B2/94	壁パネルの取付構造、フラットバー、キャップおよび壁パネル	

表 2.2.3 旭化成の保有特許一覧(5/6)

技術要素	課題	特許 No.	特許分類	発明の名称または発明の概要	開放
パネルタイプ取付け	作業性向上	特開平 11-336221	E04B2/56	壁パネルの取付構造	
		特開平 11-107419	E04B2/94	壁パネルの取付金具及びその取付構造	
		特開 2000-144991	E04B2/94	壁パネルの取付構造	
		特開平 11-280143	E04B1/00,501	壁パネルの取付構造	
	強度向上	特公平 07-068733	E04B2/94	パネル受け構造、パネル受け金具セット、その取付方法及びそれに使用する高さ調整ボルト	
		特許 2544223	E04B2/94	パネル底面の傾きに追随する自重受け金具	
		特開平 07-003924	E04B2/94	自重受け金具の縦フランジ押え金物	
		特開平 09-013562	E04B2/94	ALC外壁パネルの取付構造	
		特開平 09-072031	E04B2/94	パネル支持体	
		特開平 09-088221	E04B2/94	外壁パネル内に埋設したナット部材の頭部を外壁パネル裏面より突出し、ナット部材の頭部より径大なる透孔をもつ取付けプレートの透孔にナット部材の頭部を挿通し、かつナット部材にボルト部材を螺合し外壁パネルに取付けプレートを固着する	
		特開平 09-111992	E04F13/08,101	成形仕上材の取付構造	
		特開平 11-222964	E04B2/90	壁パネル取付金具	
		特開平 11-324193	E04B2/94	ALC壁パネルの取付構造	
		特開平 11-324194	E04B2/94	ALC壁パネルの取付構造	
		特開平 11-324195	E04B2/94	ALC壁パネルの取付構造	
		特開平 11-324196	E04B2/94	ALC壁パネルの取付構造	
	耐震・耐風圧性向上	特許 2888450	E04B2/94	建築用パネルの取付構造	
		特開平 07-324413	E04B2/94	中空押出成形板の取付工法及び取付構造	
		特開平 08-184115	E04B2/94	壁パネルの取付構造	
		特開平 08-184116	E04B2/94	パネル底面の傾きに追随する自重受け金具	
		特開平 08-232379	E04B2/94	壁パネルの取付構造	
		特開平 08-312040	E04B2/94	外壁構造	
		特開平 08-312041	E04B2/94	外壁構造	
		特開平 08-338093	E04B2/94	自重受け金具	

表 2.2.3 旭化成の保有特許一覧(6/6)

技術要素	課題	特許 No.	特許分類	発明の名称または発明の概要	開放
パネルタイプ取付け	耐震・耐風圧性向上	特開平 09-273254	E04B2/94	外壁構造	
		特開平 11-303266	E04B2/90	開口部のパネル取付構造	
		特開 2000-170284	E04B1/98	建物の制振構造	
	軽量化	特開平 09-041528	E04B2/94	壁パネルの取付構造	
		特開平 09-088220	E04B2/94	壁パネルの取付構造及び取付金具	
		特開平 09-111929	E04B2/94	壁パネルの取付構造	
		特開平 11-107418	E04B2/94	壁パネル取付金具	
	構造の簡素化・共通化	特開平 11-013181	E04B2/94	パネル取付金物及びそのパネル取付構造	
		特開 2000-096747	E04B2/94	壁パネルの取付構造及びその取付方法	
		特開 2000-265606	E04B2/94	横壁パネルの取付構造	
	外観品質向上	特許 3124719	E04B2/94	壁パネルの下部支持構造及びその施工方法	
	工期短縮	特開平 08-218533	E04B2/94	中空押出成形板の取付方法	
	通気・換気性向上	特開平 08-086024	E04B1/70	外壁構造	
マリオンタイプ取付け	外観品質向上	特開平 07-034577	E04B2/96	下地金物取付用のピース金物及び下地金物の取付構造	
	作業性向上	特開平 07-034578	E04B2/96	自重受け金物の取付構造及び自重受け金物	
ガスケットによる接合	気密性向上	特開平 08-060752	E04B1/66	外装腰壁まわりの防水構造	
		特開平 09-228495	E04B1/66	ユニット住宅の防水構造	
	作業性向上	特開平 08-004136	E04B1/684	防水目地材及びそれを用いた防水目地材の装着方法	
		特開平 11-324148	E04B1/684	外壁パネルの目地構造	
接合部の排水	気密性向上	特開平 10-002051	E04B2/90	スタッド上部の止水構造	
	通気・換気性向上	特開平 08-027913	E04B1/70	建造物の外壁の通気構造	

2.2.4 技術開発拠点

当該テーマ技術の開発を行っている事業所、研究所等を、発明者住所および企業情報をもとに紹介する。

カーテンウォールに関する旭化成(株)
東京都：本社
神奈川県：川崎工場
静岡県：富士工場

2.2.5 研究開発者

図 2.2.5-1 は、旭化成における発明者数と出願件数の年度別推移をみたものである。この図によれば、発明者数は、1995 年が最も多くみられるが、92 年以降かなり安定した技術開発が行われている。発明者数は、最近減少傾向を示している。

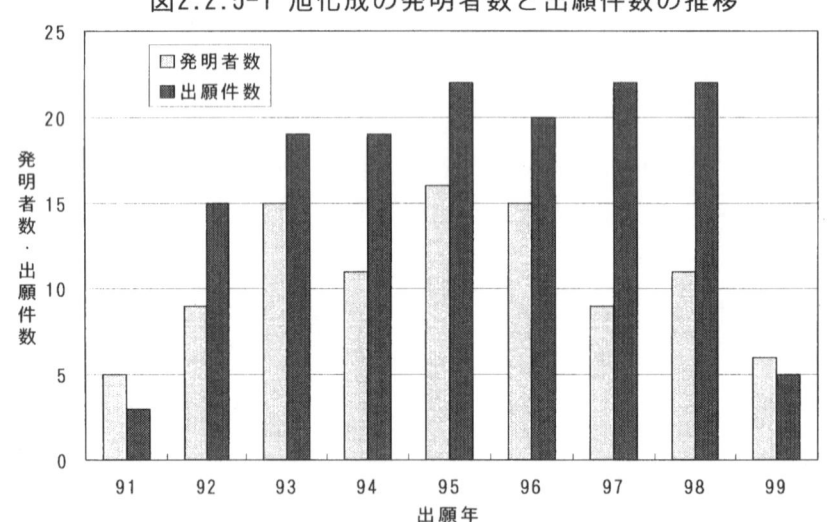

図2.2.5-1 旭化成の発明者数と出願件数の推移

図 2.2.5-2 は、旭化成における発明者数と出願件数の相関を時系列推移にみたものである。この図に示すように、1992 年から技術開発が活発に行われており、その後もこの水準を上回る開発活動が推進されているが、99 年は発明者数、出願件数とも少ない。

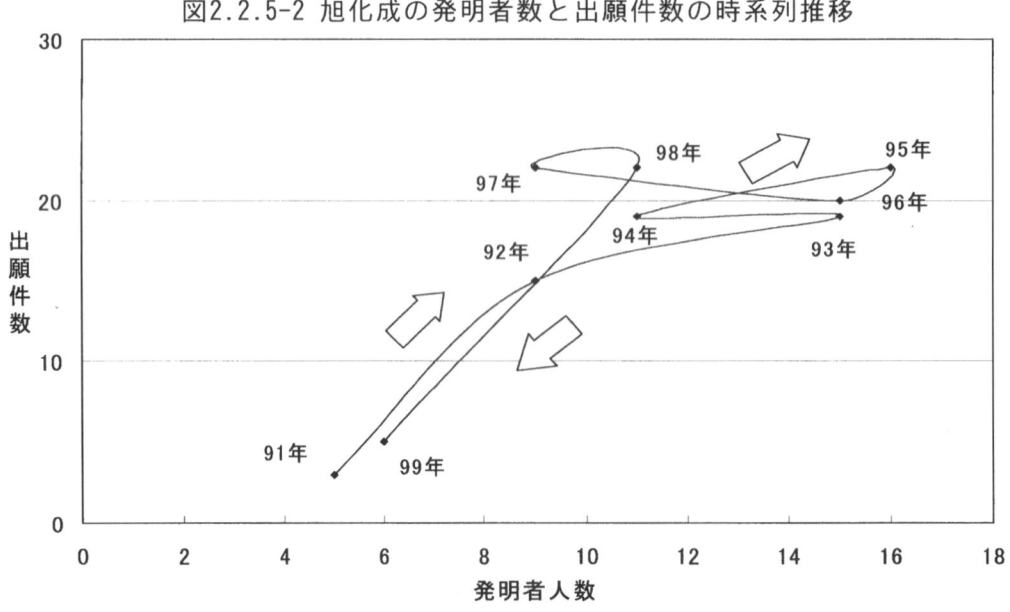

図2.2.5-2 旭化成の発明者数と出願件数の時系列推移

2.3 積水ハウス

2.3.1 企業の概要
表2.3.1に積水ハウスの企業概要を示す。

表2.3.1 積水ハウスの企業概要

1)	商号	積水ハウス株式会社
2)	設立年月日	1960年8月1日
3)	資本金	1,865億5,169万円
4)	従業員	15,296名(2001年8月1日現在)
5)	事業内容	建物・構築物の設計・施工、建築材料の製造販売、不動産の売買、建設工事の設計・施工　他
6)	事業所	本社／大阪　　工場／東北、関東、静岡、滋賀、兵庫、山口
7)	関連会社	国内／積和不動産、積和建設、グリーンテクノ積和、ランドテック積和千葉 他 海外／Sekisui Deutschland Bau
8)	業績推移	売上高 2001年1月期／1,184,186百万円 2000年1月期／1,228,441百万円 　　　　1999年1月期／1,226,755百万円
9)	主要製品	戸建商品、賃貸住宅商品、分譲マンション　他
10)	主な取引き先	積水化学、住友金属建材、旭ガラス、松下電工、不二サッシ、文化シャッター　他
11)	対応窓口	技術管理部　知財情報グループ　大阪府大阪市北区大淀中1-1-88　TEL06-6440-3243

2.3.2 製品例
表2.3.2に積水ハウスの製品例を示す。

表2.3.2 積水ハウスの製品例

製品	製品名	出典
外壁	ダインウォール	http://www.sekisuihouse.com/sumai/index.html
外壁	SHウォール	http://www.sekisuihouse.com/sumai/index.html
外壁	シェルテックウォール	http://www.sekisuihouse.com/sumai/index.html
外壁	SC25セラミックウォール	http://www.sekisuihouse.com/sumai/index.html

写真2.3.2-1　ダイン・ウォール

写真2.3.2-2　シェルテックウォール

軽量気泡コンクリートであるダインコンクリートが主体で、耐火性・断熱性等を向上

中空ダブルスキン構造のシェルテックコンクリート

2.3.3 保有特許の概要

図2.3.3は、積水ハウスの権利存続中または係属中の保有特許における技術要素と開発課題を示したである。この図によれば、パネルタイプ取付け技術に関するものが非常に多くみられ、その技術の課題では作業性向上が際立っている。

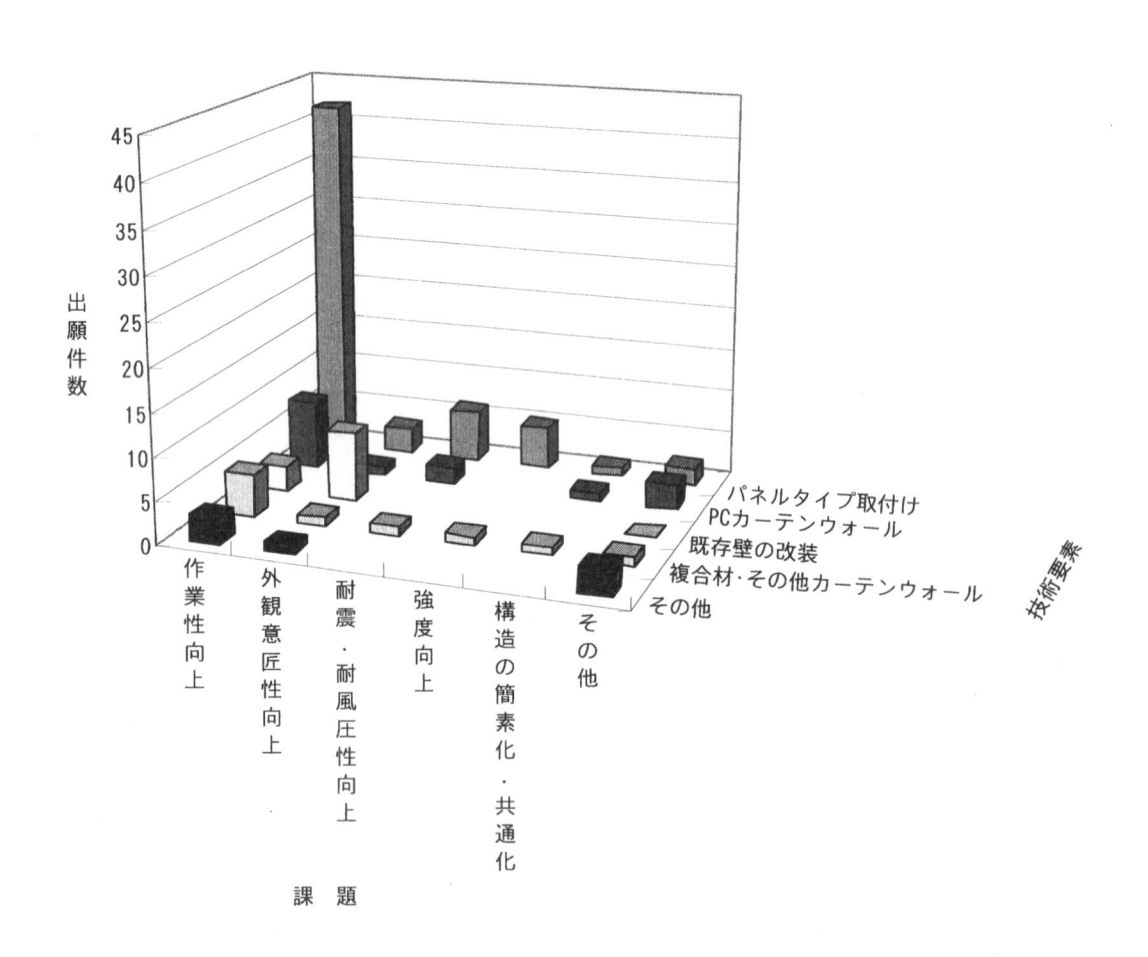

図2.3.3 積水ハウス保有特許の技術要素と開発課題

表2.3.3は、積水ハウスにおける保有特許の概要を表わしたものである。

なお、ここに掲載の特許は全て権利存続中または係属中のものであり、記載項目の特許分類は筆頭IPCとしている。

また、開放欄に○印を付与したものは、開放可能な特許を表わす。

表 2.3.3 積水ハウスの保有特許一覧(1/6)

技術要素	課題	特許 No.	特許分類	発明の名称または発明の概要	開放
PCコンクリート	作業性向上	特開平 08-232429	E04F13/08	外壁の開口部の構造	
		特開平 09-013538	E04B2/56,622	外壁パネルと軸組との締結具	
		特開平 09-279738	E04B2/94	外壁パネルの振れ止め装置	
		特開平 10-077740	E04G21/16	外壁の吊り金具及び吊り構造	
		特開平 10-169052	E04B2/94	外壁パネルの裏面側の上端部に固定した外壁上端ファスナの上方に梁ファスナを配置し、外壁上端ファスナと梁ファスナとをジョイントボルトおよびナットで連結する一方、梁ファスナを建物の梁の下部に固定して、梁下方で外壁パネルを梁に取り付ける	
		特開平 10-169043	E04B2/56,605	開口付外壁パネル	
		特開平 11-315604	E04B2/94	壁パネル	
		特開平 11-343661	E04B1/00,501	内壁パネルの固定装置	
	耐震・耐風圧性向上	特開平 11-293812	E04B1/98	鉄骨ラーメン構造の制震装置	
		特開平 11-315602	E04B2/88	サイディング材と金属製フレームとを相互に接着し、さらにサイディング材裏面側にねじ込まれたビスにてもサイディング材と金属製フレームを相互に固定する	
	断熱性改良	特許 3174177	E04C2/30	外壁パネル	
		特許 3100077	E04B2/94	軸組への取付手段を備えた外壁パネル	
	外観意匠性向上	特開平 08-232427	E04F13/08	住宅の外壁の構成方法	
	構造の簡素化・共通化	特開平 08-232428	E04F13/08	外壁の構成方法	
	製造の容易化	特許 3174176	E04C2/30	外壁パネルの製造方法	

表 2.3.3 積水ハウスの保有特許一覧(2/6)

技術要素	課題	特許 No.	特許分類	発明の名称または発明の概要	開放
複合材・その他カーテンウォール	作業性向上	特開平 10-121851	E06B1/02	ノックダウン開口フレーム	
		特開平 10-121852	E06B1/02	出隅部の開口フレーム構造において、2本の縦材と、2本の縦材の間に架設される上下の横材とが縦材に備えられた取付け金具を介して着脱自在であり、上の横材が吊り部材を介して梁に固定され、下の横材が支持柱によって下方から支持されてる	
		特開平 11-247308	E04B1/64	カーテンウォールにおける横目地構造	
		特許 3202105	E04B2/56	目地バックアップ構造	
		特開平 10-169042	E04B2/56,603	矢切パネルの取付構造	
	外観意匠性向上	特開平 08-232432	E04F13/08	外壁の付帯部材の構造	
	強度向上	特開平 10-121615	E04B2/90	外壁開口部下の補強構造	
	構造の簡素化・共通化	特開平 08-232433	E04F13/08	外壁の窓などのフレームの取付け構造	
	耐震・耐風圧性向上	特開平 10-169053	E04B2/94	開口フレーム用外壁およびその取付け構造	
	断熱性向上	特許 3170305	E04C2/38	外壁パネル	
既存壁の改装	外観意匠性向上	特開 2000-027404	E04F13/08,101	建物の外壁構造	
		特開 2000-027407	E04F13/08,101	建物の外壁構造	
		特開 2000-027449	E04G23/02	建物の外壁構造	
		特開 2000-027450	E04G23/02	既存外壁の表面に貼り付けた新規のパネルのサッシ側端面を覆うと共に、既存のサッシよりも建物外方向に張り出すように面格子支持部材を取付け、この面格子とサッシ枠との間に網戸等の面材を抜き出すため隙間を形成する	
		特開 2000-027451	E04G23/02	建物の外壁構造	
		特開 2000-027408	E04F13/08,101	建物の外壁構造	

表 2.3.3 積水ハウスの保有特許一覧(3/6)

技術要素	課題	特許 No.	特許分類	発明の名称または発明の概要	開放
既存壁の改装	外観意匠性向上	特開 2000-027452	E04G23/02	建物の外壁構造	
		特開 2000-027453	E04G23/02	建物の外壁構造	
	作業性向上	特開 2000-027405	E04F13/08,101	既存外壁の下端に基礎水切りを固定し、この基礎水切り上に載置した新規パネルを既存外壁の表面に直接接着する	
		特開 2000-027448	E04G23/02	建物の外壁構造	
		特開 2000-027406	E04F13/08,101	建物の外壁構造	
パネルタイプ取付け	作業性向上	特許 3100073	E04B2/56,631	外壁パネルの取付構造	
		特開平 06-123144	E04B2/94	外壁パネルの支持装置	
		特開平 06-123145	E04B2/94	外壁パネルの下端支持装置	
		特許 3146290	E04B2/56,622	外壁コーナー材の支持装置	
		特許 3146291	E04B2/56,631	外壁パネルの支持装置	
		特許 3146292	E04B2/56,631	カーテンウォールの支持装置	
		特許 3146293	E04B2/56,631	外壁コーナーパネルの支持装置	
		特許 3146294	E04B2/56,631	外壁コーナーパネルの支持装置	
		特開平 08-218528	E04B2/94	カーテンウォールの固定装置	
		特開平 08-218529	E04B2/94	カーテンウォールの出入り調節装置	
		特開平 08-218530	E04B2/94	カーテンウォールの固定装置	
		特開平 09-279732	E04B2/94	外壁パネルの支持構造	
		特開平 09-279733	E04B2/94	外壁パネルの支持構造	
		特開平 09-279734	E04B2/94	外壁パネルの支持構造	
		特開平 09-279735	E04B2/94	外壁のパネル支持金具の取付け構造	

表 2.3.3 積水ハウスの保有特許一覧(4/6)

技術要素	課題	特許 No.	特許分類	発明の名称または発明の概要	開放
パネルタイプ取付け	作業性向上	特開平 09-279737	E04B2/94	梁の上下両面に跨いで抜け止め金具が設置され、この抜け止め金具へ上方からねじ込んだ支持ボルトの下端を前記梁のボルト穴へ挿入すると共に、同じくこの支持ボルトを、梁の上面側に設置したパネル支持金具のボルト穴へ挿入して、その支持金具を保持する	
		特開平 09-279739	E04B2/94	外壁パネルの支持構造	
		特開平 10-140719	E04B2/94	傾斜ファスナー	
		特開平 10-169051	E04B2/94	外壁パネルの取付構造	
		特開平 10-266380	E04B1/76	断熱内壁下地の施工方法	
		特開平 11-001979	E04B2/94	カーテンウォールの固定装置	
		特開平 11-001980	E04B2/94	カーテンウォールの固定装置	
		特開平 11-001981	E04B2/94	カーテンウォールの左右位置調整装置	
		特開平 11-315606	E04B2/94	カーテンウォールのロッキング構造	
		特開平 11-315607	E04B2/94	外壁パネル下端の支持装置	
		特開平 11-315608	E04B2/94	外壁パネルの支持装置とそれに使用する支持金具	
		特開平 11-343689	E04B2/90	外壁パネルの支持構造	
		特開平 11-343690	E04B2/90	外壁パネルの支持装置	
		特開平 11-343691	E04B2/94	袖壁における外壁パネルの取付構造	
		特開平 11-343692	E04B2/94	外壁パネル下端の支持装置	
		特開平 11-343662	E04B1/00,501	バルコニーにおける外壁パネルの取付装置	
		特開 2000-045435	E04B2/94	外壁パネルの取付構造	
		特開 2000-045381	E04B1/00,501	バルコニーにおける外壁の取付構造	
		特開 2000-045434	E04B2/94	外壁パネルの取付構造	
		特開 2000-064459	E04B2/56	外壁パネルの取付構造	
		特開 2000-087483	E04B2/94	外壁パネルの取付構造	
		特開 2000-087484	E04B2/94	外壁パネルの取付構造	
		特開 2001-059298	E04B2/94	外壁パネルの取付構造	
		特開 2001-065130	E04D13/158,501	パラペット構造	
		特開 2001-065089	E04B2/90	外壁パネルの取付構造	
		特開 2001-107487	E04B2/56,604	外壁パネルの固定金具	
		実登 2546709	E04B2/94	外壁取付け金具	

表 2.3.3 積水ハウスの保有特許一覧(5/6)

技術要素	課題	特許No.	特許分類	発明の名称または発明の概要	開放
パネルタイプ取付け	耐震・耐風圧性向上	特開平 10-169049	E04B2/94	窓上の外壁パネルの取付構造	
		特開平 10-169050	E04B2/94	窓下の外壁パネルの取付構造	
		特開平 10-169055	E04B2/94	外壁パネル用ファスナー	
		特開平 11-293811	E04B1/98	鉄骨ラーメン構造の制震装置	
		特開 2001-182189	E04B1/98	住宅の制振構造および制振工法	
		特開 2001-200600	E04B1/98	住宅の制振構造および制振工法	
	強度向上	特開平 10-121621	E04B2/94	外壁の入隅構造	
		特開平 10-121622	E04B2/94	入隅パネルの取付構造	
		特開平 10-121623	E04B2/94	入隅パネルの柱廻りの取付構造	
		特開平 10-121624	E04B2/94	一側縁に略４５度の傾斜面をそれぞれ形成した一対の入隅用平パネルを、傾斜端面で突き合わせて建物の外壁の入隅部で直交するようにそれぞれ梁に取付けると共に、前記傾斜端面同士を接合する	
		実登 2508361	E04B2/90	開口部廻りの外壁取付け金具	
	外観意匠性向上	特開平 10-102650	E04B2/90	変位防止金具および変位防止構造	
		特開平 11-315605	E04B2/94	互いに隣り合う外壁パネル同士が、構造躯体の通常の揺れの範囲では破断しないが、大地震などの大きな揺れに対しては破断することでロッキングを許容する連結具でパネル同士を連結している	
		特開 2001-090227	E04B2/56,603	鉄骨系住宅の開口部構造	

表 2.3.3 積水ハウスの保有特許一覧(6/6)

技術要素	課題	特許 No.	特許分類	発明の名称または発明の概要	開放
パネルタイプ取付け	構造の簡素化・共通化	特開平 09-279736	E04B2/94	外壁パネルの支持構造	
	安全・その他	特開平 10-121854	E06B1/56	外壁開口部下の調整機構	
		特開平 11-013180	E04B2/90	外壁の取付構造およびそれを用いてなる住宅	
イマプリオンタ取付け	作業性向上	特公平 05-043817	E04B2/96	壁体パネル取付構造	
		特開平 08-218535	E04B2/96	カーテンウォールの固定装置	
ガスケットによる接合	外観品質	特開平 06-322851	E04B1/684	外壁目地材の支持装置	
		特許 3210138	E04B1/684	外壁の目地隙間間へ外側から嵌入して取付けられる目地材と、その嵌入された目地材より内方に取付けられる支持具とからなり、この支持具は目地材側の先端にその目地材を保持する保持部を有しこの保持部は目地材を保持し、保持部の目地間方向移動可能する隙幅の動向に可すとる部	
	耐候性向上	特開平 07-127169	E04B2/94	カーテンウォールにおける乾式耐火目地	
シーリング材による接合	作業性向上	特開平 11-247315	E04B1/684	カーテンウォールにおける縦目地構造	
排水部の接合	外観意匠性向上	実登 2502882	E04B1/64	出隅用外壁水切金具	

2.3.4 技術開発拠点

　当該テーマ技術の開発を行っている事業所、研究所等を、発明者住所および企業情報をもとに紹介する。

　　カーテンウォールに関する積水ハウス(株)
　　　大阪府：本社

2.3.5 研究開発者

図2.3.5-1は、積水ハウスにおける発明者数と出願件数の年度別推移をみたものである。

図が示すように、出願件数は1995年以降出願の少ない年もあるが、顕著な伸びがみられる。一方、発明者数には特に大きな変動はみられない。

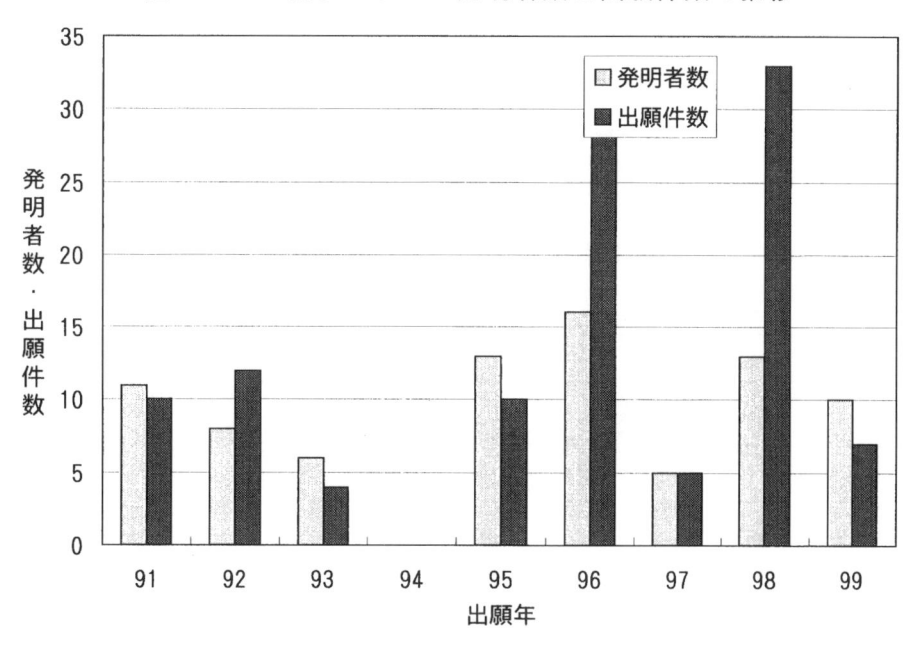

図 2.3.5-1 積水ハウスの発明者数と出願件数の推移

図2.3.5-2は、積水ハウスにおける発明者数と出願件数の相関推移を示したものである。この図に示すように、技術開発の一時的な後退はみられるものの、1990年代半ばから活発な開発活動が行われている。特に、96年と98年は際だっている。

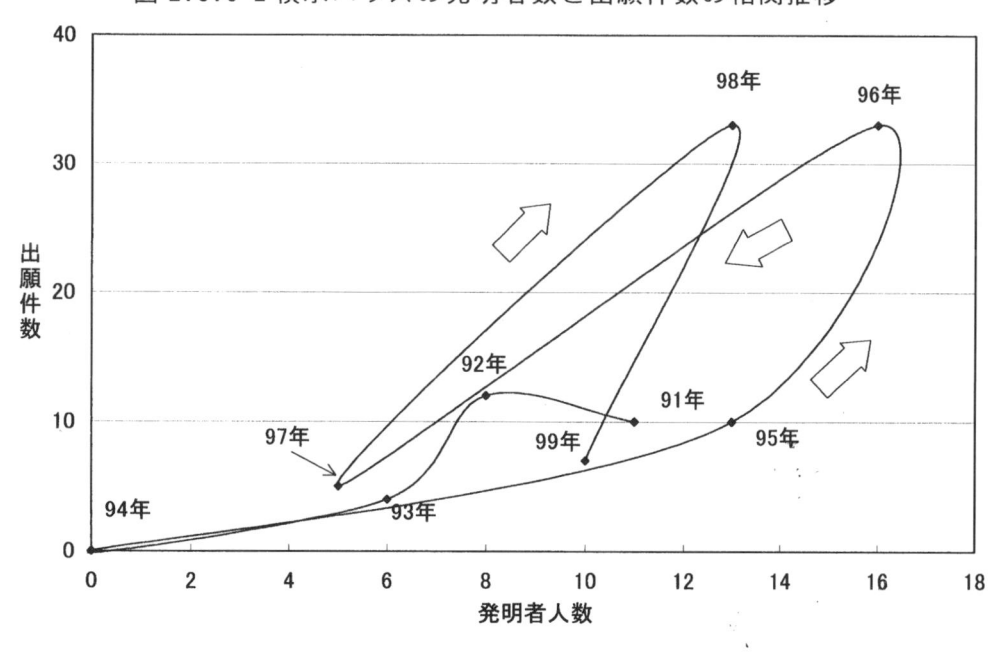

図 2.3.5-2 積水ハウスの発明者数と出願件数の相関推移

2.4 新日軽

2.4.1 企業の概要
表2.4.1に新日軽の企業概要を示す。

表 2.4.1 新日軽の企業概要

1)	商号	新日軽株式会社
2)	設立年月日	1980年10月
3)	資本金	290億38百万円
4)	従業員	3,397名(2001年3月31日現在)
5)	事業内容	住宅用建材品の製造・販売、ビル用建材品の製造・販売　他
6)	事業所	本社／東京　　工場／高岡、船橋、苫小牧、八日市、藤岡　他 支店／北海道、宮城、新潟、長野、埼玉、千葉、東京、神奈川、静岡、愛知、大阪、広島、福岡　他
7)	関連会社	日軽アーバンビルド
8)	業績推移	売上高　2001年3月期／156,483百万円　2000年3月期／161,759百万円 1999年3月期／162,453百万円
9)	主要製品	住宅サッシ、エクステリア商品、ビル用サッシ、カーテンウォール　他
10)	対応窓口	技術・開発部特許室　東京都品川区大崎1-11-1　TEL03-5759-2132

2.4.2 製品例
表2.4.2に新日軽の製品例を示す。

表 2.4.2 新日軽の製品例

製品	製品名	出典
ユニットカーテンウォール	シュピーゲルII	http://www.shinnikkei.co.jp/products/building/ayumi/bill14.html
中低層用システム　カーテンウォール	V.O.X.Aタイプ, V.O.X.Cタイプ他	カタログ＜中低層用システム　カーテンウォール＞
中低層用システム　カーテンウォール	UNICU Aタイプ, UNICU Bタイプ他	カタログ＜中低層用システム　カーテンウォール＞

写真 2.4.2-1　シュピーゲルII

枠見付けを極力小さくし、フラットで全面ガラスのデザイン性を向上

写真 2.4.2-2　UNICU(Aタイプ)

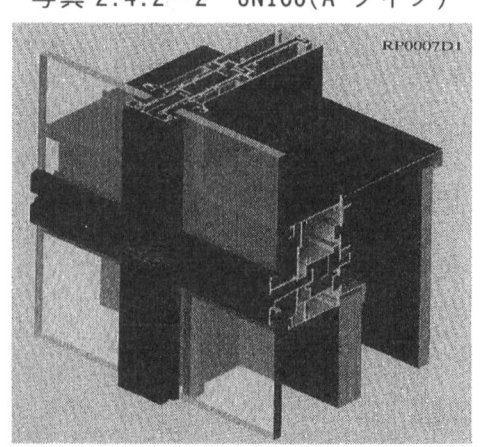

縦枠化粧カバーを取付け、縦を強調

2.4.3 保有特許の概要

図2.4.3は、新日軽の権利存続中または係属中の保有特許における技術要素と開発課題を示したものである。この図によれば、マリオンタイプ取付け技術に関する外観意匠性向上および作業性向上の課題が多く見られる。また、パネルタイプ取付け技術では作業性向上の課題が多い。

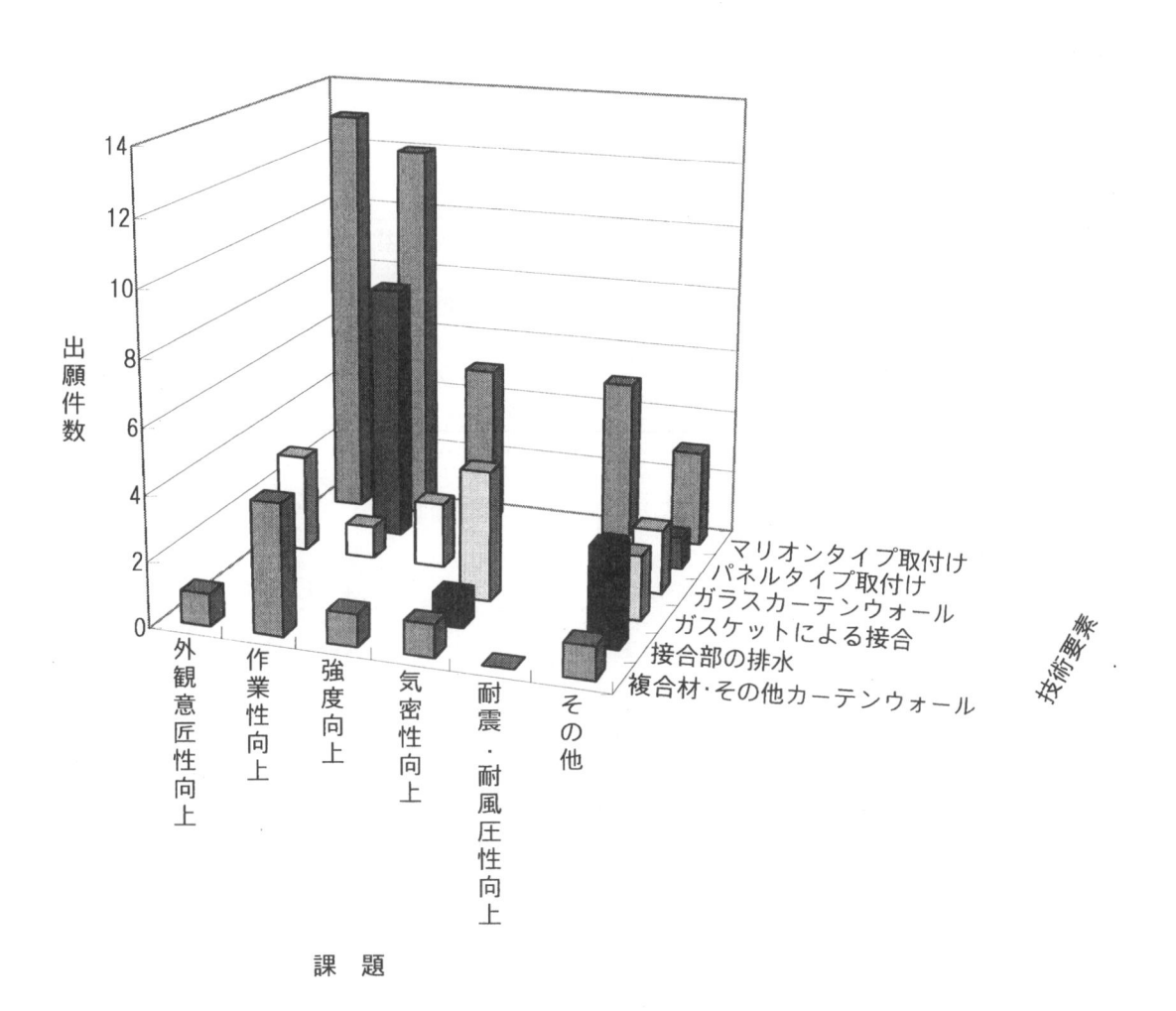

図 2.4.3 新日軽保有特許の技術要素と開発課題

表2.4.3は、新日軽における保有特許の概要を表わしたものである。

なお、ここに掲の特許は全て権利存続中または係属中のものであり、記載項目の特許分類は筆頭IPCとしている。

また、開放欄に〇印を付与したものは、開放可能な特許を表わす。

表 2.4.3 新日軽の保有特許一覧(1/5)

技術要素	課題	特許No.	特許分類	発明の名称または発明の概要	開放
メタルカーテンウォール	作業性向上	特開 2000-054538	E04B2/94	パネルユニットの固定装置	
		特開 2000-064473	E04B2/94	カーテンウォールユニットの取付け構造および取付け方法	
	外観意匠性向上	特開平 11-193589	E04B2/90	外装板の取付装置、外装板の取付構造および外壁構造	
PCカーテンウォール	強度向上	特許 2797158	E04B2/00	金属枠材つきPCパネルの金属枠材伸び抑制構造	
	作業性向上	特開平 08-277590	E04B2/94	外装材	
ガラスカーテンウォール	外観意匠性向上	特開平 08-035278	E04B2/96	カーテンウォールの庇型無目およびその取りつけ位置決め構造	
		特開平 09-303052	E06B3/02	建物の開口部内に，四周をシール材に当接可能にした強化ガラスなどのプレートのみからなる障子を配設し，この障子をヒンジやチェーンなどの開閉手段を介して開口部に取付けた壁体などに用いる開閉窓	
		特開平 10-252195	E04B2/88	フレキシブルパネル支持構造	
	強度向上	特許 2928805	E04B2/96	SSG式カーテンウォールにおける面材外れ止め兼受支構造	
		特開平 11-293832	E04B2/90	外壁におけるパネルの保持装置	
	構造の簡素化・共通化	特開平 09-225053	A62B3/00	強化ガラスを用いたサッシ、カーテンウォール等の非常用進入口及びこれに用いる強化ガラスユニット	
	作業性向上	特開平 10-266441	E04B2/96	外作業型のパネル支持装置およびパネルの取付方法	
	製造の容易化	特開平 09-170281	E04B2/96	パネル支持部材および方立兼用パネル支持部材の製造方法	

表 2.4.3 新日軽の保有特許一覧(2/5)

技術要素	課題	特許 No.	特許分類	発明の名称または発明の概要	開放
カーテンウォール複合材・その他	空間の有効利用	特開平 08-027924	E04B2/00	建造物用外装パネル	
の既改存装壁	作業性向上	実登 2599912	E04B1/00,501	バルコニーの改装装置	
パネルタイプ取付け	作業性向上	特許 3048835	E04B2/96	カーテンウォールユニット	
		特許 3078174	E04B2/96	カーテンウォールユニット	
		特開平 08-270121	E04B2/90	パネル支持装置	
		特許 3117620	E04B2/90	コーナー部パネル支持構造およびその支持装置	
		特開平 11-200540	E04B2/90	下側ユニットの両縦枠上部に所定の幅の連結ブラケットを上方に突出するように固着し、上側ユニットの両縦枠下部に配した縦枠と一体化された連結片の切欠き部を上記連結ブラケットに嵌合連結する	
		実公平 07-034969	E04B2/90	外壁板の取付装置	
		実登 2577652	E04B2/96	カーテンウォール用アンカー装置	
		実登 2578565	E04B2/90	カーテンウォール取付金具の固定構造	
	工期短縮	特開平 10-131365	E04B2/94	カーテンウォールのパネル保持部構造	
マリオンタイプ取付け	外観意匠性向上	特許 2816638	E04B2/96	フラットカーテンウォール	
		特許 3152865	E04B2/90	パネル支持装置	
		特開平 10-061081	E04B2/96	表面カバー材を備えたパネル保持部構造	

表 2.4.3 新日軽の保有特許一覧(3/5)

技術要素	課題	特許No.	特許分類	発明の名称または発明の概要	開放
マリオンタイプ取付け	外観意匠性向上	特開平 11-190089	E04B2/96	窓枠にパネルが固定された構造であって、窓枠の対向する枠材間の室外側における離間間隔が、パネルの対応する長さより大きく形成され、パネルの四周が、窓枠の室外側においてグレージングガスケットを介して固定されている	
		特開 2000-265607	E04B2/96	フラット窓構造	
		特開 2000-291191	E04B2/96	デザインバリエーションを有するカーテンウォール構造	
		特開 2000-303600	E04B2/96	デザインバリエーションを有するカーテンウォール構造	
		特開 2000-345646	E04B2/96	カーテンウォール構造	
		特開 2001-098685	E04B2/96	カーテンウォールの出隅コーナー部構造	
		特開 2001-098686	E04B2/96	カーテンウォールの入隅コーナー部構造	
		特開 2001-098687	E04B2/96	カーテンウォールの多角壁面構造	
		実登 2575068	E04B2/96	SSG式カーテンウォールにおける面材外れ止め・受支構造	
		実登 2572912	E04B2/96	SSG式カーテンウォールにおけるガラス隣接部構造	
	作業性向上	特許 3048836	E04B2/96	カーテンウォール用パネルユニット	
		特許 3048862	E04B2/96	ブラケットの取付装置	
		特許 3048863	E04B2/96	ブラケットに所定形状の開口を設け、所定の回転角度ごとに開口に嵌合でき、中心点より偏位した位置にボルト孔を設けた所定形状の位置調整板を、前記孔位置を調整しながら開口に嵌合させてボルトの取付位置の調整を行う構成とする	

表 2.4.3 新日軽の保有特許一覧(4/5)

技術要素	課題	特許No.	特許分類	発明の名称または発明の概要	開放
マリオンタイプ取付け	作業性向上	特開平 09-060173	E04B2/96	単点支持用パネル支持装置	
		特開平 09-078735	E04B2/96	トラス柱における支承部構造	
		特開平 09-144189	E04B2/96	位置調整機構を備えたパネル支持装置	
		特許 3128493	E04B2/96	パネル支持構造	
		特開平 10-183831	E04B2/96	パネル支持構造およびパネルの取付け方法	
		特開 2001-065091	E04B2/96	縦枠に対する追加アタッチメントの取付け方法	
		実登 2585985	E04B2/96	カーテンウォールにおける係止部材つき面材の縦がわ取付装置	
		実登 2590570	E04B2/96	カーテンウォールの取付構造	
		実登 2572323	E04B2/96	カーテンウォールにおけるパネルの支持装置	
	強度向上	特許 3093595	E04B2/96	外壁における面材の保持装置	
		特開平 09-096050	E04C3/32	パネルコーナー部用構造支持体	
		特開平 09-096040	E04B2/96	パネル支持装置補強用タイ部材の端部処理構造	
		特許 3151141	E04B2/96	面材の保持装置および面材の取付方法	
		特開 2001-055804	E04B2/72	リブガラススクリーンの取付け構造	
	耐震・耐風圧性向上	特許 2888276	E04B2/96	パネル支持構造	
		特許 2888279	E04B2/96	パネル支持構造	
		実登 2585994	E04B2/88	窓パネル取付構造における層間変位対応型シール構造	
		実登 2509669	E04B2/96	カーテンウォール等における横材受支構造	
		実登 2586490	E04B2/96	カーテンウォール等における横材受支構造	
	メインテナンス性向上	特許 3048838	E04B2/96	カーテンウォールおよびそのパネル改修方法	
	電波特性の改良	特許 3140355	E04B2/96	電波透過型壁面構造	
	その他	特開平 11-303272	E04B2/96	カーテンウォール等における面材移動規制装置	
ガスケットによる接合	気密性向上	特許 3017082	E04B2/96	接合部用気水密装置およびこれを用いた方立接合部構造	
		特開平 11-287007	E04B2/96	パネルユニットの雨仕舞い装置	
		特開 2001-140390	E04B2/88	方立の張出し部の室内側に方立ガスケットを取付け、この方立ガスケットをパネルの室外面の縦パネル保持ガスケットと弾性的に接触させる	

91

表 2.4.3 新日軽の保有特許一覧(5/5)

技術要素	課題	特許 No.	特許分類	発明の名称または発明の概要	開放
ガスケットによる接合	気密性向上	実登 2586006	E04B2/96	中空建材の小口塞ぎ構造	
	構造の簡素化・共通化	特開 2000-064470	E04B2/90	カーテンウォールユニットおよびカーテンウォール構造	
	製造の容易化	特開平 08-296293	E04B2/96	パネル支持部材の製造方法	
シーリング材による接合	気密性向上	特許 2897857	E04B2/90	外装板状体の固定方法と外装板状体の固定構造	
接合部の排水	排水性向上	特許 2754134	E04B2/96	カーテンウォールにおける排水装置	
		特許 3054045	E04B2/96	ガスケットと枠材の当接部分に囲まれる縦樋空間と横樋空間が構成され、これらが連通され、ガスケットのガラス下部係止溝部と横樋空間とを連通する導水路と、少なくとも一個所は室外に連通する排水路が下部ガスケットに形成されている	
	気密性向上	特許 2991658	E04B2/96	カーテンウォールの窓部構造	
	防湿性向上	特開平 10-037359	E04B2/96	横強調カーテンウォールおよびその施工方法	

2.4.4 技術開発拠点

　当該テーマ技術の開発を行っている事業所、研究所等を、発明者住所および企業情報をもとに紹介する。

　　カーテンウォールに関する新日軽(株)
　　東京都：本社

2.4.5 研究開発者

図2.4.5-1は、新日軽における発明者数と出願件数の推移をみたものである。図に示されるように、出願件数は1994年、95年に多くみられる。発明者数は、90年代半ばから減少傾向となっているが、最近では増加に転じている。

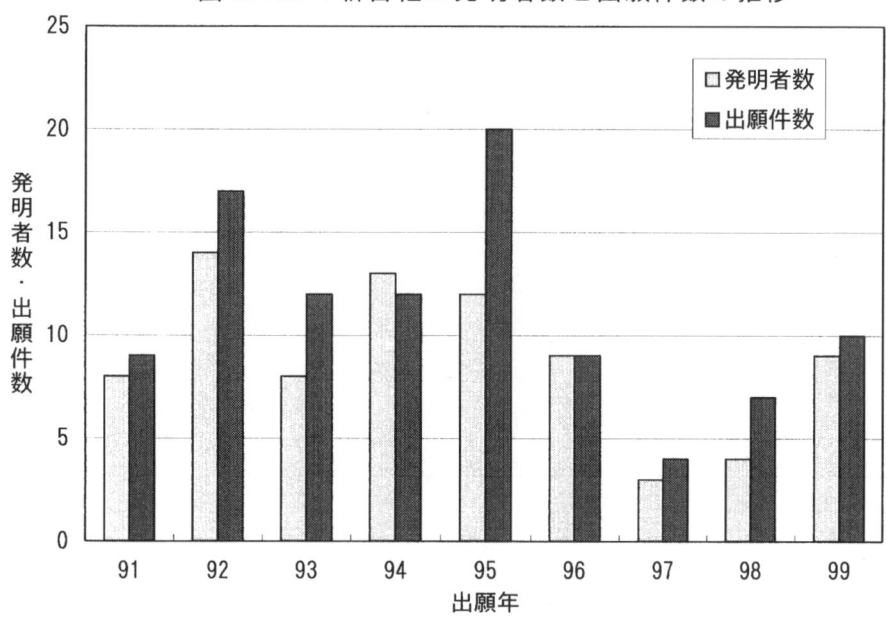

図2.4.5-1 新日軽の発明者数と出願件数の推移

図2.4.5-2は、新日軽における発明者数と出願件数の相関を時系列推移で示したものである。1994年から95年にかけて、発明者数および出願件数の著しい増加がみられる。その後、一時的な後退はみられるものの、最近は回復の状況を示している。

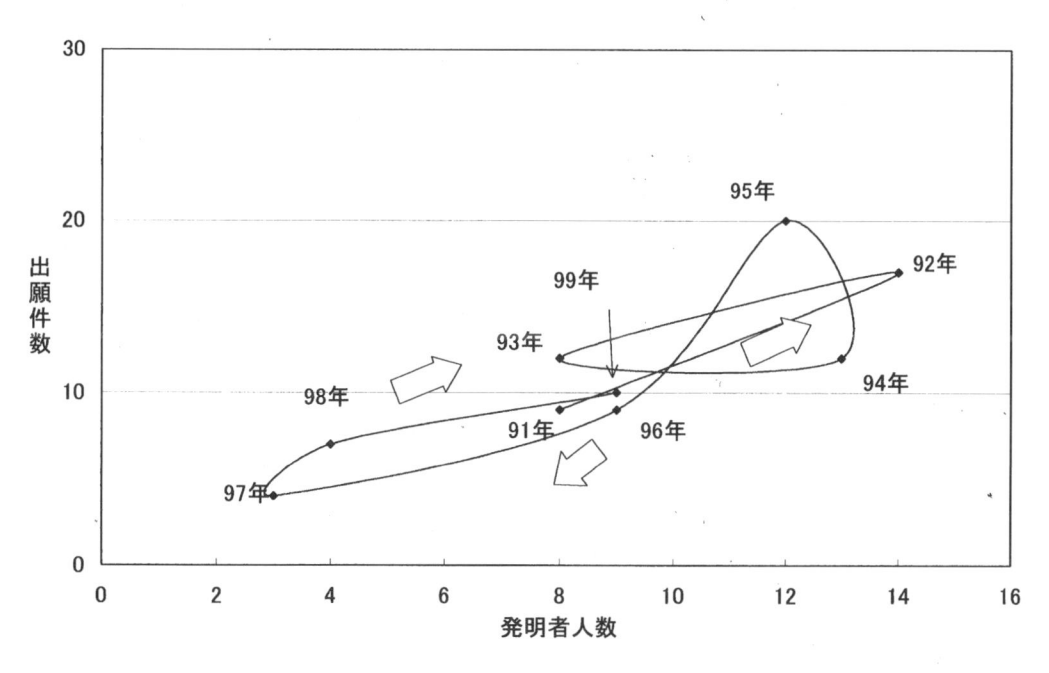

図2.4.5-2 新日軽の発明者数と出願件数の時系列推移

2.5 旭硝子

2.5.1 企業の概要
表2.5.1に旭硝子の企業概要を示す。

表2.5.1 旭硝子の企業概要

1)	商号	旭硝子株式会社
2)	設立年月日	1950年6月1日
3)	資本金	904億72百万円
4)	従業員	7,240名(2001年6月20日)
5)	事業内容	ガラス事業、電子・ディスプレー事業、化学事業　他
6)	技術・資本提携関連	技術提携／デュポン、パシフィックグラス　他
7)	事業所	本社／東京　工場／大阪、福岡、神奈川、千葉、愛知　他 支店／東京、大阪、愛知、福岡、北海道　他
8)	関連会社	国内／旭硝子アメニテック、旭硝子ウレタン、旭硝子エンジニアリング、旭硝子ビルウォール　他 海外／旭硝子アメリカ、グラバーベル、タイ旭硝子　他
9)	業績推移	売上高　2001年3月期／604,629百万円、　2000年3月期／693,945百万円 1999年3月期／727,073百万円
10)	主要製品	建築用板ガラス・建材、窯業建材、加工ガラス、セラミックス、化学品、電子部材、ルキナ、ASPEX　他
11)	主な取引き先	三菱商事、東芝、本田技研、三菱自動車、中部工業
12)	対応窓口	知的財産部　東京都千代田区有楽町1-12-1　TEL03-3218-5651

2.5.2 製品例
表2.5.2に旭硝子の製品例を示す。

表2.5.2 旭硝子の製品例

製品	製品名	出典
熱線反射板ガラス	サンカット	http://www.agc.co.jp/products/pro1.html
複層ガラス	ペヤグラス	http://www.agc.co.jp/products/pro1.html
強化ガラス	テンパライト	http://www.agc.co.jp/products/pro1.html
合せガラス	ラミセーフ	http://www.agc.co.jp/products/pro1.html
電磁波遮断ガラス	デンジカット	カタログ<GLASS>
ガラスカーテンウォールシステム	SSG構法	カタログ<GLASS>
フレームレスファザードシステム	テンポイント	http://www.asahiglassplaza.net/kenchiku/recommend/index.htm
大板ガラス開口部構成	グラサード	カタログ<GLASS>

写真 2.5.3-1 合わせガラス　　　　写真 2.5.3-2 テンポイント

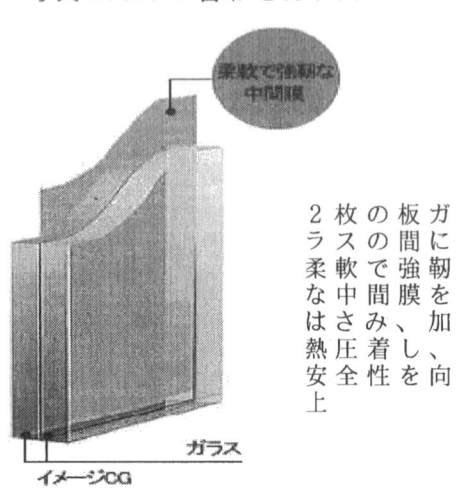

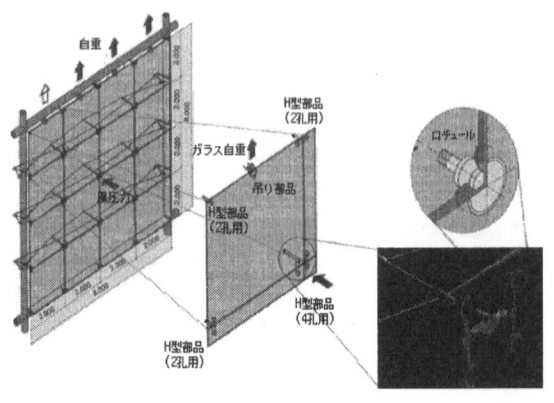

2枚の板ガラスの間に柔軟で強靭な中間膜をはさみ、加熱圧着し、安全性を向上

テンポイントは4隅に皿孔加工した強化ガラスをロチュール(特殊ヒンジボルト)で固定した透明感のあるファザードシステム

2.5.3 保有特許の概要

　図2.5.3は、旭硝子の権利存続中または係属中の保有特許における技術要素と開発課題を示したものである。この図によれば、ガラスカーテンウォール技術に関する課題のうち作業性向上が多くみられ、強度向上についても取上げられている。その他にも、マリオンタイプ取付け技術の外観意匠性向上やパネルタイプ取付け技術の耐震・耐風圧性向上といった課題も多い。

図2.5.3 旭硝子保有特許の技術要素と開発課題

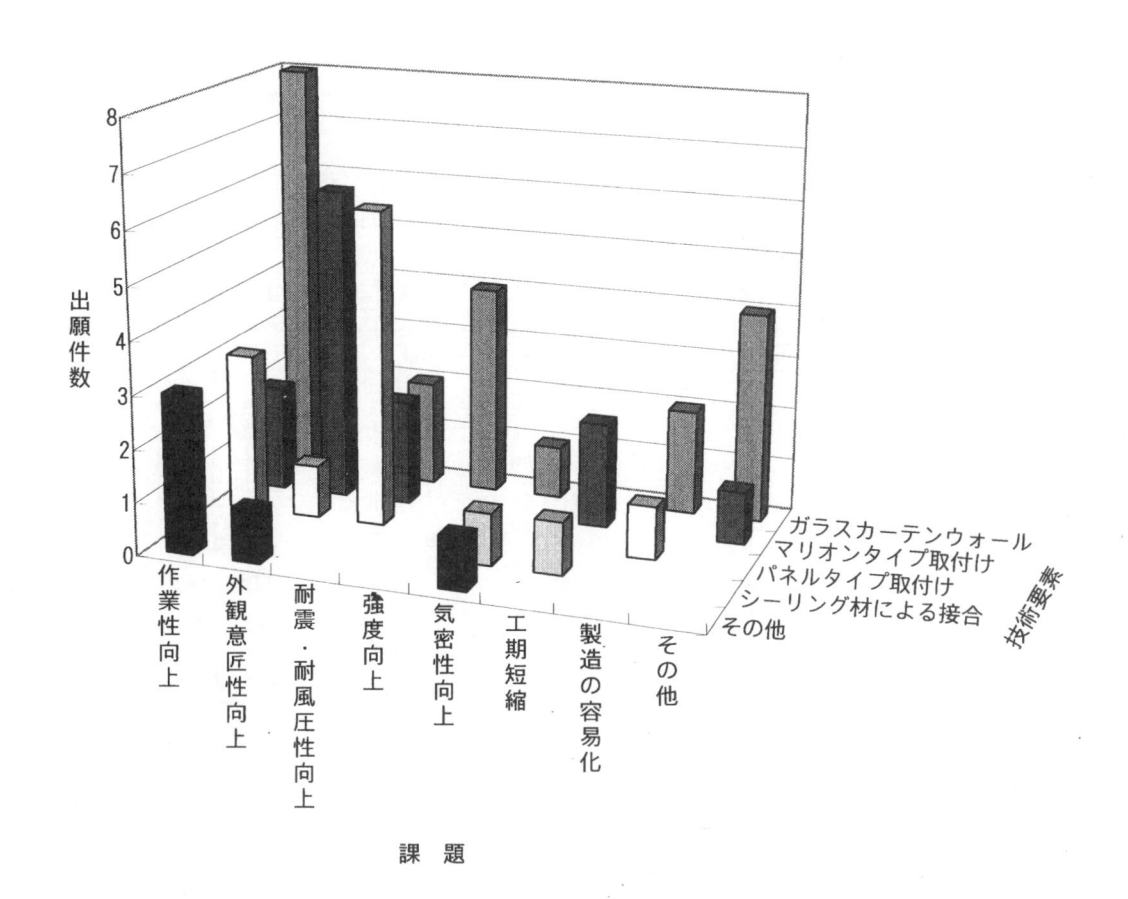

　表2.5.3は、旭硝子における保有特許の概要を表わしたものである。
　なお、ここに掲載の特許は全て権利存続中または係属中のものであり、記載項目の特許分類は筆頭IPCとしている。
　また、開放欄に〇印を付与したものは、開放可能な特許を表わす。

表 2.5.3 旭硝子の保有特許一覧(1/4)

技術要素	課題	特許 No.	特許分類	発明の名称または発明の概要	開放
メタルカーテンウォール	作業性向上	特開平 11-264225	E04F13/08	外壁材及びその施工法	
PCカーテンウォール	作業性向上	特開 2001-020424	E04B2/94	ベランダ壁用 ALC パネル及びその取付け方法	
ガラスカーテンウォール	作業性向上	特許 3165535	E04B2/96	連続面を形成して板状体を支持するための連結支持具	
		特開平 08-270120	E04B2/90	合わせガラス施工体	
		特開平 09-170280	E04B2/90	合わせガラスの取付け構造体	
		特開平 09-177442	E06B3/66	複層ガラスと複層ガラス支持構造体	
		特開平 10-252194	E04B2/88	板ガラスの取付方法および取付金具	
		特開平 11-210138	E04B2/88	張力付与用束材	
		特開平 11-270028	E04B2/72	緊張材に装着した押え具を張力付与治具により躯体側へ押圧して緊張材へ張力を付与すると共に、連結部に設けた張力調整具を人力で作業できるようにする	
		特開 2000-309994	E04B2/72	孔あき板ガラスの取付け方法および連結方法	
	強度向上	特開平 07-071082	E04B2/90	ガラスパネル	
		特開平 08-158514	E04B2/90	板状体の支持構造および支持方法	
		特開平 11-100930	E04B2/96	板ガラスの支持構造	
		特開平 11-100931	E04B2/96	板ガラスの支持構造	
	外観意匠性向上	特開平 06-322867	E04B2/96	合せガラスの支持構造	
		特開平 07-071083	E04B2/90	ガラス板の取付構造体	
		特開 2001-227091	E04B2/88	板ガラスの支持構造	
	製造の容易化	特許 3175788	E04B2/96	合わせガラスの支持構造	
		特開平 08-027931	E04B2/96	板状部材の取付け金具及びそれを使用した板状部材の施工体	
	耐震・耐風圧性向上	特開平 07-207790	E04B2/96	板状体の施工構造体	
		特開平 11-152831	E04B2/96	板状部材支持構造	

表 2.5.3 旭硝子の保有特許一覧(2/4)

技術要素	課題	特許No.	特許分類	発明の名称または発明の概要	開放
ガラスカーテンウォール	気密性向上	特開平 07-279544	E06B3/66	構造シリコーン構法用複層ガラス	
	軽量化	特開平 11-050578	E04B2/90	隣接する板ガラスの縦方向境界部分に沿って緊張部材を配置し、板ガラスに固定される金具を緊張部材に取付け、緊張部材を張設することで、風圧力等の外力は緊張部材の張力で受け、横方向の緊張部材の本数を削減する	
	構造の簡素化・共通化	特開平 08-074366	E04B2/96	板状部材の支持構造	
	防湿性向上	特開平 08-231250	C03C27/06,101	複層ガラスと複層ガラス支持構造体	
	その他生産性向上	特開平 09-203274	E06B3/66	複層ガラス及び複層ガラス構造体	
その他の外装	外観意匠性向上	実登 2599217	E04B2/92	複層ガラス相互の連結構造	
パネルタイプ取付け	耐震・耐風圧性向上	特許 3135348	E04B2/90	板状部材の支持機構	
		特開平 06-108569	E04B2/90	板状体の支持用具	
		特開平 06-341209	E04F13/14,104	壁構造体	
		特開平 11-159036	E04B2/90	ガラス壁面を構成する面ガラスの突合せ部分に変位同調部材を挿入して固定枠に固着し、固定枠と面ガラスとが同調変位する構造とし、地震発生時、ガラス壁面に接着されたリブガラスに作用する曲げ荷重の軽減を図る	
		特開平 11-200535	E04B2/72	板ガラスの施工構造体	
		特開平 11-200536	E04B2/72	板ガラスの施工構造体	

表 2.5.3 旭硝子の保有特許一覧(3/4)

技術要素	課題	特許No.	特許分類	発明の名称または発明の概要	開放
パネルタイプ取付け	作業性向上	特許 3138317	E04B2/90	継手構造体	
		特開平 10-121618	E04B2/94	外壁パネルの取付構造および取付方法	
		特開 2001-020423	E04B2/94	壁パネルの取付け構造	
	外観意匠性向上	特開 2000-073479	E04B2/90	板状部材の取付構造	
	製造の容易化	特開 2000-303599	E04B2/94	軽量気泡コンクリートパネル及びその取付方法	
マリオンタイプ取付け	外観意匠性向上	特開平 07-026647	E04B2/96	ガラス板の取付構造体	
		特開平 08-199718	E04B2/96	カーテンウォール構法用のパネル材支持構造体	
		特開平 08-270140	E04C3/10	トラス構造体および張弦材	
		特開平 08-270122	E04B2/96	ガラス支持枠は水平方向の無目と垂直方向の方立から構成されて、それらが張弦材と圧縮材からなるトラス構造により補強して断面積を必要最小とする	
		特開平 08-291577	E04B2/96	カーテンウォールの取付構造	
		特開平 10-008612	E04B2/96	パネル材支持構造	
	工期短縮	特許 3110528	E04B2/96	パネル材支持構造	
		特開平 07-269001	E04B2/96	構造シリコーン構法用パネル材支持構造体	
	作業性向上	特開平 10-110496	E04B2/96	板ガラスの取付構造体	
		特開 2001-003502	E04B2/96	支持金具には、一端に取付用孔の内周面に対応する先端部、続いてネジ部が形成され、他端に支持金具を躯体に固定するためのボルト部が設けられており、ネジ部、ナット材にはそれぞれ凹部、凹陥部が設けられている	
	耐震・耐風圧性向上	特公平 08-030373	E04B2/96	ユニット化された板状部材の取付け構造	
		特開平 09-317072	E04B2/96	板状部材支持構造	

表 2.5.3 旭硝子の保有特許一覧(4/4)

技術要素	課題	特許 No.	特許分類	発明の名称または発明の概要	開放
イマ取付け	耐候性向上	特開平 09-144190	E04B2/96	板ガラスの支持構造	
プリオンタによるガスケット接合	気密性向上	特開平 05-248018	E04B2/96	板状部材の支持構造	
シーリング材による接合	気密性向上	特許 3114755	E04B2/96	ガラス取付用穴にガスケットを介在して嵌合螺着されるソケット部とその受け部内に枢支される球部をもつボールスタッドとを備える支持部材において、取付穴とソケット部の前記ガスケットとの当接面にシール用ゴム層を配設する	
の接合排水部	工期短縮	特許 2841644	E04B2/90	取付用部材付きパネル材及びその製造方法	
	作業性向上	特開平 11-311009	E04F13/08,101	サイディングの縦張り構造	

2.5.4 技術開発拠点
　当該テーマ技術の開発を行っている事業所、研究所等を、発明者住所および企業情報をもとに紹介する。

　カーテンウォールに関する旭硝子(株)
　神奈川県：中央研究所

2.5.5 研究開発者
　図2.5.5-1は、旭硝子における発明者数と出願件数の年度別推移をみたものである。図に示されたように、出願件数、発明者数ともに変動はあるものの、技術開発は継続して、安定して行われている。

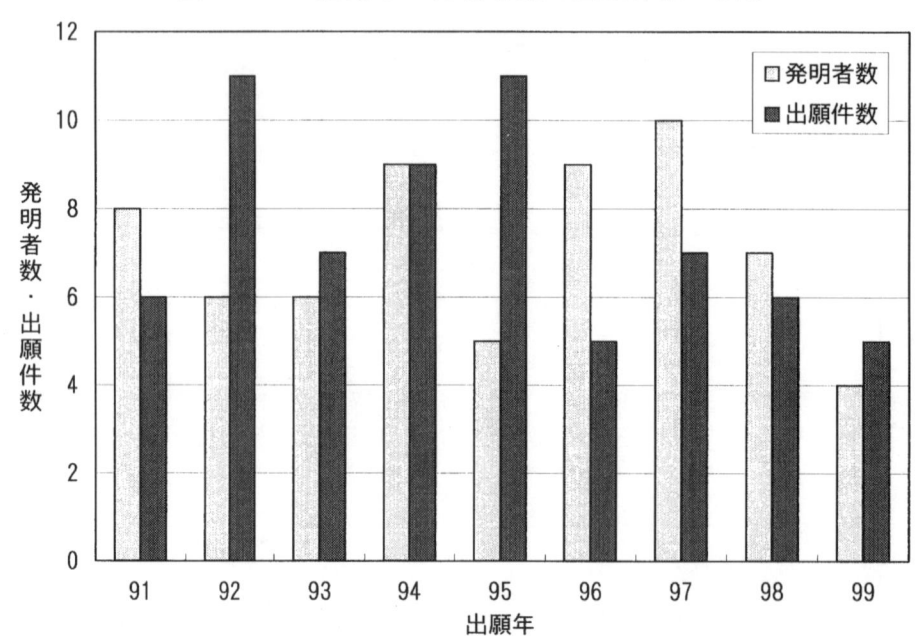

図2.5.5-1 旭硝子の発明者数と出願件数の推移

図2.5.5-2は、旭硝子における発明者数と出願件数の相関を時系列推移にみたものである。この図に示すように、年次毎に変動を示しながらも、技術開発は活発に行われている。しかし、最近はややかげりがみられる。

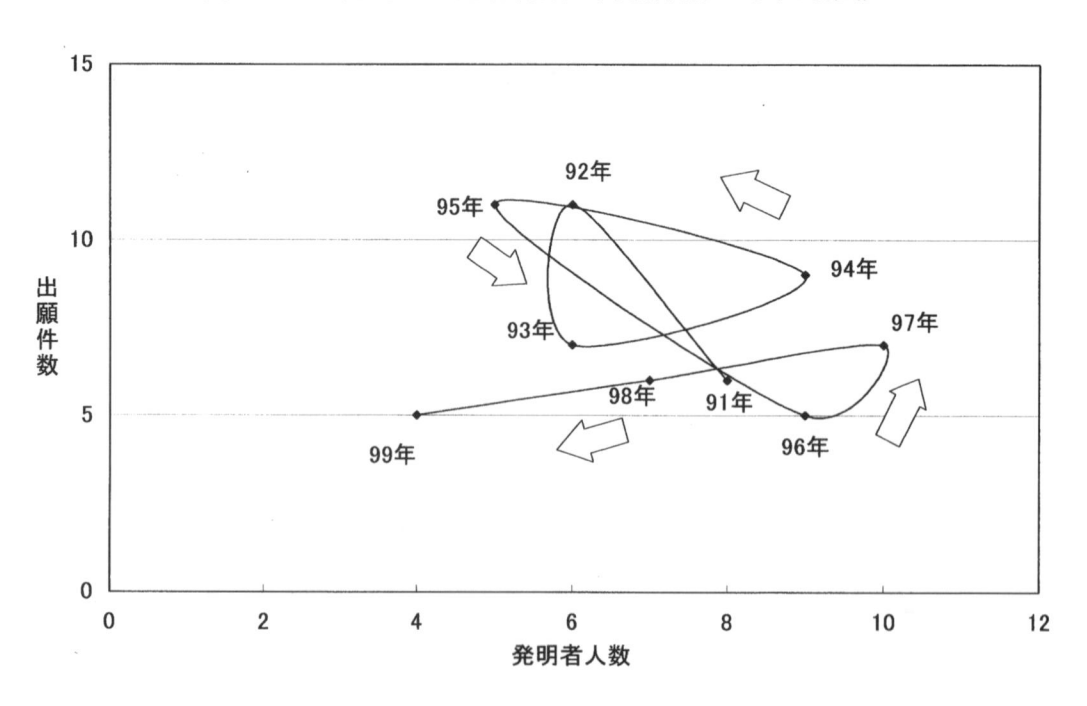

図2.5.5-2 旭硝子の発明者数と出願件数の時系列推移

2.6 住友金属鉱山

2.6.1 企業の概要
表 2.6.1 に住友金属鉱山の企業概要を示す。

表 2.6.1 住友金属鉱山の企業概要

1)	商号	住友金属鉱山株式会社
2)	設立年月日	1950 年 3 月 1 日
3)	資本金	883 億円
4)	従業員	2,668 名（2001 年 3 月 31 日）
5)	事業内容	資源開発、非鉄金属の製造・販売、電子材料の製造・販売、住宅・建材関連商品の製造・販売　他
6)	事業所	本社／東京　工場・支店／愛媛、兵庫、北海道、鹿児島、東京、大阪、福岡、愛知　海外／イギリス・中国
7)	関連会社	国内／住友金属鉱山シポレックス、住鉱コンサルタント、住鉱開発工事、スミコンセルテック 海外／Sumitomo Metal Mining America、Sumitomo Metal Mining Canada 他
8)	業績推移	売上高　2001 年 3 月期／266,495 百万円　2000 年 3 月期／254,295 百万円 　　　　1999 年 3 月期／252,299 百万円
9)	主要製品	資源探査、鉱山開発、金、銀、銅、ニッケル、鉛、亜鉛、導電材料、IC 実装材料、結晶材料、シポレックス　他
10)	主な取引き先	住友商事、三井物産、三菱商事
11)	対応窓口	知的財産部　東京都港区新橋 5-11-3　TEL03-3436-7781

2.6.2 製品例
表 2.6.2 に住友金属鉱山の製品例を示す。

表 2.6.2 住友金属鉱山の製品例

製品	製品名	出典
軽量気泡コンクリート	シポレックス	http://www.sumitomo-siporex.co.jp/top_bill_img/index.htm
軽量気泡コンクリート	シポファサード	http://www.sumitomo-siporex.co.jp/top_bill_img/index.htm
軽量気泡コンクリート	シポレックス 50	http://www.sumitomo-siporex.co.jp/top_bill_img/index.htm

（注）本製品は住友金属鉱山シポレックス（株）で製造・販売されています。

写真 2.6.3-1 シポファサード

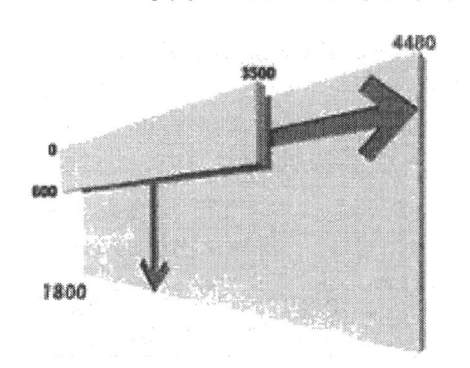

シポファサードは、従来の ALC パネルよりも大きい最大 1800mm ×4480mm の大型パネル

2.6.3 保有特許の概要

図2.6.3は、住友金属鉱山の権利存続中または係属中の保有特許における技術要素と開発課題を示したものである。この図によれば、作業性向上の課題に対して技術開発が集中的に行われている。その中で、パネルタイプ取付け技術に関するものが群を抜いている。

図2.6.3 住友金属鉱山保有特許の技術要素と開発課題

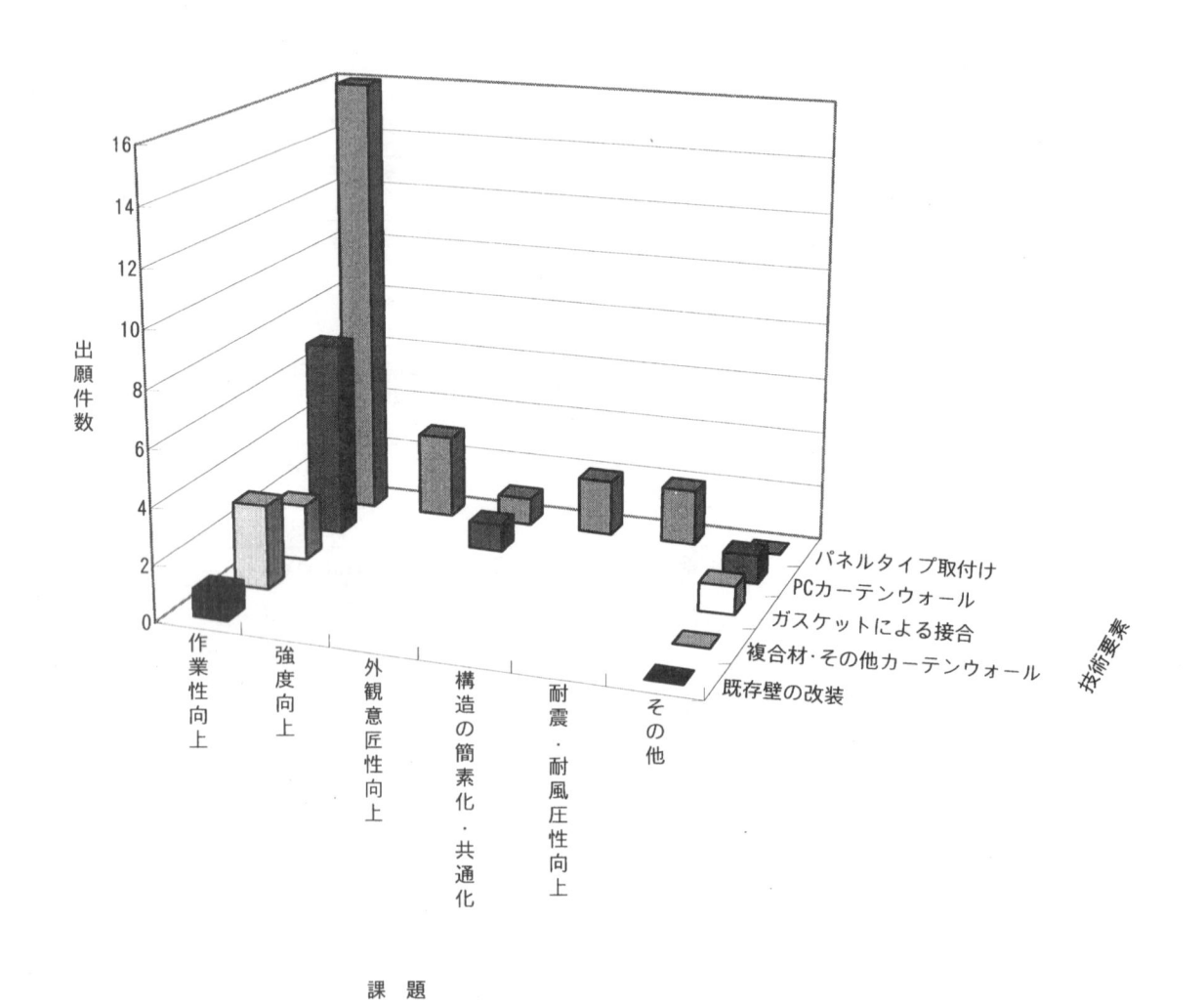

表2.6.3は、住友金属鉱山における保有特許の概要を表わしたものである。

なお、ここに掲載の特許は全て権利存続中または係属中のものであり、記載項目の特許分類は筆頭IPCとしている。

また、開放欄に○印を付与したものは、開放可能な特許を表わす。

表 2.6.3 住友金属鉱山の保有特許一覧(1/3)

技術要素	課題	特許 No.	特許分類	発明の名称または発明の概要	開放
PCカーテンウォール	作業性向上	特許 2920275	E04B2/94	横壁パネルの取り付け構造	
		特開平 08-284307	E04C2/30	ALC パネル、ALC パネルの取付け金具、および ALC パネルの取付け方法	
		特開平 10-148059	E06B1/02	外壁開口部の構造	
		特開平 11-022081	E04B2/94	コーナーパネルを上方から吊り込んで、コーナーパネルに固着された突起金物の舌片を角柱の金具の鉤状部と角柱の外面との間に差し込んで狭持する	
		特開平 11-303305	E04C2/04	大型 ALC パネル	
		特開 2001-032422	E04B2/94	ALC コーナーパネル及びその取付け構造	
		特開 2001-090236	E04B2/94	外壁用 ALC パネルおよび取付け工法	
	外観意匠性向上	特開平 11-324192	E04B2/94	ALC 薄板及びその取付け構造	
	工期短縮	特開 2000-336817	E04B2/94	外壁パネルの取付け工法およびこの方法に用いる取付け金具	
カーテンウォール複合材・その他	作業性向上	特開 2000-038777	E04B1/66	躯体構造物とパネルとの間の塞ぎ材	
		特開 2000-034795	E04B2/94	ALC 薄板およびその取付け金具	
		特許 2669254	E04G21/14	横壁パネルの取付工法	
の既存壁改装	作業性向上	特開平 08-260664	E04F13/08,101	ラスモルタル外壁の改修工法及びパネルの取り付け金具	
パネルタイプ取付け	作業性向上	特許 2646976	E04B2/94	外壁パネルの取り付け構造	
		特開平 09-177213	E04B2/94	パネル取付け構造および自重受け金具	
		特開平 10-061078	E04B2/94	建築用パネルの取付け金具	
		特開平 10-140720	E04B2/94	パネル取付け金物	
		特開平 09-317071	E04B2/94	建築用外壁パネルのパラペットへの取付構造	
		特開平 10-205033	E04B2/94	縦壁パネル取り付け構造	

表 2.6.3 住友金属鉱山の保有特許一覧(2/3)

技術要素	課題	特許No.	特許分類	発明の名称または発明の概要	開放
パネルタイプ取付け	作業性向上	特開平10-266433	E04B2/90	パネル下端小口面の穴よりもやや小さい外径の棒状部を垂直に固着した板状部と、パネル取付金具の弾性体の鞘部を棒状部に被せ前記穴部に挿入して板上部を建築の基礎に取り付ける	
		特許3183211	E04B2/94	外壁パネルの取付け構造および取付け金具	
		特開平10-266436	E04B2/94	縦壁パネルの取付け構造およびアンカー金具	
		特開平10-205100	E04F13/08,101	外壁パネルの取付用金具	
		特開平11-022080	E04B2/94	パネル取付け金具	
		特開平10-183774	E04B1/38	軽量気泡コンクリートパネル取り付け用金物	
		特開2000-038769	E04B1/00,501	バルコニーにおける壁パネル取付支柱構造およびそれに用いる支持金具	
		特開2000-038791	E04B2/94	鉄骨構造の躯体柱の上下二箇所に帯状金具を、またその下方に受け金具を螺着して固定し、帯状金具と受け金具によりコーナーパネルを躯体柱に固着する	
		特開2000-345645	E04B2/94	L型アングルおよび固定金具ならびにこれらを用いて外壁パネルを梁へ固定する方法	
		実登2550531	B66C1/62	パネルの吊具	

表 2.6.3 住友金属鉱山の保有特許一覧(3/3)

技術要素	課題	特許 No.	特許分類	発明の名称または発明の概要	開放
パネルタイプ取付け	強度向上	特開平 10-096284	E04B2/94	板状の座金裏面に突起を設け、突起の幅は取付金具の長孔の幅よりもやや小さく、突起の長さは金具の厚さよりも長い寸法で、座金の表面には座金に挿通するボルトヘッドの外側寄りに突起を設け、この突起はボルトヘッドに直接または部材を介して固定する	
		特開 2000-110287	E04B2/94	外壁パネルの取付け金具集成体	
		実登 2546106	E04B2/94	ALC板取付金具	
	耐震・耐風圧性向上	特許 2897553	E04B2/94	外壁パネルの取り付け構造	
		特開平 09-177212	E04B2/94	パネル取付け構造および取付け金具集成体	
	構造の簡素化・共通化	特開平 09-317070	E04B2/94	外壁パネルの取付け構造	
		特許 3175147	E04B2/94	縦壁パネルの取付け構造および自重受け金具	
	外観意匠性向上	特開平 10-121626	E04B2/94	ALCパネル製の外壁およびバルコニー壁構造	
ガスケットによる接合	作業性向上	特許 3016268	E04B1/684	外壁パネルの接合構造	
		特開 2000-027324	E04B1/684	相互に隣接して構成した外壁パネルの対向する小口接合面間の全長に亘り、弾性体のガスケットを配設し、ガスケットは一方の小口接合面に固着した平坦面と、これと相対して形成した複数の曲面突起とを有し、曲面突起を他方の小口接合面に圧接した状態で接着する	
	耐候性向上	特開平 08-218504	E04B1/684	外壁パネルの目地構造及びガスケット付外壁パネル	

2.6.4 技術開発拠点

当該テーマ技術の開発を行っている事業所、研究所等を、発明者住所および企業情報をもとに紹介する。

カーテンウォールに関する住友金属鉱山(株)
東京都：本社、電子事業所
千葉県：中央研究所

2.6.5 研究開発者

図2.6.5-1は、住友金属鉱山における発明者数と出願件数の年度別推移をみたものである。図に示すように、出願件数は1992年から96年にかけて（94年を除き）10件程度の水準になっているが、以後停滞傾向がみられる。一方、発明者数は90年代半ばから減少傾向にある。

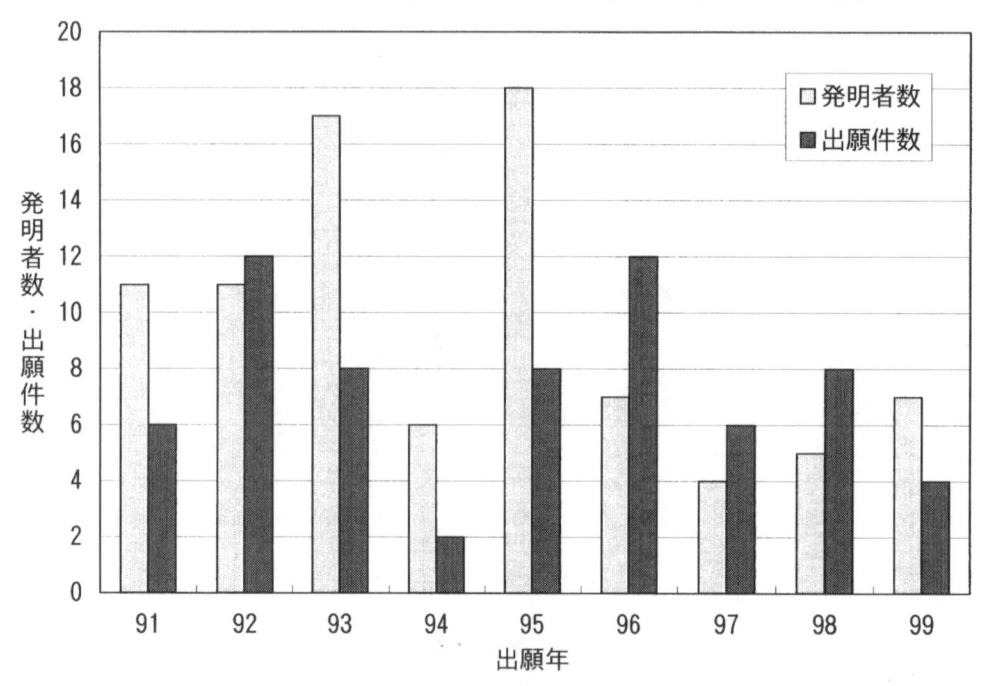

図 2.6.5-1 住友金属鉱山の発明者数と出願件数の推移

図2.6.5-2は、住友金属鉱山における発明者数と出願件数の相関を時系列推移にみたものである。この図に示すように、1990年代前半に活発に行われ、後半には後退の様相を呈している。

図 2.6.5-2 住友金属鉱山の発明者数と出願件数の時系列推移

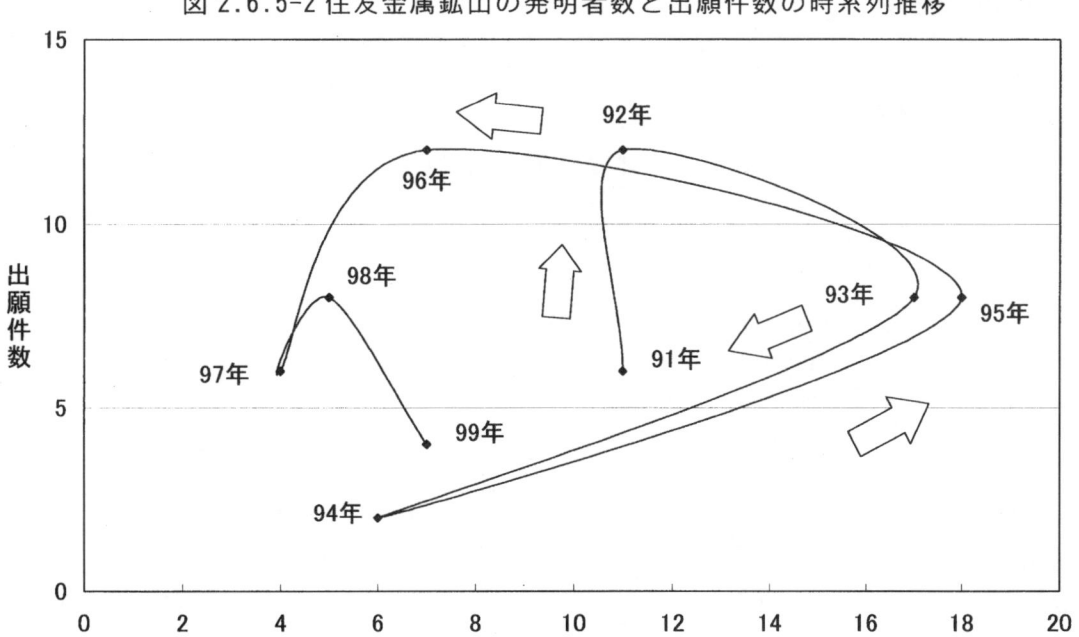

2.7 日本建鉄

2.7.1 企業の概要
表2.7.1に日本建鉄の企業概要を示す。

表 2.7.1 日本建鉄の企業概要

1)	商号	日本建鐵株式会社
2)	設立年月日	1950年1月4日
3)	資本金	10億円
4)	従業員	640名（2001年3月31日）
5)	事業内容	建材事業、環境事業、ショーケース事業、ランドリー事業　他
6)	事業所	本社／千葉　工場／千葉　支店／東京、大阪、宮城、神奈川、愛知、千葉、福岡
7)	関連会社	日建エンジニアリングサービス、日本建鐵西部販売、日建テクニカ、日建環境テクノス、日建ビジネスサービス
8)	業績推移	売上高　2001年3月期／32,395百万円　2000年3月期／30,173百万円　1999年3月期／30,846百万円
9)	主要製品	ビル内外装建具、環境・省エネ関連機器、店舗設備関連機器　他
10)	主な取引き先	三菱電機ライフネットワーク、三菱電機冷熱機器、竹中工務店、三菱商事他

2.7.2 製品例
表2.7.2に日本建鉄の製品例を示す。

表 2.7.2 日本建鉄の製品例

製品	製品名	出典
カーテンウォール	ユニットカーテンウォール	http://www.kentetsu.co.jp/kenzai/kenzai01.html
カーテンウォール	ノックダウンカーテンウォール	http://www.kentetsu.co.jp/kenzai/kenzai02.html
外装パネルシステム	リニアパネル	http://www.kentetsu.co.jp/kenzai/kenzai07.html

図 2.7.2-1　ユニットカーテンウォール　　図 2.7.2-2　ノックダウンカーテンウォール

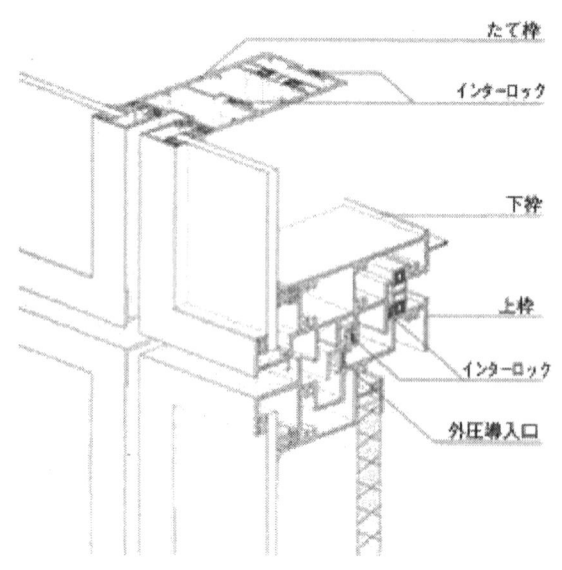

すべてのマテリアルを工場で組み立て、ユニット化した上、現場で取り付けるカーテンウォールシステム

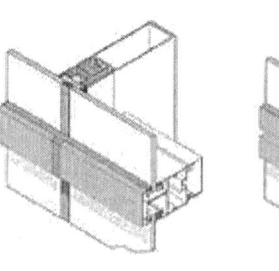

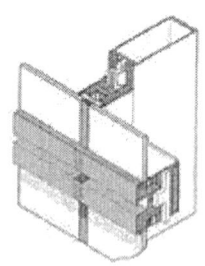

マリオン、無目、耐火ボード類のマテリアルを、現場で取り付けるシステム

2.7.3 保有特許の概要

　図2.7.3は、日本建鉄の権利存続中または係属中の保有特許における技術要素と開発課題を示したものである。この図によれば、ガスケットによる接合技術の気密性向上に関する課題が多くみられる。他にもさまざまな開発課題に対する解決への取組みがなされている。

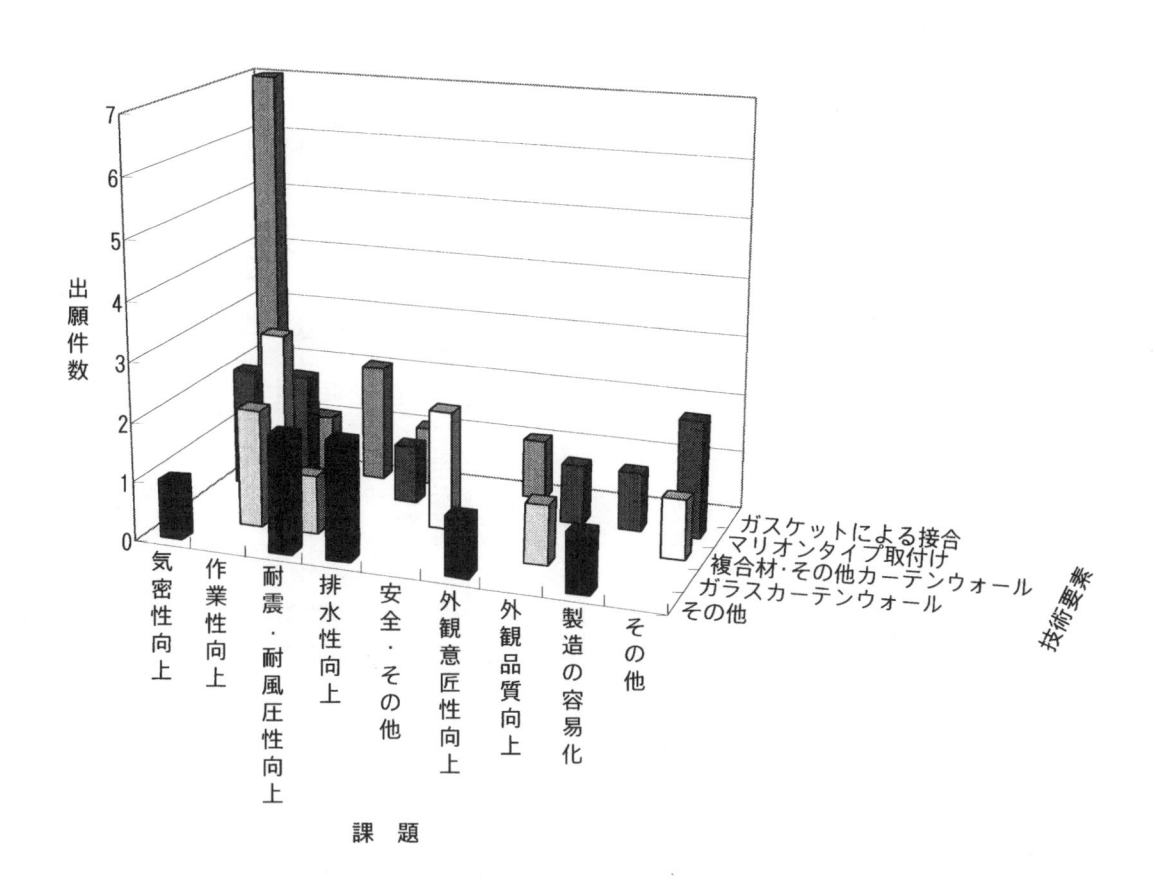

図2.7.3 日本建鉄保有特許の技術要素と開発課題

　表2.7.3は、日本建鉄における保有特許の概要を表わしたものである。
　なお、ここに掲載の特許は全て権利存続中または係属中のものであり、記載項目の特許分類は筆頭IPCとしている。
　また、開放欄に○印を付与したものは、開放可能な特許を表わす。

表 2.7.3 日本建鉄の保有特許一覧(1/4)

技術要素	課題	特許 No.	特許分類	発明の名称または発明の概要	開放
PCカーテンウォール	製造の容易化	実公平 08-008164	E04B2/90	石貼りカーテンウォール	
	耐震・耐風圧性向上	特許 2579831	E04B2/90	石貼りカーテンウォール	
ガラスカーテンウォール	作業性向上	特開平 08-105136	E04B2/90	ユニタイズカーテンウォールのパネル取付構造	
		特開平 09-221858	E04B2/90	複数のパネルからなる壁体ユニットをその横枠の位置でボルトナットにより長方形状の枠からなるバックフレームに固定し,それと共に壁体ユニットを建造物の予定位置に吊り上げ、支持部材に固定後バックフレームを取り外す	
	外観品質向上	特開平 08-105138	E04B2/90	ユニタイズカーテンウォールユニットのずれ防止構造	
	耐震・耐風圧性向上	特開平 08-105140	E04B2/90	ユニタイズカーテンウォール横材の面外拘束構造	
複合材・その他カーテンウォール	作業性向上	特開平 11-270035	E04B2/88	カーテンウォールの取付構造	
		特開平 11-270036	E04B2/88	カーテンウォールの無目端部の水密構造	
		特開平 10-329893	B65D90/02	ユニット式カーテンウォール用コンテナ	
	通気・換気性向上	特開平 13-003643	E06B3/32	室内障子の両側の縦框と向い合う縦枠にフリクションヒンジを設ける	
	安全・その他	実公平 07-051532	E04B2/96	カーテンウォールの無目取付構造	
		実公平 08-008165	E04B2/96	カーテンウォールのジョイントスリーブ構造	
パネルタイプ取付け	外観意匠性向上	特開平 08-105139	E04B2/90	ユニタイズカーテンウォールの目地ばらつき防止構造	
	耐震・耐風圧性向上	特開平 08-193374	E04B2/90	ユニットカーテンウォールの層間変位規制構造	

表 2.7.3 日本建鉄の保有特許一覧(2/4)

技術要素	課題	特許 No.	特許分類	発明の名称または発明の概要	開放
マリオンタイプ取付け	気密性向上	実登 2577708	E04B2/96	ガラス後嵌め式気密保持機構	
		実登 2560159	E04B2/96	マリオンの支持片に押え板を、押縁の突片に切欠部をそれぞれ設け、押縁がマリオンに取り付けて下方にスライドさせて前記押え板に切欠部の上縁を係合させることにより押縁が気密材を押圧する方向に移動させる	
	作業性向上	実登 2541979	E04B2/96	マリオンにボルトを固定するための穴を一方の片に穿設し、側端縁が切り欠かれ水平方向に長穴となるU字穴を他の片に形成した	
		実登 2573580	E04B2/96	カーテンウォールの横部材取付材構造	
	外観品質向上	特開平 11-148276	E06B3/54	押縁の取付構造	
	強度向上	実登 2587361	E04B2/96	カーテンウォールの無目の撓み止め装置	
	工期短縮	実登 2584077	E04B2/96	カーテンウォールのジョイントスリーブ構造	
	製造の容易化	実登 2587343	E04B2/96	平面R付カーテンウォールの無目構造	
	排水性向上	実登 2521165	E06B7/14	バック方立の排水構造	
ガスケットによる接合	気密性向上	特開平 08-105135	E04B2/90	ユニタイズカーテンウォールジョイント部の止水構造及びその施工法	
		特開平 08-105142	E04B2/90	ユニタイズカーテンウォールジョイント部の止水構造	
		特開平 08-184112	E04B2/90	ユニットカーテンウォールのしぶき止め構造	

表 2.7.3 日本建鉄の保有特許一覧(3/4)

技術要素	課題	特許 No.	特許分類	発明の名称または発明の概要	開放
ガスケットによる接合	気密性向上	特開平 08-184113	E04B2/90	ユニット縦枠間接合部パッキンの間および上枠と下枠接合部における内側パッキンの室内側に、互いに衝合する一対のパッキンまたは枠材の衝合するパッキンを設け、シール性を高める	
		特開平 08-218527	E04B2/90	ユニットカーテンウォールのガラスまわりの止水構造	
		特開平 08-239924	E04B2/90	ユニットカーテンウォールのガラス廻りのコーナー接続部シール構造	
		特開平 08-105137	E04B2/90	ユニタイズカーテンウォールのパネル排水構造	
	耐震・耐風圧性向上	実登 2523784	E04B2/90	カーテンウォールの目地構造	
		特開平 08-218526	E04B2/90	隣接ユニットの互いに接合される縦枠のそれぞれの空間内に同じレベルで嵌め込まれた衝合部材を含み，それらの縦枠の衝合部材相互の衝合により或るユニットの動きは隣接のユニットに伝えられ，共に変位することにより目地にバラツキを生じるのを防ぐ	
	外観意匠性向上	特開平 11-193592	E04B2/96	カーテンウォールの取付構造	
	作業性向上	実公平 08-009295	E04B2/90	カーテンウォールユニット取付構造	
	排水性向上	実登 2526891	E04B2/90	サッシ・カーテンウォールの雨仕舞構造	

表 2.7.3 日本建鉄の保有特許一覧(4/4)

技術要素	課題	特許No.	特許分類	発明の名称または発明の概要	開放
オープンジョイントによる接合の接合排水部	気密性向上	特開平 08-105141	E04B2/90	ユニタイズカーテンウォールの等圧構造	
	排水性向上	特開平 08-199716	E04B2/90	ユニットカーテンウォールの排水構造	
	排水性向上	特開平 08-218525	E04B2/90	ユニットカーテンウォールのガラス溝部の止水構造	

2.7.4 技術開発拠点

当該テーマ技術の開発を行っている事業所、研究所等を、発明者住所および企業情報をもとに紹介する。

カーテンウォールに関する日本建鉄(株)
千葉県：本社

2.7.5 研究開発者

図2.7.5-1は、日本建鉄における発明者数と出願件数の推移をみたものである。図に示されるように、出願件数、発明者数ともに、1992年には急増し突出している。近年は、出願件数および出願件数は減少している。

図 2.7.5-1 日本建鉄の発明者数と出願件数の推移

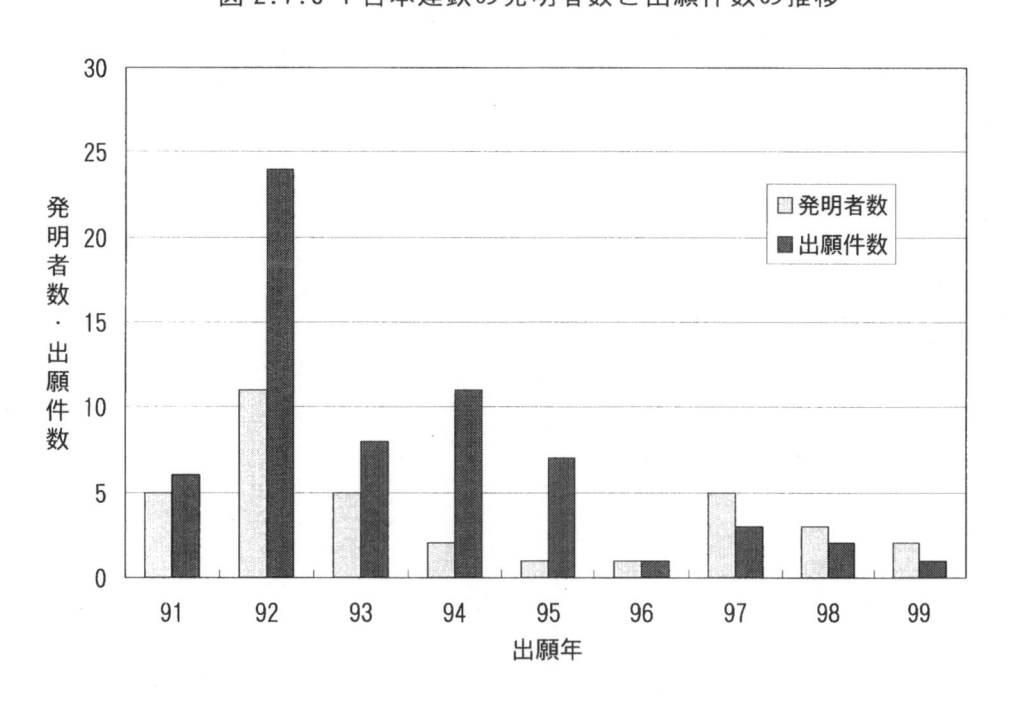

図2.7.5-2は、日本建鉄における発明者数と出願件数の相関を時系列推移で示したものである。1992年には、多数の発明者により多くの出願が行われている。その後、発明者数と出願件数の一時的な回復がみられるものの、最近では後退傾向を示している。

図2.7.5-2 日本建鉄の発明者数と出願件数の時系列推移

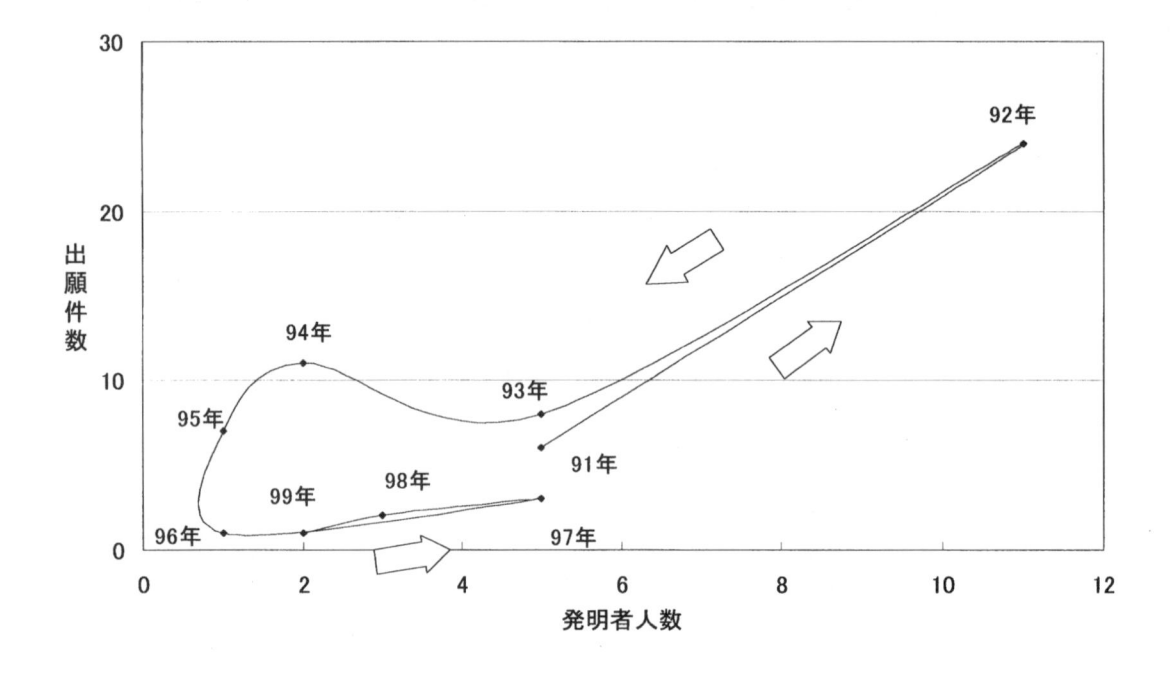

2.8 ナショナル住宅産業

2.8.1 企業の概要
表2.8.1にナショナル住宅産業の企業概要を示す。

表 2.8.1 ナショナル住宅産業の企業概要

1)	商号	ナショナル住宅産業株式会社
2)	設立年月日	1963 年 7 月 1 日
3)	資本金	283 億 7,592 万円
4)	従業員	3,601 名(2001 年 3 月 31 日現在)
5)	事業内容	住宅システム部材の製造・販売、建築請負、不動産販売　他
6)	事業所	本社／大阪　　工場／北海道、茨城、静岡、滋賀、福岡　支店／北海道、東京、愛知、大阪、岡山、福岡
7)	関連会社	松下電工、松下電器産業、パナホーム東京、パナホーム神奈川、パナホーム近畿　他
8)	業績推移	売上高　2001 年 3 月期／178,184 百万円　2000 年 3 月期／186,045 百万円　1999 年 3 月期／176,005 百万円
9)	主要製品	戸建住宅、集合住宅、中層建築　他
10)	主な取引き先	パナホーム東京、パナホーム神奈川、松下電器、松下電工、三協アルミニウム工業
11)	対応窓口	技術研究所知的財産グループ　大阪府豊中市新千里西町 1-1-4　TEL06-6834-5111（代）

2.8.2 製品例
該当する製品例の掲載は省略する。

2.8.3 保有特許の概要
　図 2.8.3 は、ナショナル住宅産業の係属中の保有特許における技術要素と開発課題を示したものである。この図によれば、パネルタイプ取付け技術に関するものが、他の技術に比較して非常に多くみられる。なかでも、作業性向上に対する課題が他を圧倒している。

図 2.8.3 ナショナル住宅産業保有特許の技術要素と開発課題

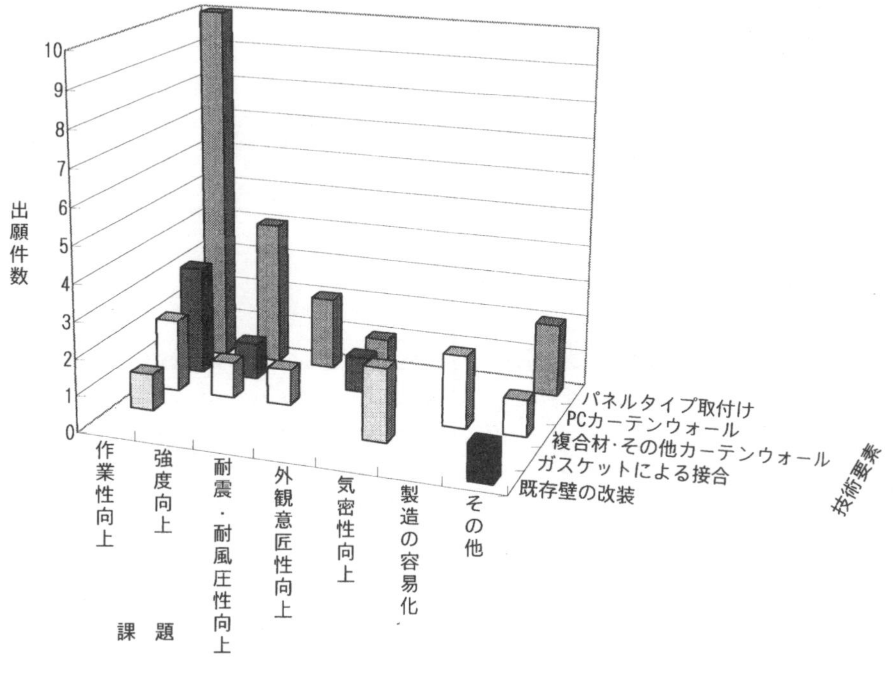

表 2.8.3 は、ナショナル住宅産業における保有特許の概要を表わしたものである。

なお、ここに掲載の特許は全て権利存続中または係属中のものであり、記載項目の特許分類は筆頭 IPC としている。

また、開放欄に〇印を付与したものは、開放可能な特許を表わす。

表 2.8.3 ナショナル住宅産業の保有特許一覧(1/4)

技術要素	課題	特許 No.	特許分類	発明の名称または発明の概要	開放
PCカーテンウォール	作業性向上	特公平 05-022018	E04C2/38	外壁パネル	
		特許 2534404	E04B2/56,651	壁下地構造	
		特許 2657041	E04B2/96	コーナーパネルを平板状の二つの第1、第2のパネルに分割し、かつ第1のパネルの突出部の内面に第2のパネルの一つの側端面を向き合せると共に、第1のパネルの突出部の内面に突片を設け、かつ他方にこの突片を嵌着する凹部を設ける	
	外観意匠性向上	特開平 08-165730	E04B2/94	外壁パネル	
	強度向上	特開 2001-182205	E04B2/94	ALC 板固定方法	
カーテンウォール	作業性向上	特許 2738774	E04G21/14	目地合わせ装置	
	複合材・その他	特開 2000-314195	E04B2/56,602	家屋コーナ部の外壁構造	

表 2.8.3 ナショナル住宅産業の保有特許一覧(2/4)

技術要素	課題	特許No.	特許分類	発明の名称または発明の概要	開放
複合材・その他カーテンウォール	製造の容易化	特許2960865	E04F13/14,103	取り付け金物が、底板と、底板から立ち上がる側番と、側番の上端から外方に、かつ底板に対して略並行に延びるフランジとかなり、補強筋の網目内に嵌め込まれており、さらに底板の下面とセラミック板の裏面とが実質的に同一平行内にある	
		特許2823814	E04F13/14,103	セラミック板	
	強度向上	特許2644190	E04B2/90	外壁パネル建込工法	
	耐震・耐風圧性向上	特許2644954	E04B2/94	壁パネルの取付構造	
	断熱性改良	特許2731753	E04F13/08,101	外壁の入隅構造	
既存壁の改装	外観意匠性向上	特開平11-280234	E04F13/08,101	既設建築物の外装の改装構造	
パネルタイプ取付け	作業性向上	特公平08-003220	E04B2/94	パネル取付構造	
		特許2522589	E04B2/56,633	壁パネルの取り付け構造	
		特許2708944	E04B5/40	床構造	
		特公平08-033038	E04B2/94	垂壁用コンクリートパネルの内面かつ上下にボルト結合された上枠材および下枠材を夫々梁材の上下のフランジにボルト止めされる支持金具に螺着した連結金具を用い、全てボルト結合する	

表 2.8.3 ナショナル住宅産業の保有特許一覧(3/4)

技術要素	課題	特許 No.	特許分類	発明の名称または発明の概要	開放
パネルタイプ取付け	作業性向上	特公平 06-070336	E04B2/96	外壁パネルの取付構造	
		特公平 06-070335	E04B2/94	コンクリートパネルの取付構造	
		実公平 08-010108	E04B2/94	幕板、コンクリート板の取付構造	
		実公平 07-032685	E04B2/90	パネル体の取付構造	
		実公平 07-034085	E04B2/94	コンクリートパネルの取付構造	
		実公平 07-012498	E04B2/94	梁のウェブの屋外面に縦姿勢の一対のL形金物を間隔をあけて取付け、箱形金物の両端板を前記一対のL形金物にボルト止めし、前記箱形金物の屋外面に外装材を固定し、前記L形金物のボルト挿通孔を横長穴とした	
		特許 2957337	E04B2/90	外壁パネルの取付構造	
		特開平 08-049335	E04B5/02	建築用パネルおよびその取付構造	
		特許 2810337	E04B2/90	パネル支持構造	
		特許 2854841	E04B2/56	型鋼の水平な梁の上面に構造体を接合すると共にその接合部の直下で梁の側方を開口せるコ字形面に補強リブ付金物を固着具にて接合する、その補強リブ付金物の補強リブを介して梁にその梁と略平行な長尺のパネル支持金物を固着具にて取り付ける	

表 2.8.3 ナショナル住宅産業の保有特許一覧(4/4)

技術要素	課題	特許No.	特許分類	発明の名称または発明の概要	開放
パネルタイプ取付け	耐震・耐風圧性向上	特公平 06-081856	E04C2/30	外壁パネル	
		特許 3065493	E04B2/56,603	妻パネル構造	
	外観意匠性向上	特開 2000-257239	E04F13/08,101	外壁の構造	
	工期短縮	特開平 11-093310	E04B2/90	外壁パネル	
	構造の簡素化・共通化	実公平 07-034083	E04B2/90	外壁パネルの取付け構造	
ガスケットによる接合	気密性向上	特許 2688326	E04B2/90	目地部の構造	
		特許 2837808	E04B1/66	矩形枠材に外装面板を取着して外壁パネルとし、矩形枠材と外装面板との間に防水テープを取着し、防水テープと目地部材をスライド移動可能に当接させて外壁パネルの端面間に目地部材を介在させるように隣り合うように外壁パネルを設置した	
	作業性向上	特許 2854843	E04B2/90	外壁パネルの設置構造	

2.8.4 技術開発拠点

当該テーマ技術の開発を行っている事業所、研究所等を、発明者住所および企業情報をもとに紹介する。

カーテンウォールに関するナショナル住宅産業(株)
　大阪府：本社

2.8.5 研究開発者

図 2.8.5-1 は、ナショナル住宅産業における発明者数と出願件数の推移をみたものである。図に示されるように、出願件数は 1990 年代前半に多くみられ、相当数の発明者が投入されている。96 年以降、出願件数、発明者数ともに急減しているが、99 年には持ち直している

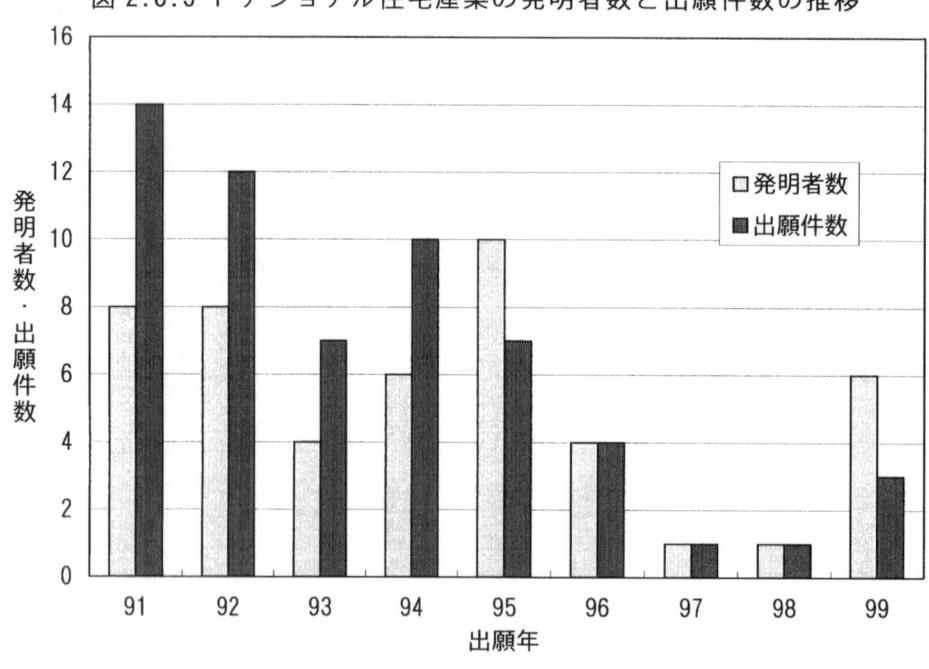

図 2.8.5-1 ナショナル住宅産業の発明者数と出願件数の推移

図2.8.5-2は、ナショナル住宅産業における発明者数と出願件数の相関を時系列推移で示したものである。技術開発は1992年から後退するが、95年には活発な活動が回復している。その後再び後退するものの、99年では大きく回復している。

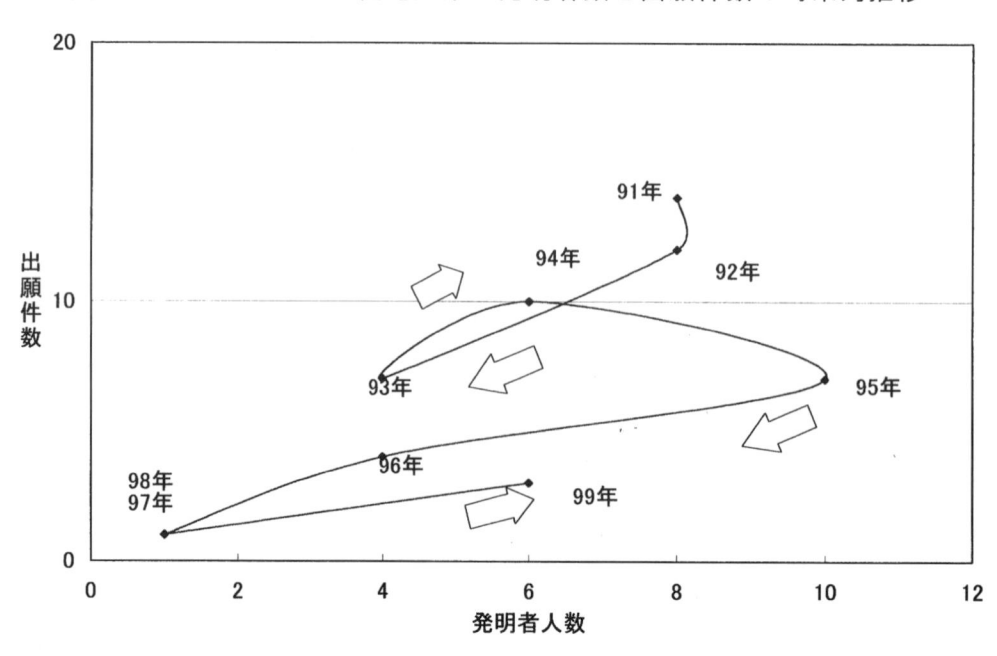

図 2.8.5-2 ナショナル住宅産業の発明者数と出願件数の時系列推移

2.9 不二サッシ

2.9.1 企業の概要
表2.9.1に不二サッシの企業概要を示す。

表 2.9.1 不二サッシの企業概要

1)	商号	不二サッシ株式会社
2)	設立年月日	1969年5月1日
3)	資本金	86億78百万円
4)	従業員	2,086名
5)	事業内容	サッシその他の建築材料の製造・販売・施工、各種アルミニュウム製品の製造・販売・施工、廃棄物の処理、同設備の製造・販売・施工　他
6)	事業所	本社／神奈川　工場／千葉，大阪　支店／東京、宮城、埼玉、神奈川、愛知、大阪、広島、福岡　海外／シンガポール
7)	関連会社	国内　／九州不二サッシ、関西不二サッシ、日海工業、不二倉業　他 海外／FUJISASH(MALAYSIA)SDN, FUJISASH PHILIPPINES　他
8)	業績推移	売上高　2001年3月期／113,751百万円　2000年3月期／118,806百万円 1999年3月期／130,557百万円
9)	主要製品	ビルサッシ、住宅サッシ、エクステリア、環境エンジニアリング商品、太陽光発電商品　他
10)	主な取引き先	大林組、大成建設、竹中工務店、清水建設、鹿島建設、積水ハウス　他

2.9.2 製品例
表2.9.2に不二サッシの製品例を示す。

表 2.9.2 不二サッシの製品例

製品	製品名	出典
カーテンウォール	バーチカル型	http://www.fujisash.co.jp/hp/product/buil/index.htm
カーテンウォール	ホリゾンタル型	http://www.fujisash.co.jp/hp/product/buil/index.htm
カーテンウォール	グリッド型	http://www.fujisash.co.jp/hp/product/buil/index.htm
カーテンウォール	スバンドレル型（横連窓）	http://www.fujisash.co.jp/hp/product/buil/index.htm
カーテンウォール	窓付パネル型	http://www.fujisash.co.jp/hp/product/buil/index.htm
カーテンウォール	全面パネル型	http://www.fujisash.co.jp/hp/product/buil/index.htm
カーテンウォール	複合型	http://www.fujisash.co.jp/hp/product/buil/index.htm

写真 2.9.2-1 バーチカル型（SR-NVM）

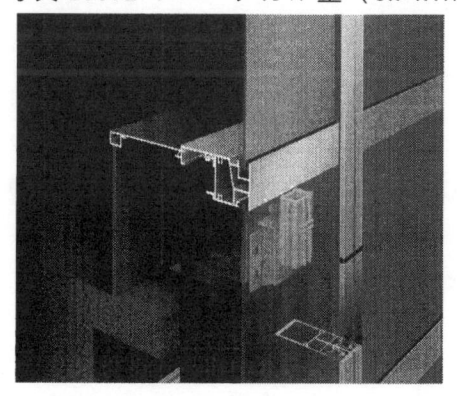

タテ通しのカーテンウォール

写真 2.9.2-2 グリッド型（SR-DECOLINE）

シリコーンガスケットによるグリッドタイプのカーテンウォール

2.9.3 保有特許の概要

図2.9.3は、不二サッシの係属中の保有特許における技術要素と開発課題を示したものである。図に示されるように、マリオンタイプ取付け技術に関する作業性向上や外観意匠性向上の課題が多くみられる。また、パネルタイプ取付けに関する作業性向上や接合部の排水に関する排水性の向上といった課題についても取上げられている。

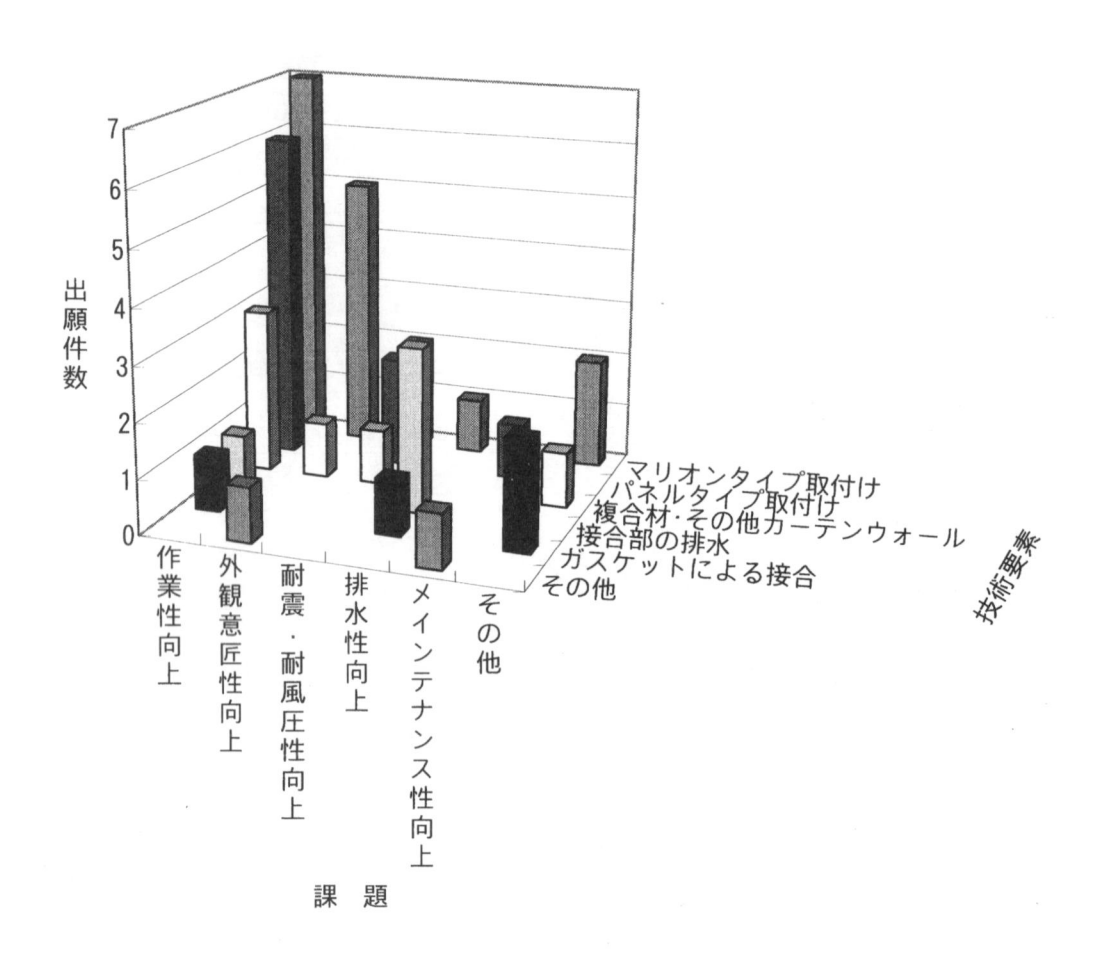

図2.9.3 不二サッシ保有特許の技術要素と開発課題

表2.9.3は、不二サッシにおける保有特許の概要を表わしたものである。

なお、ここに掲載の特許は全て権利存続中または係属中のものであり、記載項目の特許分類は筆頭IPCとしている。

また、開放欄に○印を付与したものは、開放可能な特許を表わす。

表 2.9.3 不二サッシの保有特許一覧(1/4)

技術要素	課題	特許No.	特許分類	発明の名称または発明の概要	開放
メタルカーテンウォール	外観意匠性向上	特開 2000-145011	E04C2/30	外壁材	
ガラスカーテンウォール	メインテナンス性向上	特開平 11-336232	E04B2/88	太陽光発電装置付パネル状構造体	
複合材・その他カーテンウォール	作業性向上	実登 2585905	E04B2/96	カーテンウォールの支持装置	
		実登 2585906	E04B2/96	固定ブラケットとカーテンウォール側に固定される調整ブラケットと鉛直壁に支持された凸状座板と、座板の上端部に突き当てた調整ボルトと、鉛直壁とカーテンウォールとを結合するボルトとを備えている支持装置	
		実登 2589979	E04B2/96	カーテンウォールの取付け装置	
	外観意匠性向上	特許 2987293	E06B3/54	ビルディングの外壁	
	耐震・耐風圧性向上	特許 3111105	E04B2/96	カーテンウォールの取付工法	
	その他生産性向上	実登 2550782	E04B2/96	押し出し型材同士の接合部	
パネルタイプ取付け	作業性向上	特許 2835281	E04B2/90	カーテンウォールにおける装飾パネルの支持構造	
		特許 2863442	E04G3/10	ゴンドラガイドレールの取付方法及び取付構造	

表 2.9.3 不二サッシの保有特許一覧(2/4)

技術要素	課題	特許No.	特許分類	発明の名称または発明の概要	開放
パネルタイプ取付け	作業性向上	特許 2978068	E04F13/08,101	曲面外壁パネルの支持構造	
		特開平 10-046718	E04B2/90	カーテンウォールにおけるユニットパネルの連結装置	
		特開平 10-046719	E04B2/90	ファスナーの取付部片の先端が緊締受部片を立設したL字形体を形成し、取付部片には躯体に固定するボルト孔を設け、緊締受部片にはカーテンウォール本体のブラケットを連結するボルトの調整孔を設ける	
		実登 2578234	E04B2/90	無溶接ファスナーの固定装置	
	耐震・耐風圧性向上	特許 2892512	E04B2/90	中間パネルの上端部と上側のパネルとの結合部を上側結合部とし、中間パネルの下端部と下側のパネルとの接合部を下側結合とし、上側、下側両結合部を、各結合部により結合されたパネル同士の水平方向の変位、並びに中間パネルの折れ曲がり方向の変位を自在な構成とする	
		特許 2892513	E04B2/90	カーテンウォールの支持装置	
	メインテナンス性向上	実登 2504481	E04B2/90	カーテンウォールの腰パネルの取付け装置	

表 2.9.3 不二サッシの保有特許一覧(3/4)

技術要素	課題	特許 No.	特許分類	発明の名称または発明の概要	開放
マリオンタイプ取付け	作業性向上	特開平 09-032168	E04B2/96	枠部材と結合ブラケットとの支持固定装置	
		特開平 09-060171	E04B2/96	サッシ取付装置	
		特開平 10-061341	E06B3/964	方立に固着した支持ピンを無目端部の無目支持凹溝に挿入後、この支持凹溝に摺動自在に係止した浮きあがり防止片を無目端部に移動させ、支持ピンを上下から挟み込むことで無目端部を方立に接合する	
		実登 2529062	E04B2/96	カーテンウォールのガラス保持装置	
		実登 2588755	E04B2/96	押縁係止構造	
		実登 2589982	E04B2/96	カーテンウォールにおける方立の取付け装置	
		実登 2602099	E04B2/96	無目材の取り付け構造	
	外観意匠性向上	特開平 08-151716	E04B2/96	カーテンウォール	
		特開平 09-302827	E04B2/96	ガラス板等の外装体の取付構造	
		特開平 10-110497	E04B2/96	縦材と横材で囲まれ、パネルを係合する空間部を構成する上部横材と下部横材の屋外端面に受止材を突設し、上部横材の受止片に空間部を囲む化粧枠の上枠を掛止し、また下部横材の受止片に、化粧枠の下枠をネジ止めする	
		特開平 10-121628	E04B2/96	外装パネル支持用横材	
		実登 2571377	E04B2/96	カーテンウォールにおける無目の取付け装置	

表 2.9.3 不二サッシの保有特許一覧(4/4)

技術要素	課題	特許No.	特許分類	発明の名称または発明の概要	開放
マリオンタイプ取付け	耐震・耐風圧性向上	特開平 10-082125	E04B2/96	方形の外装パネルの取付け装置	
		特開 2001-159207	E04B2/96	パネルの中間部支持装置	
	強度向上	特開平 08-209827	E04B2/96	カーテンウォール	
	排水性向上	実登 2571378	E04B2/96	カーテンウォールの方立装置におけるジョイント部	
	その他耐久性向上	特開平 08-060771	E04B2/96	カーテンウォール支持用座金	
ガスケットによる接合	気密性向上	実登 2588542	E04D3/08	壁体上端縁部の下側水平枠の上縁と、天窓の下端縁部の上側水平枠の下縁との少なくとも一方にパッキンを係止し、前記上側水平枠と下側水平枠とを結合するブラケットとを備えた構造とする	
	作業性向上	特開平 10-046720	E04B2/90	カーテンウォール用雨水捕集装置	
	耐候性向上	実登 2587499	E04B2/90	カーテンウォールにおける外装パネルのシール構造	
	排水性向上	実登 2570786	E04B2/88	PC工法における目地シール装置	
接合部の排水	排水性向上	実登 2595782	E04B2/90	カーテンウォールの目地構造	
		実登 2580189	E04B2/96	カーテンウォールの等圧目地構造	
		実登 2598002	E04B2/90	下方に傾斜させた受け部に連続して係止部を形成した受け材を予め上枠の端部に取付けて目地個所で対向配置し、この受け材の係止部同士の端面を目地形成時に当接させる	
	作業性向上	特開平 08-170395	E04B2/96	結露受け構造	

2.9.4 技術開発拠点
当該テーマ技術の開発を行っている事業所、研究所等を、発明者住所および企業情報をもとに紹介する。

カーテンウォールに関する不二サッシ(株)
神奈川県：本社

2.9.5 研究開発者
図2.9.5-1は、不二サッシにおける発明者数と出願件数の推移をみたものである。図に示されるように、出願件数は1993年前半に集中しており、96年に一時的に増加に転じているが、その後の減少が大きい。発明者数も、出願件数とほぼ同様な傾向を示している。

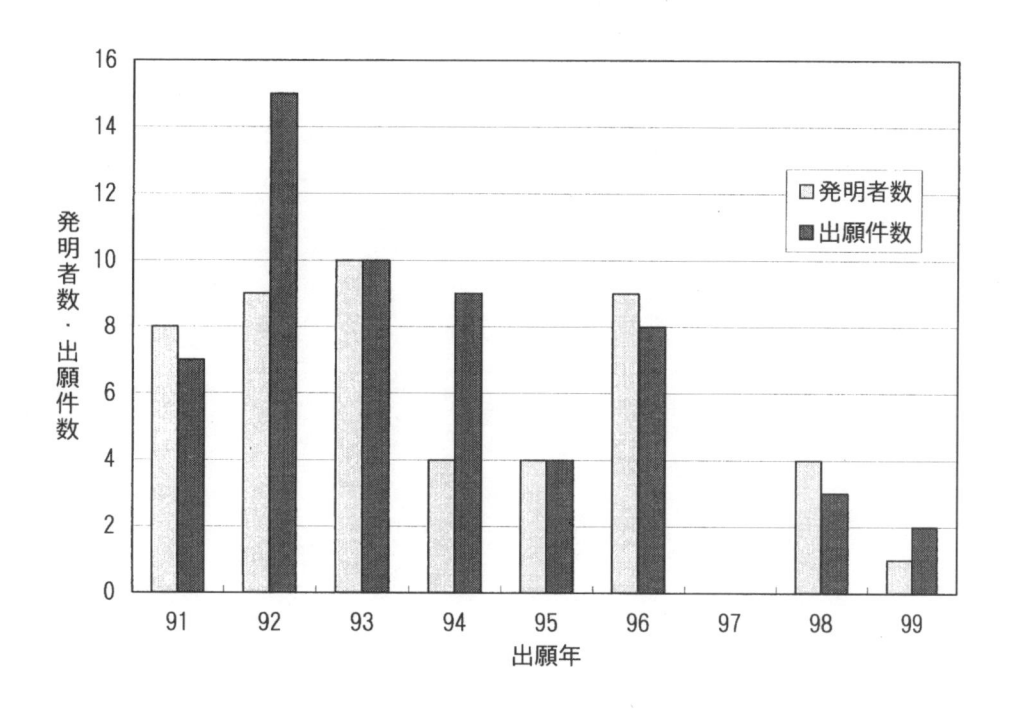

図2.9.5-1 不二サッシの発明者数と出願件数の推移

図2.9.5-2は、不二サッシにおける発明者数と出願件数の相関を時系列推移で示したものである。1992年から93年にかけて、技術開発は活発に行われている。その後一時的な回復はみられるものの、最近は大きく落ち込んでいる。

図 2.9.5-2 不二サッシの発明者数と出願件数の時系列推移

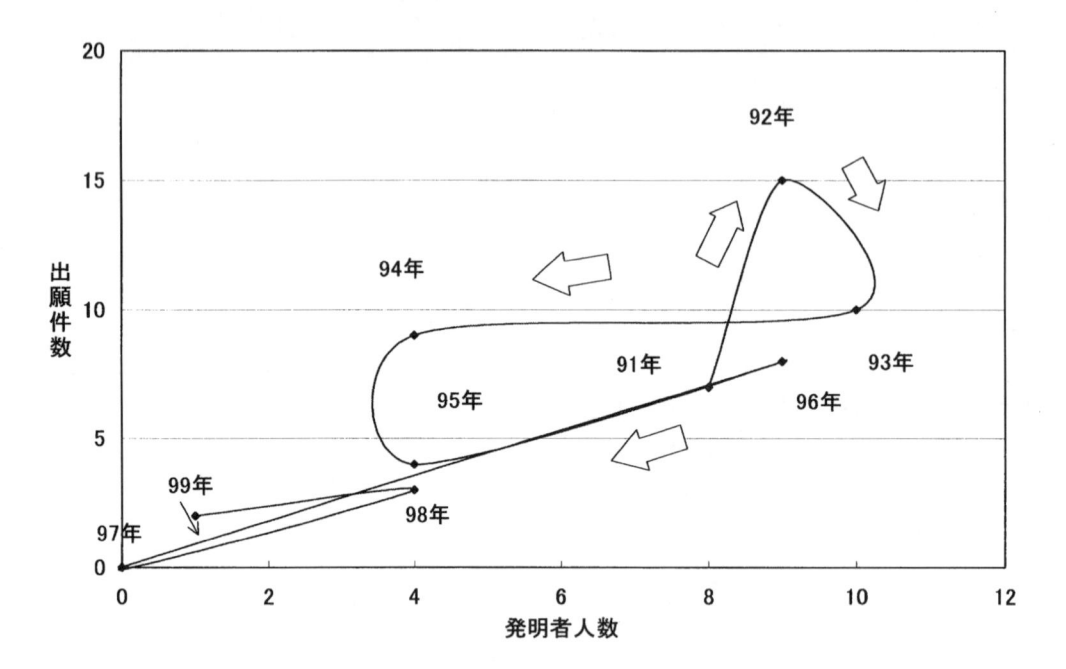

2.10 竹中工務店

2.10.1 企業の概要
表2.10.1に竹中工務店の企業概要を示す。

表 2.10.1 竹中工務店の企業概要

1)	商号	株式会社 竹中工務店
2)	設立年月日	1937年
3)	資本金	500億円
4)	従業員	8,891名（2002年1月現在）
5)	事業内容	土木建築総合請負、リノベーション事業、不動産事業　他
6)	事業所	本社／大阪　支店／北海道、宮城、東京、神奈川、千葉、埼玉、愛知、大阪、京都、兵庫、香川、広島、福岡
7)	関連会社	国内／竹中土木、竹中リアルティ、アサヒファシリティズ、日本ホームズ他 海外／アメリカ竹中、ドイツ竹中、タイ竹中　他
8)	業績推移	売上高　2000年12月期／1,016,185百万円　1999年12月期／906,204百万円 1998年12月期／1,119,774百万円

2.10.2 製品例
表2.10.2に竹中工務店の製品例を示す。

表 2.10.2 竹中工務店の製品例

製品	出典
超軽量外装プレキャストパネル	http://www.takenaka.co.jp/techno/n28_precast/n28_precast.htm

写真 2.10.2-1　超軽量外装プレキャストパネル

超軽量外装PCaパネルには、そのの形状に合わせて超軽量コンクリート、ビニロン繊維補強超軽量コンクリート、DSCFコンクリート（炭素繊維吹き付けコンクリート）を使用

2.10.3 保有特許の概要

図2.10.3は、竹中工務店の権利存続中または係属中の保有特許における技術要素と開発課題を示したものである。図に示されるように、パネルタイプ取付け技術、およびマリオンタイプ取付け技術に関する作業性向上の課題が多くみられる。他にも、パネルタイプ取付けに関する強度向上や、マリオンタイプ取付け技術の外観意匠性向上やガスケットによる接合技術の気密性上に関するものなど開発課題が多岐にわたっている。

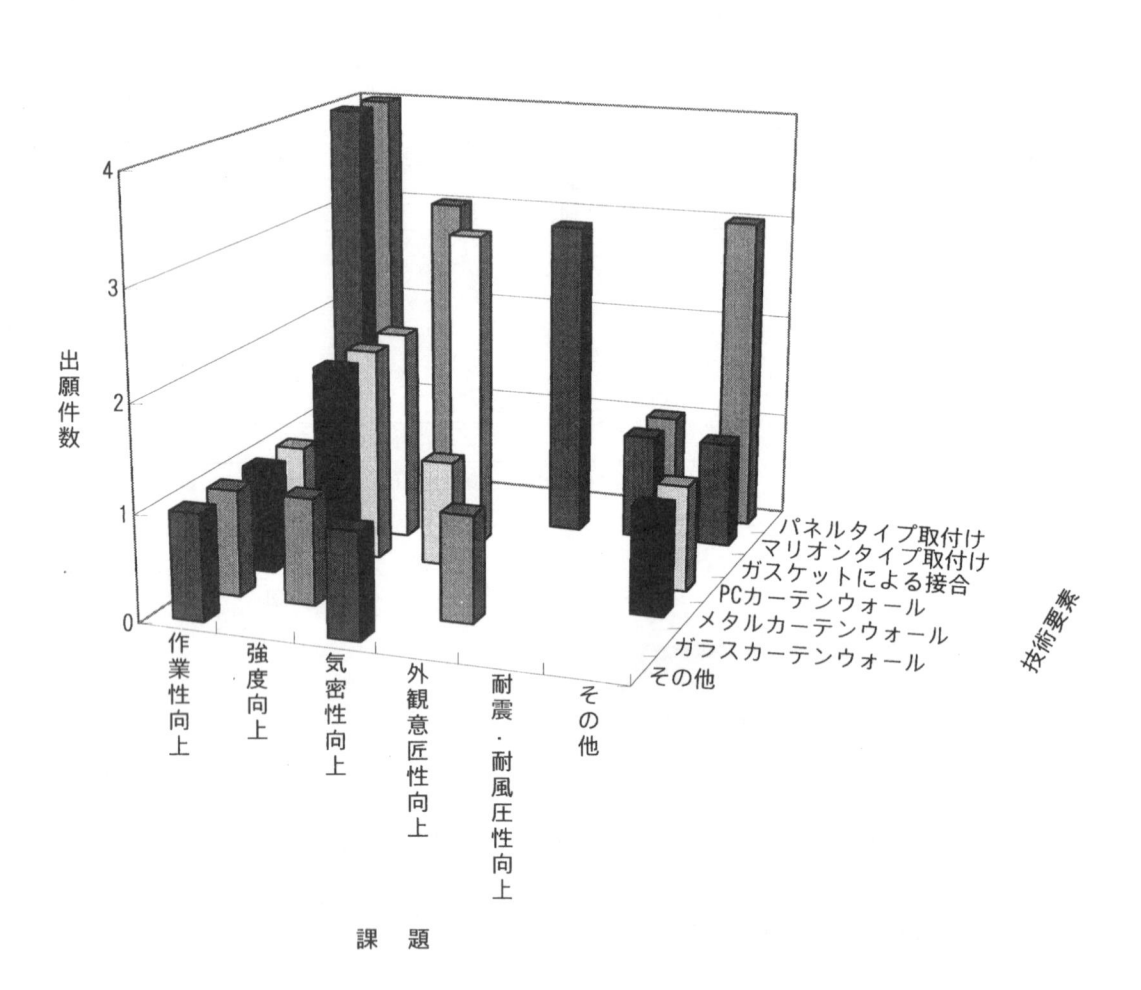

図2.10.3 竹中工務店保有特許の技術要素と開発課題

表2.10.3は、竹中工務店における保有特許の概要を表わしたものである。

なお、ここに掲載の特許は全て権利存続中または係属中のものであり、記載項目の特許分類は筆頭IPCとしている。

また、開放欄に〇印を付与したものは、開放可能な特許を表わす。

表2.10.3 竹中工務店の保有特許一覧(1/4)

技術要素	課題	特許No.	特許分類	発明の名称または発明の概要	開放
メタルカーテンウォール	強度向上	特開平06-240820	E04D3/369	外装材	
		特開平07-317271	E04F13/08,101	壁材の裏面に大面積の補強用シート材を貼着し、このはみ出し部を壁に打ち込まれたアンカーボルトに対して係止させて壁材の破損脱落を解消する	
	作業性向上	特許3187640	E04B2/90	壁体パネルの取付方法、及び、その取付金具	
	電波特性の改良	特開平07-003920	E04B2/90	外装板の取付構造	
PCカーテンウォール	強度向上	特許2815973	E04B2/90	カーテンウォール	
		特開平08-232347	E04B1/41,502	コンクリートへ植設または埋設する各種部材における圧縮、引張力が加わる埋込部の適所に、両板面を所用のコンクリート付着面積に形成した付着板を、その埋込方向に板状方向を指向させ、かつその埋込方向に板幅方向を直行させて突出させる	
	気密性向上	実登2602071	E04B2/90	建物用外装パネル	
	軽量化	実登2585484	E04B2/90	建物用外装パネル	
	作業性向上	実登2530665	E04B2/94	プレキャストコンクリート板カーテンウォールの積層鉄板を用いた下部取付構造	

表2.10.3 竹中工務店の保有特許一覧(2/4)

技術要素	課題	特許No.	特許分類	発明の名称または発明の概要	開放
ガラスカーテンウォール	外観意匠性向上	特開平09-096038	E04B2/96	垂直トラスを上部構造体から最下部のスパンの上部までとし、ガラス板の荷重による垂直トラスの室内側縦弦材の座屈変形を防止するために縦弦材にロッドを使用して圧縮強度をもたせ、最下部のパトンラシスも無しとする	
	強度向上	特開平06-185266	E06B3/54	板ガラス取付構造	
	作業性向上	特開平07-216998	E04B1/58	支持用構造材のボルト固定構造	
複合材・その他カーテンウォール	作業性向上	実登2530666	E04B2/94	プレキャストコンクリート板カーテンウォールの上部取付構造	
パネルタイプ取付け	作業性向上	特許2858422	E04B2/90	壁体パネルの取付金具	
		特開平08-113996	E04B2/90	外装パネルの吊り掛け部を建物の外壁躯体の吊り具へ吊り掛ける、外装パネルの吊り掛け部を外壁躯体の吊り具へ押し付け、外装パネルの移動を拘束し、取付作業を簡素化する	
		特開平10-046722	E04B2/94	カーテンウォール用ファスナーの掛け金物	
		実登2588143	E04B2/94	Pca版ファスナー	

表 2.10.3 竹中工務店の保有特許一覧(3/4)

技術要素	課題	特許 No.	特許分類	発明の名称または発明の概要	開放
パネルタイプ取付け	強度向上	特許 2821632	E04B2/94	接続具を、複数の棒状体を縦横格子状に連結したメッシュで構成すると共に、外装板主体の左右幅方向に分散配置して固着し、それら接続具と床板補強棒状体とを接続する	
		特許 2664592	E04F13/08,101	乾式タイルパネルの取付構造	
		特許 2850972	E04B2/90	シートリング	
	工期短縮	特開平 08-093104	E04B2/90	腰壁の施工方法	
	構造の簡素化・共通化	実登 2530661	E04B2/94	Pcaカーテンウォール用取付け金物	
	耐震・耐風圧性向上	特許 2955371	E04B2/94	壁板取付構造と立体駐車場	
	通気・換気性向上	特開平 09-165893	E04F13/00	通気性壁材及びこれを用いた建物構造	
マリオンタイプ取付け	作業性向上	特許 2814457	E06B3/54	ガラスカーテンウォールの調整装置	
		特許 2820177	E04B2/96	パネル取付材と躯体側支持材間をボルトナットで連結する固定方法において、ボルト挿入後ボルト穴に合成樹脂製の固定材を充填し、硬化することによって部材間を固定する	
		特許 2820178	E04B2/96	カーテンウォールの固定構造	
		特開平 07-217040	E04B2/96	無目固定用ファスナー	

表2.10.3 竹中工務店の保有特許一覧(4/4)

技術要素	課題	特許No.	特許分類	発明の名称または発明の概要	開放
マリオンタイプ取付け	外観意匠性向上	特公平08-014159	E04B2/90	カーテンウォールの窓構造	
		特許2854152	E06B3/54	環状枠に嵌合固定したガラス板の直下を、建物側の支持部材に取付けた載置部材で支持し、支持部材に連結固定された取付部材の縁部に形成された膨出部を、前記枠に形成した係合溝に対して摺動自在に係合してガラス板を建物側に固定する	
		特許3157259	E04B2/96	カーテンウォールの支持部	
	耐震・耐風圧性向上	特許2612400	E06B3/54	ガラス板の取付構造	
	その他耐久性向上	特許2746767	E06B3/54	ガラスカーテンウォールの調整装置	
ガスケットによる接合	気密性向上	特許3192056	E04B2/96	マリオンのジョイント部	
		特開平08-165729	E04B2/90	ガラス板取付部の止水構造	
		特開平08-303127	E06B3/62	隣接するガラスを嵌合保持するガスケットを分割し、ガラスの厚み方向に摺動自在とし、その合せ面はシール材でシールするようにして、ガラスの出入り差を合せ面のずれで吸収する	
	強度向上	特許3182189	E04B2/94	コンクリート外壁	
		特開平08-302875	E04B2/96	カーテンウォール取付構造	
シーリング材による接合	気密性向上	実登2587675	E04B2/94	壁	

2.10.4 技術開発拠点

当該テーマ技術の開発を行っている事業所、研究所等を、発明者住所および企業情報をもとに紹介する。

カーテンウォールに関する(株)竹中工務店
大阪府：本社、大阪本店
東京都：東京本店
千葉県：技術研究所

2.10.5 研究開発者

図2.10.5-1は、竹中工務店における発明者数と出願件数の推移をみたものである。図に示されるように、1991年から95年までは、出願件数および発明者数ともにかなりの水準を維持しているが、96年以降は、件数および人数とも極端に減少している。

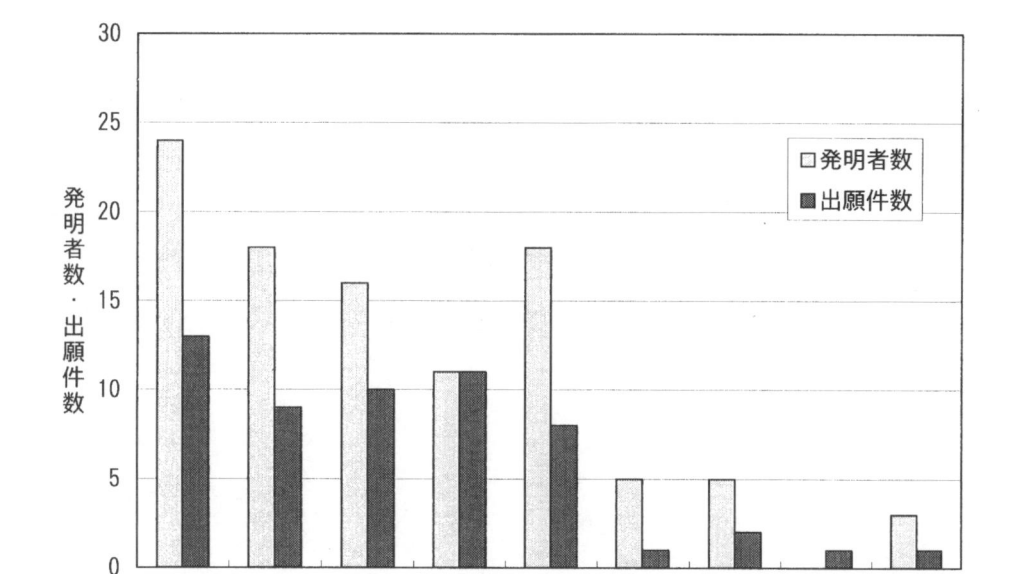

図2.10.5-1 竹中工務店の発明者数と出願件数の推移

図2.10.5-2は、竹中工務店における発明者数と出願件数の相関を時系列推移で示したものである。出願件数と発明者数は、1991年をピークに、94年に一時的な持ち直しはみられるものの、その後、著しい後退を示している。

図2.10.5-2 竹中工務店の発明者数と出願件数の時系列推移

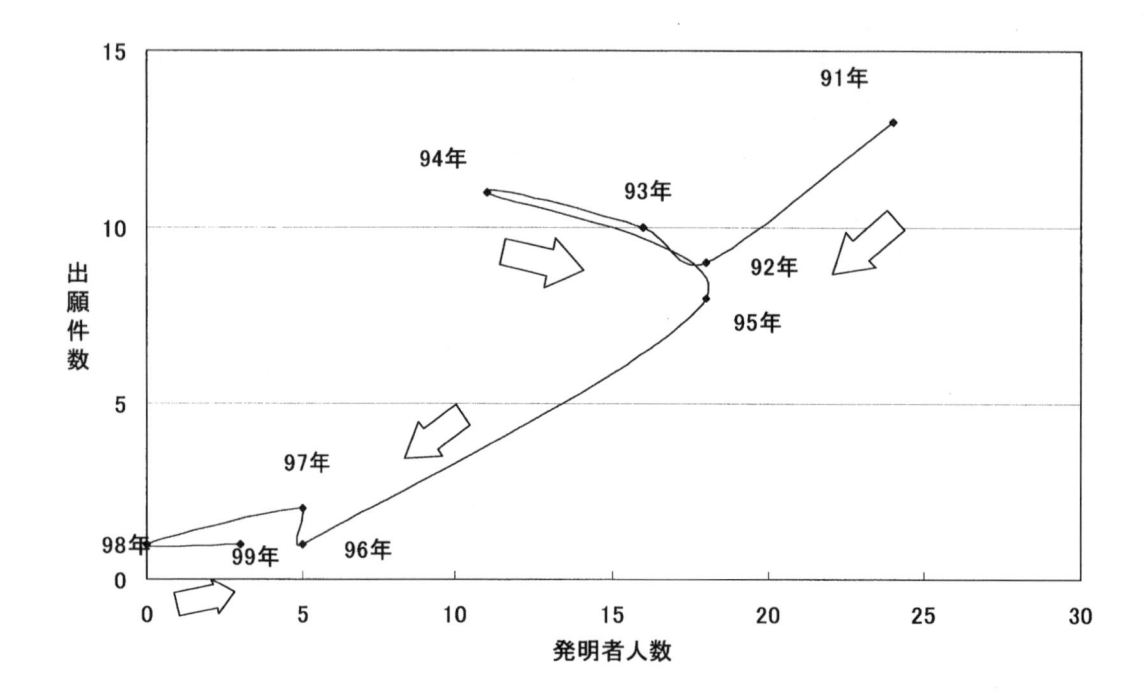

2.11 アイジー技術研究所

2.11.1 企業の概要
表2.11.1にアイジー技術研究所の企業概要を示す。

表2.11.1 アイジー技術研究所の企業概要

1)	商号	株式会社アイジー技術研究所
2)	設立年月日	1973年
3)	事業内容	金属サイディング等の商品開発及び施工方法・製造設備の開発、住宅のシステム開発
4)	事業所	本社／山形
5)	関連会社	アイジー工業（株）
6)	対応窓口	知的財産部　山形県東根市大字蟹沢字上縄目1816-12　TEL0237-43-1820

2.11.2 製品例
表2.11.2にアイジー技術研究所の製品例を示す。

表2.11.2 アイジー技術研究所の製品例

製品	製品名	出典
金属サンドイッチパネル	耐火ヴァンド　他	http://www.igkogyo.co.jp/
金属サンドイッチパネル	パネルC型　他	http://www.igkogyo.co.jp/
金属サンドイッチパネル	ヴァンドB型　他	http://www.igkogyo.co.jp/

（注）本製品はアイジー工業（株）で製造・販売されています。

写真2.11.2-1　金属サンドイッチパネル（ヴァンドF型35）

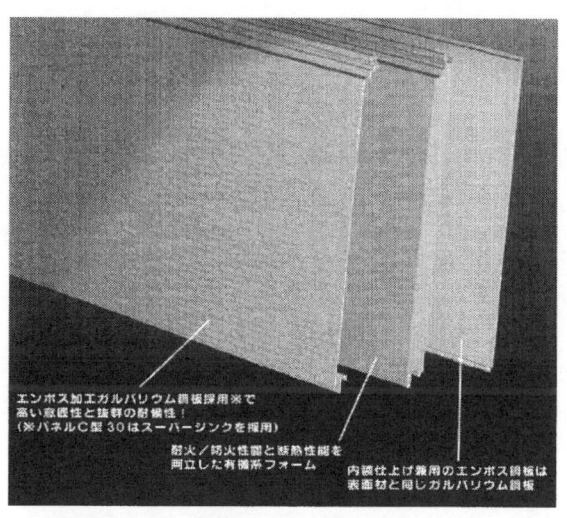

外装仕上げ、断熱工事、耐火/防火工事、
内装仕上げの各工程が1枚のパネル工事
で仕上がり可能

2.11.3 保有特許の概要

　図2.11.3は、アイジー技術研究所の権利存続中または係属中の保有特許における技術要素と開発課題を示したものである。図が示すように、既存壁の改装技術に関して開発課題が集中している。その中で、強度向上に関するものが最も多く、耐震・耐風圧性向上や外観意匠性向上あるいは作業性向上といったものが、上位を占めている。

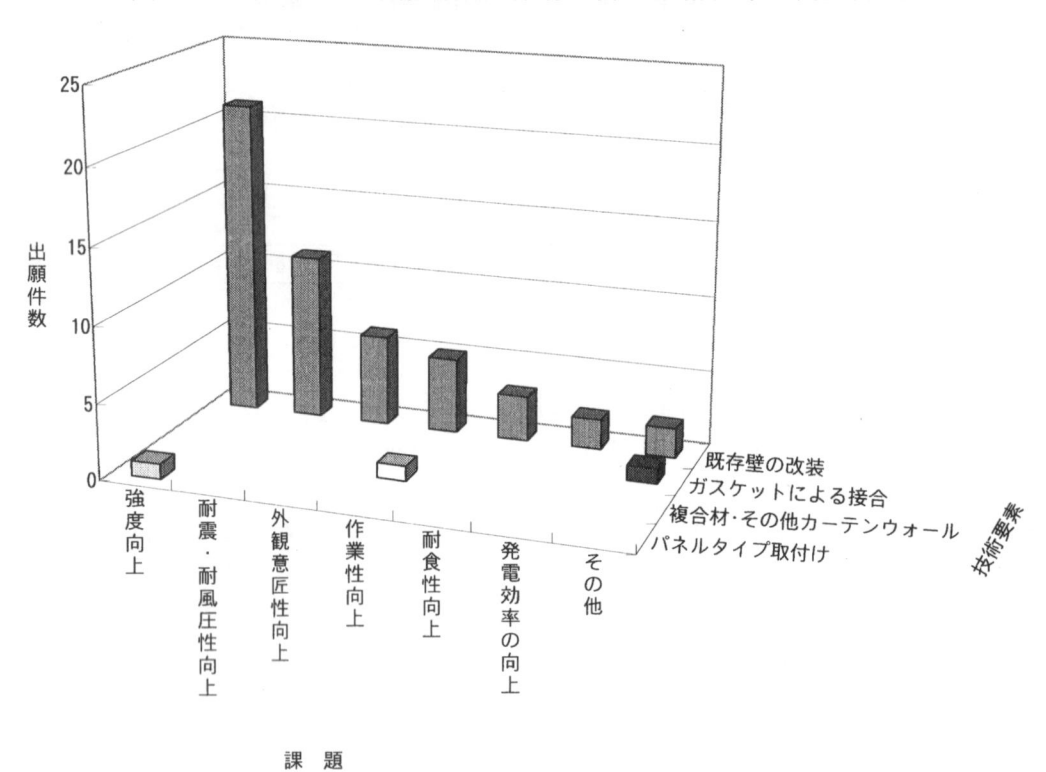

図2.11.3 アイジー技術研究所保有特許の技術要素と開発課題

　表2.11.3は、アイジー技術研究所における保有特許の概要を表わしたものである。

　なお、ここに掲載の特許は全て権利存続中または係属中のものであり、記載項目の特許分類は筆頭IPCとしている。

　また、開放欄に〇印を付与したものは、開放可能な特許を表わす。

表2.11.3 アイジー技術研究所の保有特許一覧(1/4)

技術要素	課題	特許No.	特許分類	発明の名称または発明の概要	開放
パネルタイプ取付け	強度向上	特開平10-110539	E04G23/02	躯体上もしくは既存外壁上に施した胴縁と、胴縁上に施した乾式壁材からなる新規外壁と、主柱が土台および軒桁もしくは妻梁と結合している箇所を胴縁上から斜めに連結した長尺平板状の補強材とから構成する外壁	
ガスケットによる接合	耐候性向上	特開平07-071103	E04F13/08	ハット状に形成したジョイナーの設置面上にパネルの端部を敷設、耐火断熱材を目地板Bの中央部と、ジョイナーの立上り部の頭部との間に挿入し、目地版Bの左右端が建築用パネルに固定、目地版の中央と化粧カバーの固定溝に接合、固定溝には押出材を挿入	
既存壁の改装	強度向上	特許3103148	E04G23/02	硬質壁材の取り替え方法	
		特開平08-209897	E04F13/08,101	外壁改修構造	
		特開平08-260663	E04F13/08,101	外壁改修構造	
		特開平08-277617	E04F13/08,101	外壁改修構造	
		特開平08-312100	E04F13/08,101	外壁改修構造	

表 2.11.3 アイジー技術研究所の保有特許一覧(2/4)

技術要素	課題	特許 No.	特許分類	発明の名称または発明の概要	開放
既存壁の改装	強度向上	特開平 08-326267	E04F13/08,101	既存の躯体を構成する土台、軒桁もしくは妻梁の間を連結し、長尺補強材を斜めに既存外壁面上から配設し、補強材は既存壁に接する面に接着剤を塗布する改修構造	
		特開平 08-326269	E04F13/08,101	外壁改修構造	
		特開平 08-326270	E04F13/08,101	外壁改修構造	
		特開平 11-124980	E04F13/08,101	ALC版の建物外壁の改修装置	
		特開 2000-017813	E04F13/08,101	ALC外壁の改修構造	
		特開 2000-320105	E04F13/08,101	改修用胴縁	
		特開 2000-345683	E04F13/08,101	胴縁の取付構造	
		特開 2000-356023	E04F13/08	胴縁の取付構造	
		特開 2001-003538	E04F13/08	改修用胴縁	
		特開 2001-020534	E04G23/02	改修用胴縁	
		特開 2001-107534	E04F13/08,101	補強プレートを固定具で既存外壁に貫通して固定し、補強プレートと直交するように胴縁を配し、新規外壁材を胴縁上に固定して既存外壁を覆うように配する	
		特開 2001-107535	E04F13/08,101	外壁改修構造	
		特開 2001-115624	E04F13/08,101	外壁改修構造	
		特開 2001-123637	E04F13/08,101	外壁改修構造	
		特開 2001-123638	E04F13/08,101	外壁改修構造	
		特開 2001-132199	E04F13/08,101	外壁改修構造	
	耐震・耐風圧性向上	特開平 08-209896	E04F13/08,101	外壁改修構造	
		特開平 08-246635	E04F13/08,101	外壁改修構造	

表 2.11.3 アイジー技術研究所の保有特許一覧(3/4)

技術要素	課題	特許No.	特許分類	発明の名称または発明の概要	開放
既存壁の改装	耐震・耐風圧性向上	特開平 08-270179	E04F13/08,101	外壁改修構造	
		特開平 08-284368	E04F13/08,101	外壁改修構造	
		特開平 08-333866	E04F13/08,101	外壁改修構造	
		特開平 08-338120	E04F13/08,101	改修構造	
		特開平 09-004176	E04F13/08,101	既存の躯体を構成する土台、軒桁もしくは妻梁の間を連結し、長尺補強材を斜めに既存外壁面上から配設し、補強材は既存壁に接する面に粘着テープを配した改修構造	
		特開平 09-004177	E04F13/08,101	外壁改修構造	
		特開平 09-060250	E04F13/08,101	ALC外壁の改修構造	
		特開平 09-072067	E04F13/08,101	外壁改修構造	
		特開平 09-119206	E04F13/08,101	外装改修構造	
	外観意匠性向上	特開平 05-340059	E04F13/08,101	外壁構造	
		特開平 05-340060	E04F13/08,101	外壁構造	
		特開平 05-340061	E04F13/08,101	上方に突出した固定片を形成した取付下地と、長尺状のL字状のアングルを壁下地に固定し、下地の固定片にアングルの一面をボルトで固定し、アングルの他面に乾式外壁材固定具を固定すると共に、壁下地と取付下地間にクッション材を装着する	
		特開平 11-081617	E04F13/08,101	ALC外壁の改修構造	
		特開平 11-081700	E04G23/02	ALC外壁の改修構造	
		特開平 11-117498	E04F13/08,101	ALC外壁開口部の改修構造	

表 2.11.3 アイジー技術研究所の保有特許一覧(4/4)

技術要素	課題	特許No.	特許分類	発明の名称または発明の概要	開放
既存壁の改装	作業性向上	特開平 08-326268	E04F13/08,101	外壁改修構造	
		特開平 11-062171	E04F13/08,101	ALC外壁の改修構造	
		特開平 11-223027	E04G23/02	ALC外壁の改修構造	
		特開平 11-236768	E04G23/02	ALC外壁の改修工法	
		特開平 11-247399	E04F13/08,101	貫通孔を形成した既存外壁に連結下地材を挿入し、一端を既存下地材に固定し、かつ連結下地材の他端を外壁表面に配設したシート材を介して胴縁を固定し、この胴縁に新規の乾式壁材に固定するALC外壁改修構造	
	耐食性向上	特開平 08-284373	E04F13/18	建築用パネル	
		特開平 09-004186	E04F13/18	建築用パネル	
		特開平 09-004187	E04F13/18	建築用パネル	
	発電効率の向上	特開 2001-065149	E04F13/08,101	改修壁構造	
		特開 2001-081938	E04F13/08,101	太陽電池を備え壁面に対して上方に傾斜した受光面と、受光面の上面および下面が雄雌連結部を有し、かつ受光面、下面、雄雌連結部によって囲まれた空間を通気空間とするソーラーパネルを用いた改修壁構造	
	気密性向上	特開平 08-144445	E04D3/366,102	内外装改修構造	
	工期短縮	特公平 05-060015	E04F13/08,101	内、外壁改修構造	
その他の外装	作業性向上	特許 3115417	E04B1/684	縦目地構造	

2.11.4 技術開発拠点

当該テーマ技術の開発を行っている事業所、研究所等を、発明者住所および企業情報をもとに紹介する。

カーテンウォールに関するアイジー技術研究所
山形県：技術研究所

2.11.5 研究開発者

図2.11.5-1は、アイジー技術研究所における発明者数と出願件数の推移をみたものである。図に示されるように、1995年の出願件数と発明者数が突出している。96年には件数および人数ともに極端に減少している。最近では増加の傾向がみられ、99年には大きく回復した。

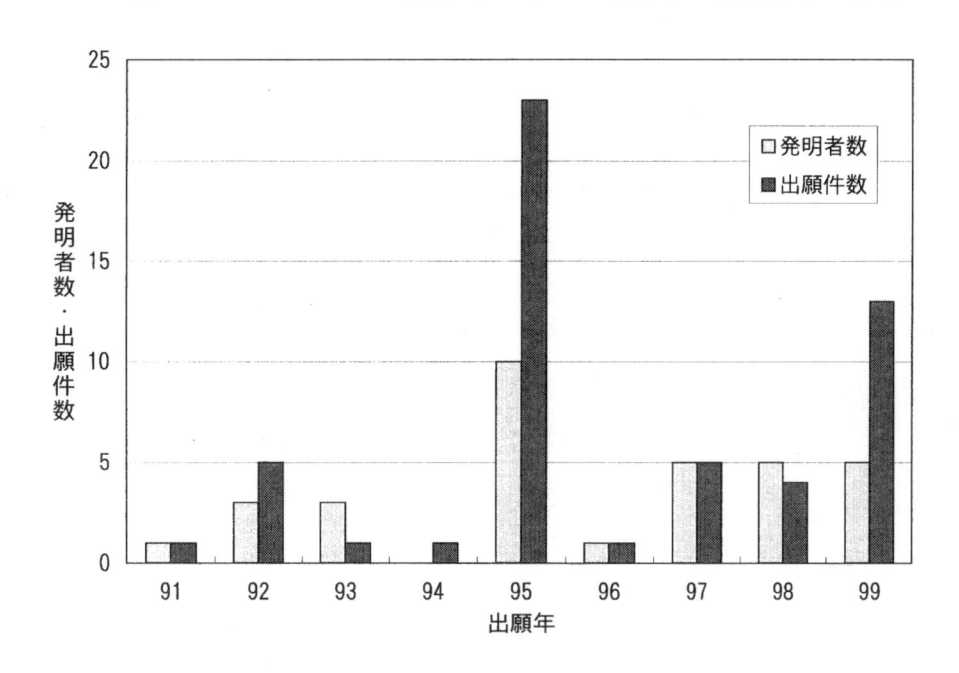

図2.11.5-1 アイジー技術研究所の発明者数と出願件数の推移

図2.11.5-2は、アイジー技術研究所における発明者数と出願件数の相関を時系列推移で示したものである。1995年における技術開発の活発さが際立っている。その後、開発活動は一時的に停滞するが、最近の回復にはめざましいものがある。

図2.11.5-2 アイジー技術研究所の発明者数と出願件数の時系列推移

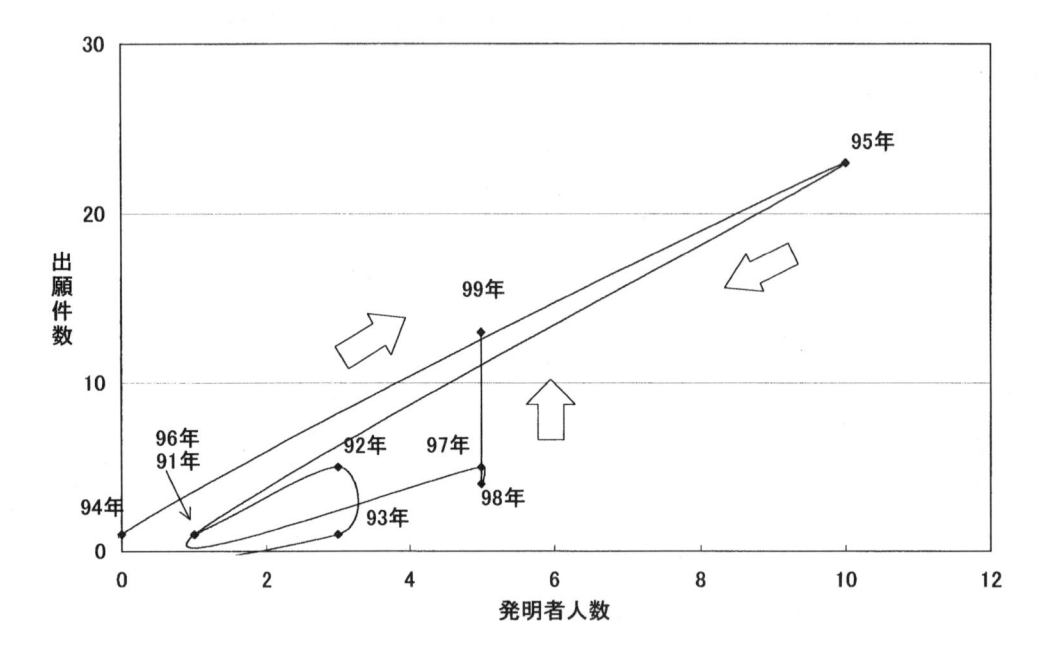

2.12 クリオン

2.12.1 企業の概要
表2.12.1にクリオンの企業概要を示す。

表 2.12.1 クリオンの企業概要

1)	商号	クリオン株式会社
2)	設立年月日	1970年10月
3)	資本金	54億89百万円
4)	従業員	742名
5)	事業内容	軽量気泡コンクリートの製造・施工、剛体多孔質吸音材の製造・施工、建築用湿度調節材の製造施工、建物及び構造物の設計・工事管理　他
6)	事業所	本社／東京　工場／群馬、千葉、愛知、兵庫、福岡　支店／東京、宮城、群馬、愛知、大阪、広島、福岡　他
7)	主要製品	軽量気泡コンクリート、建築用湿度調節材、剛体多孔質吸音材、アクアリウム水処理ろ過材　他
8)	主な取引き先	三菱商事建材、積水ハウス、太平洋セメント、三井物産、大和ハウス工業　他

2.12.2 製品例
表2.12.2にクリオンの製品例を示す。

表 2.12.2 クリオンの製品例

製品	製品名	出典
ALC外装建材	クリオンパネル	クリオンカタログ
ALC外装建材	DDDパネル	クリオンカタログ
ALC外装建材	PAパネル	クリオンカタログ
ALC外装建材	BSパネル	クリオンカタログ

写真 2.12.2-1　クリオンパネル　　　　　写真 2.12.2-2　DDDパネル

軽量気泡コンクリート（原型パネル）　　　　工場埋設アンカーパネル

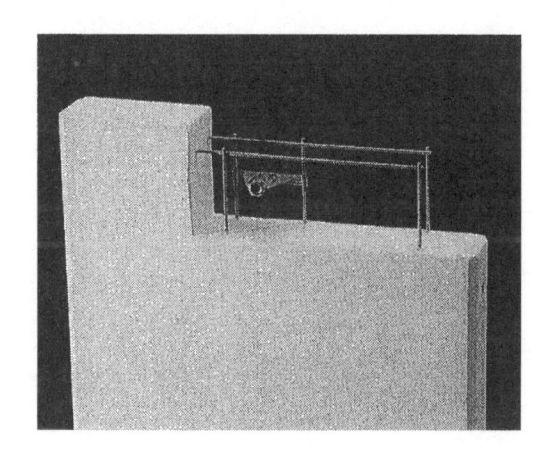

2.12.3 保有特許の概要

図2.12.3は、クリオンの権利存続中または係属中の保有特許における技術要素と開発課題を示したものである。図が示すように、パネルタイプ取付け技術に関する課題が多くみられ、作業性向上が最も多い。また、この技術の耐震・耐風圧性向上や強度向上などの課題についても取上げられている。

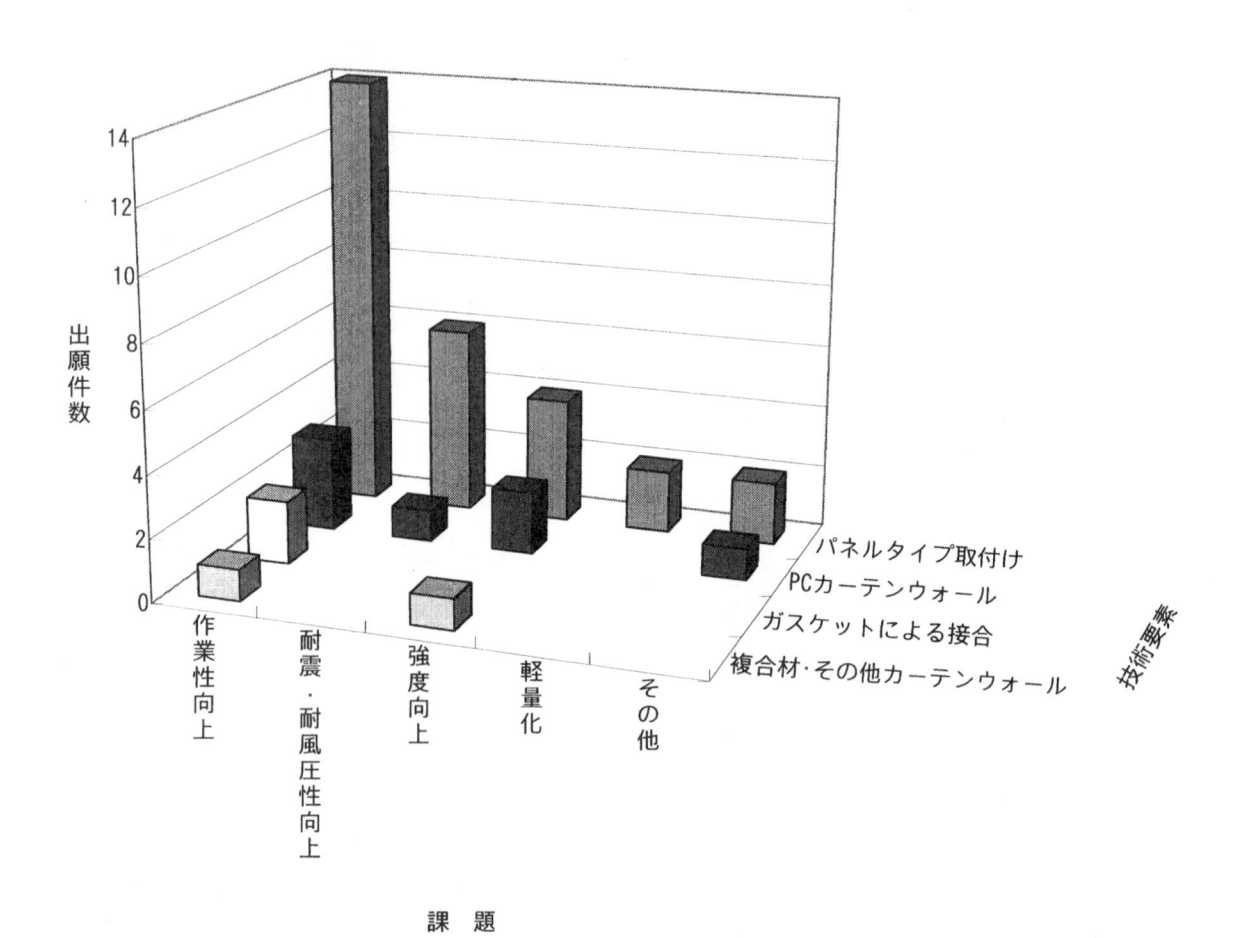

図2.12.3 クリオン保有特許の技術要素と開発課題

表2.12.3は、クリオンにおける保有特許の概要を表わしたものである。

なお、ここに掲載の特許は全て権利存続中または係属中のものであり、記載項目の特許分類は筆頭IPCとしている。

また、開放欄に〇印を付与したものは、開放可能な特許を表わす。

表 2.12.3 クリオンの保有特許一覧(1/4)

技術要素	課題	特許 No.	特許分類	発明の名称または発明の概要	開放
PCカーテンウォール	作業性向上	特開平 09-317120	E04F11/18	手摺付き立上り ALC 壁構造	
		特開平 10-096259	E04B1/00,501	立上り ALC 壁への手摺り取付構造で、T字型金具を介してパネル上方小口面上に鋼板が敷設、固定されていると共に、その鋼板に手摺りが固定される	
		実登 2572391	E04B2/94	気泡コンクリート製壁パネルの横積み構法	
	強度向上	特開平 08-284296	E04B5/02	ALC パネル及びその取り付け構造	
		特開平 09-291645	E04C2/30	ALC パネルおよびその取り付け工法	
	製造の容易化	特許 2732142	E04C2/30	軽量気泡コンクリート部材並びにその製造方法及び取付構法	
	耐震・耐風圧性向上	特開 2000-054679	E04H9/02,321	建築物の制振構造	
複合材・その他カーテンウォール	強度向上	特開平 08-144404	E04B2/94	軽量気泡コンクリートパネルの突き合わせ構造	
	作業性向上	実登 2576653	E04B2/96	コンクリートパネルの取付構造	
パネルタイプ取付け	作業性向上	特許 2808393	E04B2/94	壁パネルの取付方法及び取付構造	
		特許 2862791	E04C2/30	壁パネルへの係止部材の取付方法及びアンカー部材の挿入用治具	
		特開平 08-144405	E04B2/94	中空壁パネルの取付構造	
		特開平 08-177150	E04B2/94	構造躯体に対する中空壁パネルの取付け構造	
		特開平 08-260601	E04B2/94	建物の開口部構造	
		特開平 08-312042	E04B2/94	ALC パネル壁の取付構造	
		特開平 08-338094	E04B2/94	ALC 壁パネルの取付構造	
		特開平 10-311113	E04B2/94	鉄骨梁の上面にパネルの出入りを調整するための下地鋼材として平板を載置し溶接固定し、取付金物は下層パネル取付プレートと自重受けプレーとL字型金物との3ピースで構成する	

表 2.12.3 クリオンの保有特許一覧(2/4)

技術要素	課題	特許No.	特許分類	発明の名称または発明の概要	開放
パネルタイプ取付け	作業性向上	特開平 11-013184	E04B2/94	ALC パネルの位置調整方法および位置調整機構を備えた ALC パネルの取付構造	
		特開平 11-124938	E04B2/94	多孔質コンクリートパネルの下方小口面側の自重支持部にクッション材が敷設された取付構造である	
		特開平 11-172823	E04B2/94	ALC パネルの取付構造	
		特開平 11-280186	E04B2/94	壁パネルの取付構造	
		実登 2575758	E04B2/94	構造躯体に対する壁パネル取付用鋼材の固定構造	
		実登 2584361	E04B2/94	壁パネル取付用鋼材	
	耐震・耐風圧性向上	特公平 06-068186	E04B2/94	壁パネルの取付構造	
		特許 2738747	E04B2/94	コンクリートパネルの支持構造	
		特許 2793272	E04B2/94	壁パネルの取付構造	
		特開平 09-032165	E04B2/94	中空壁パネルの取付け構造	
		特開 2000-080742	E04B2/94	複数のパネルが左右方向に隣接して構成される壁パネルが、建物の層間変形に対して追従可能にその建物の躯体に取付けられている壁パネルの取付け構造において、壁パネルの縦目地部に狭持されている剛体からなる小口面当接部材の一部が建物の躯体に固定される	
		特開 2000-096749	E04B2/94	ALC 壁パネルの取付用鋼材及びその取付構造	

表 2.12.3 クリオンの保有特許一覧(3/4)

技術要素	課題	特許 No.	特許分類	発明の名称または発明の概要	開放
パネルタイプ取付け	強度向上	特開平 08-246589	E04B2/94	円筒形状のアンカー部材内に、円柱形状の取付部材が嵌入固定され、アンカー部材の外側面から取付部材に貫通し、かつねじ孔を穿設した軽量コンクリートパネル用取付金具	
		特開平 09-144186	E04B2/94	ALC パネル用取付金具	
		特開 2000-073481	E04B2/94	ALC パネルの取付構造	
		特開 2000-129773	E04B1/00,501	手摺付き ALC 壁構造	
	軽量化	特開平 09-217445	E04B2/56,603	壁の開口部補強構造	
		特開平 10-018489	E04B2/94	イナズマ型プレートの周囲が湾曲して折り曲げられてリブ片が形成されると共に、軽量気泡コンクリートが形成されている面側に縦方向に長い凸部がプレス加工によって形成される	
	外観意匠性向上	特開平 10-266439	E04B2/94	コンクリート面に対する軽量気泡コンクリート壁パネルの取付構造	
	構造の簡素化・共通化	特開平 09-268645	E04B1/00,501	立上り ALC 壁コーナー部の取付構造	

表 2.12.3 クリオンの保有特許一覧(4/4)

技術要素	課題	特許No.	特許分類	発明の名称または発明の概要	開放
ガスケットによる接合	作業性向上	特開平 09-317128	E04F13/08,101	コーナーパネルの躯体側の面を自由丁番で躯体に取付け、自由丁番の各プレート同士を回動不能に固定してなるコーナパネルの取付構造	
		特開平 10-131366	E04B2/94	ALCパネルの取付構造。	

2.12.4 技術開発拠点

当該テーマ技術の開発を行っている事業所、研究所等を、発明者住所および企業情報をもとに紹介する。

カーテンウォールに関するクリオン(株)
愛知県：名古屋工場

2.12.5 研究開発者

図2.12.5-1は、クリオンにおける発明者数と出願件数の推移をみたものである。図に示されるように、出願件数、発明者数ともに1996年まで増加がみられるが、その後は減少傾向を示している。98年には、やや回復の傾向を示しているものの、99年には出願は見られない。

図 2.12.5-1 クリオンの発明者数と出願件数の推移

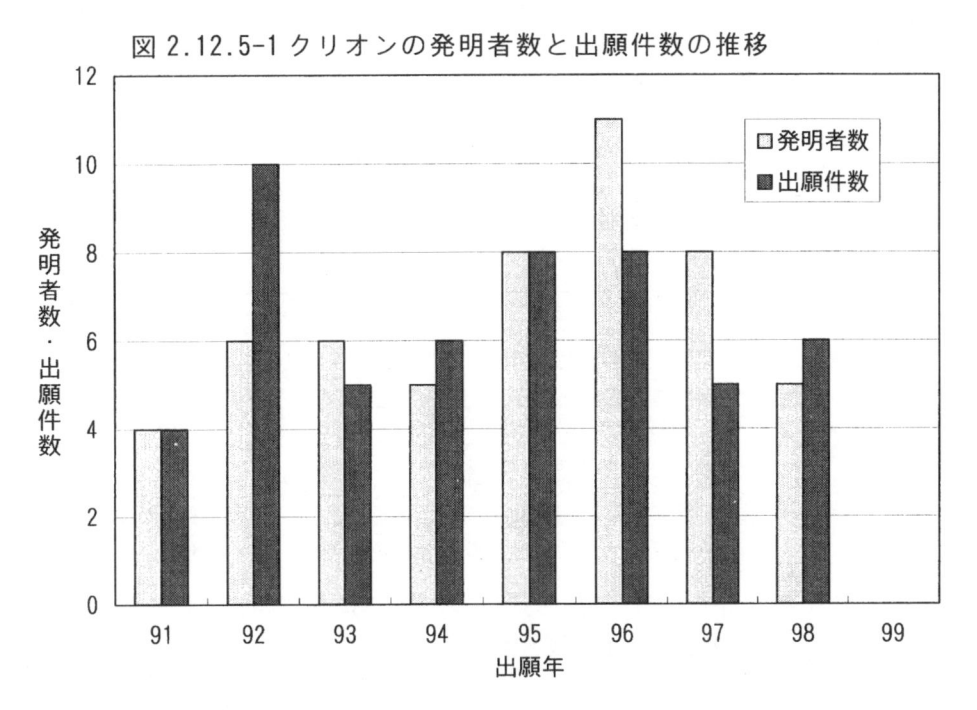

　図2.12.5-2は、クリオンにおける発明者数と出願件数の相関を時系列推移で示したものである。1992年、96年には、出願は活発に行われているが、その後は減少傾向を示している。

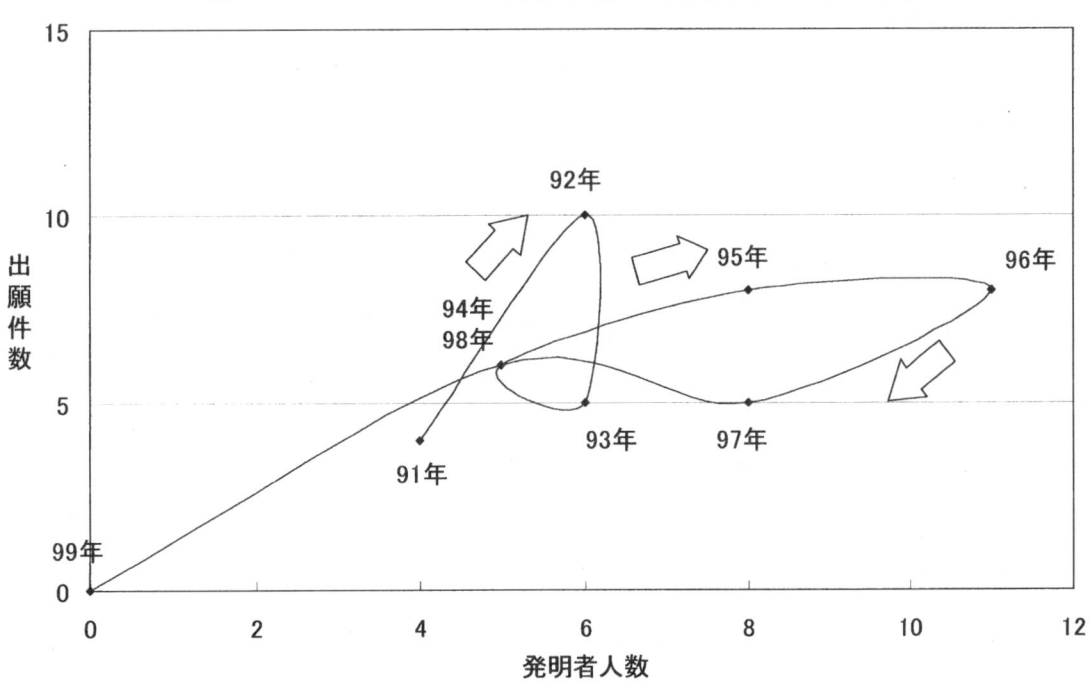

図 2.12.5-2 クリオンの発明者数と出願件数の時系列推移

2.13 セントラル硝子

2.13.1 企業の概要
表2.13.1にセントラル硝子の企業概要を示す。

表 2.13.1 セントラル硝子の企業概要

1)	商号	セントラル硝子株式会社
2)	設立年月日	1936年10月10日
3)	資本金	181億68百万円
4)	従業員	1,833名（2001年9月30日現在）
5)	事業内容	ガラス、化成品の製造・販売
6)	技術・資本提携関連	技術提携／北京三重鏡業有限公司、PMK-セントラルガラス　他
7)	事業所	本社／東京　工場／宇部、堺、松坂　支店／北海道、宮城、愛知、大阪、広島、福岡
8)	関連会社	国内／セントラル化学、セントラルグラスファイバー、セントラル複層硝子、セントラル化成　他 海外／タイセントラルケミカル、ノースウェスタンインダストリー、北京三重鏡業有限公司　他
9)	業績推移	売上高　2001年3月期／147,073百万円　2000年3月期／141,397百万円　1999年3月期／136,360百万円
10)	主要製品	ガラス関係／フロート板ガラス、磨板ガラス、型板ガラス、網入板ガラス、加工ガラス、アルミ建材　他 化成品関係／ソーダ製品、塩素製品、弗素製品、ガス製品、ガラス繊維製品、被覆肥料　他
11)	主な取引き先	全農、日産、三井物産　他

2.13.2 製品例
表2.13.2にセントラル硝子の製品例を示す。

表 2.13.2 セントラル硝子の製品例

製品	製品名	出典
熱線反射板ガラス	スカイレックス	http://www5.mediagalaxy.co.jp/centralglass/glass_fs.html
複層ガラス	ペアレックス	http://www5.mediagalaxy.co.jp/centralglass/glass_fs.html
強化ガラス	テンパレックス	http://www5.mediagalaxy.co.jp/centralglass/glass_fs.html
合せガラス	ラミレックスUV	http://www5.mediagalaxy.co.jp/centralglass/glass_fs.html
電磁波遮断ガラス	エミュレス	http://www5.mediagalaxy.co.jp/centralglass/glass_fs.html

写真 2.13.2-1 電磁波遮断ガラス（エミュレス）　　写真 2.13.2-2 強化ガラス（テンパレックス）

特殊金属膜をガラスにコーティング又は導電性金属メッシュを挟み込んで電磁波を遮断

通常の約3倍～5倍もの静的破壊強度を有している

2.13.3 保有特許の概要

　図2.13.3は、セントラル硝子の権利存続中または係属中の保有特許における技術要素と開発課題を示したものである。図が示すように、ガラスカーテンウォールに関する出願が多く、強度向上や外観意匠性向上あるいは作業性向上などの課題が上位を占めている。また、ガスケットによる接合技術の気密性向上やパネルタイプ取付けのメンテナンス性向上などの課題が多い。

図 2.13.3 セントラル硝子保有特許の技術要素と開発課題

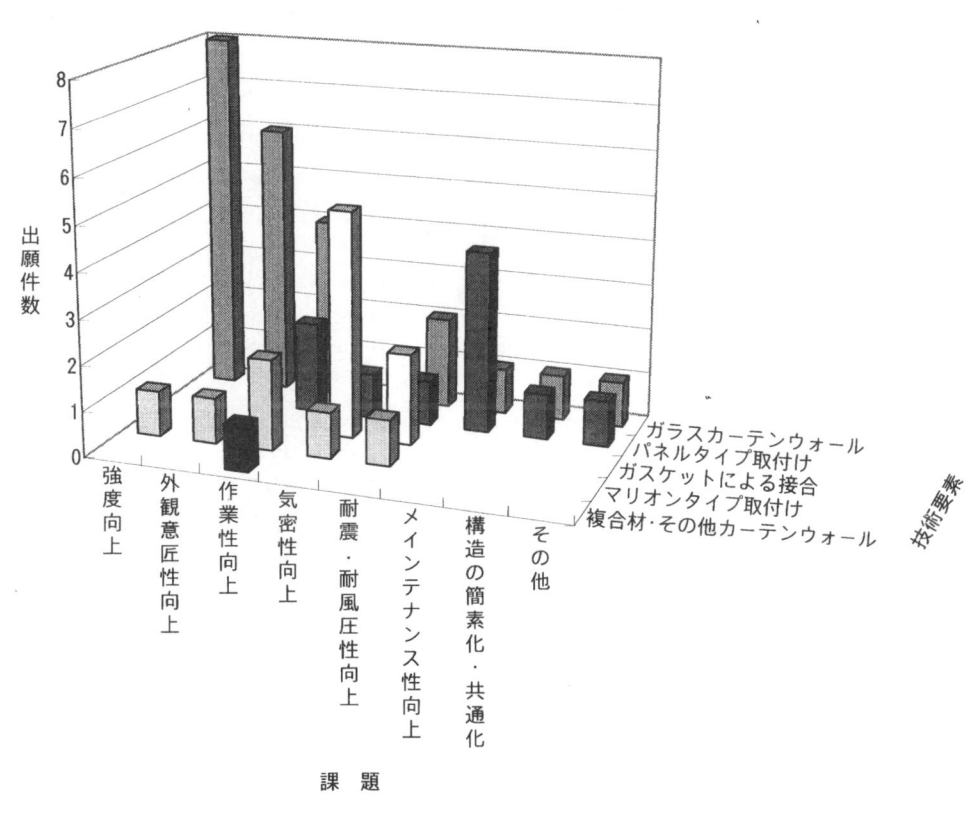

153

表2.13.3は、セントラル硝子における保有特許の概要を表わしたものである。

なお、ここに掲載の特許は全て権利存続中または係属中のものであり、記載項目の特許分類は筆頭IPCとしている。

また、開放欄に〇印を付与したものは、開放可能な特許を表わす。

表 2.13.3 セントラル硝子の保有特許一覧(1/4)

技術要素	課題	特許 No.	特許分類	発明の名称または発明の概要	開放
ガラスカーテンウォール	強度向上	特許 2845757	E04B2/96	ガラススクリーンの構造体	
		特許 3120960	E04B2/90	複層ガラス板およびその支持構造	
		特開 2000-170299	E04B2/96	ガラス板の支持構造	
		特開 2000-179079	E04B2/96	ガラス板の支持構造	
		特開 2000-186386	E04B2/96	ガラス板の支持構造	
		特開 2000-192586	E04B2/96	ガラス板の支持構造	
		特開 2000-336804	E04B2/72	リブガラスの面ガラス側とその反対側の連結孔の位置を上下にずらして設け、長短2種類の金具でリブガラス同士を縦方向に連続して連結する構造とし、面ガラス側を短い金具を使用する	
		実公平 07-021824	E06B3/66	サッシ付複層ガラス	
	外観意匠性向上	特許 3007003	E04B2/90	ガラス板のみで自立したフレームレス建物構造体	
		特許 3078200	C25F3/24	ガラス板用支持金具およびその表面仕上げ方法	
		特開 2000-129846	E04B2/96	合せガラスの外側ガラスの孔径を大径、内側ガラスの孔径を小径とし、窓外側に配する、外側ガラスの孔径より小径で内側ガラスの孔径より大径の鍔部を有する筒状ボルトを室内側よりナットで内側ガラスを締付挟持する	
		実公平 07-025426	E06B3/66	複層ガラス並びにその取付け構造	

表 2.13.3 セントラル硝子の保有特許一覧(2/4)

技術要素	課題	特許 No.	特許分類	発明の名称または発明の概要	開放
ガラスカーテンウォール	外観意匠性向上	実公平 07-021822	E06B3/66	サッシ付複層ガラス	
		実公平 07-021823	E06B3/66	サッシ付き複層ガラス	
	作業性向上	特許 3095204	E04B2/88	躯体との連結金具のネジ穴に調整ボルトにて中空円筒形の調整金具の底部に設けた長孔を介して螺合仮固定した調整金具の内面側ネジ穴にガラス支持金具を螺合し、位置確定後、前記連結金具と調整金具を溶接固定する	
		特許 3152383	E04B2/96	複層ガラス板およびその支持構造	
		特開平 10-306533	E04B2/96	ガラス板の支持金具	
		特開平 10-325199	E04B2/96	板状体用支持金具の取付構造	
	耐震・耐風圧性向上	特開平 07-331780	E04B2/96	ガラス板の取付穴に内設するブッシュに内接した一対のリング状の段付カラーを介して設けた回転自在な球面滑り軸受をガラス板の板厚中心に装着して、ガラス板を支持するようにする	
		特開平 11-159039	E04B2/96	板状体の支持構造	
	メインテナンス性向上	特開平 11-210124	E04B2/72	ガラス板の支持構造	
	構造の簡素化・共通化	特許 3152384	E04B2/96	複層ガラスおよびその支持構造	
	その他	実登 2567972	E04B2/90	ガラス板の取付構造	

表 2.13.3 セントラル硝子の保有特許一覧(3/4)

技術要素	課題	特許 No.	特許分類	発明の名称または発明の概要	開放
カーテンウォール・複合材・その他	作業性向上	特許 3014300	E04F13/14,104	板状体用支持金具の壁面への取付構造	
パネルタイプ取付け	メインテナンス性向上	特開平 11-172822	E04B2/90	ガラス板の支持構造	
		特開 2000-110283	E04B2/90	蓋部を有する円筒状のガラス板締付具の開口側先端内面側と螺合して、躯体側支持ボルトの円板状頭部を筒状押えナットで内着し、支持ボルトを着脱自在とする	
		特開 2000-110284	E04B2/90	板状体の支持構造	
		特開 2000-110285	E04B2/90	板状体の支持構造	
	作業性向上	特許 3120949	E04B2/90	板状体用支持金具の壁面への取付構造	
		特開 2000-064599	E04G3/04	カーテンウォールの足場および付属設備の取付金具および取付構造	
	気密性向上	特開平 08-184138	E04D3/06	ガラス板用支持金具のシール構造	
	構造の簡素化・共通化	特開平 11-247342	E04B2/90	ガラス板の接続構造	
	耐震・耐風圧性向上	特許 3183803	E04B2/90	ガラス板の支持金具	
	その他生産性向上	実登 2555161	E06B3/54	ガラス板の取付金具	
マリオンタイプ取付け	作業性向上	特開平 10-008615	E04B2/96	テンショントラス構造およびその張力導入方法	
		特開平 10-102653	E04B2/96	板状体の支持構造	
	外観意匠性向上	特開平 10-110495	E04B2/96	ガラス板の支持構造	
	気密性向上	実登 2568658	E04B2/96	ガラス板の支持金具	
	強度向上	特開 2000-080740	E04B2/72	リブガラスの支持構造	
	耐震・耐風圧性向上	特許 2702050	E04B2/96	ガラス板の支持構造	

表 2.13.3 セントラル硝子の保有特許一覧(4/4)

技術要素	課題	特許No.	特許分類	発明の名称または発明の概要	開放
ガスケットによる接合	気密性向上	特許 3152382	E04B2/90	ガラス板の支持構造	
		特許 3120962	E04B2/90	ガラス板の支持構造	
		特開平 09-291629	E04B2/96	ガラス板の支持金具および支持構造	
		特開平 09-328853	E04B2/96	ガラス板の支持構造	
		特開平 11-181936	E04B2/96	ガラス板の支持構造	
	耐震・耐風圧性向上	特許 3183805	E04B2/88	支持金具のH字状の支持アームの先端に支持長孔を設け、ガラス貫通孔を締付挟持する締付金具の締付ボルトと、前記支持長孔部の両面に摺動板を介して挟持した一対のナットとを螺合して連結するガラス板の支持構造とする	
		特開平 11-006229	E04B2/88	板状体の支持構造	

2.13.4 技術開発拠点

当該テーマ技術の開発を行っている事業所、研究所等を、発明者住所および企業情報をもとに紹介する。

カーテンウォールに関するセントラル硝子(株)
三重県：松坂工場

2.13.5 研究開発者

図2.13.5-1は、セントラル硝子における発明者数と出願件数の推移をみたものである。図が示すように、出願件数は1995年までの増加とその後の減少、98年の急増を経て、99年には大きく減少している。一方、発明者数は、92年から98年にかけて大きな変動はなく、99年に大きく減少している。

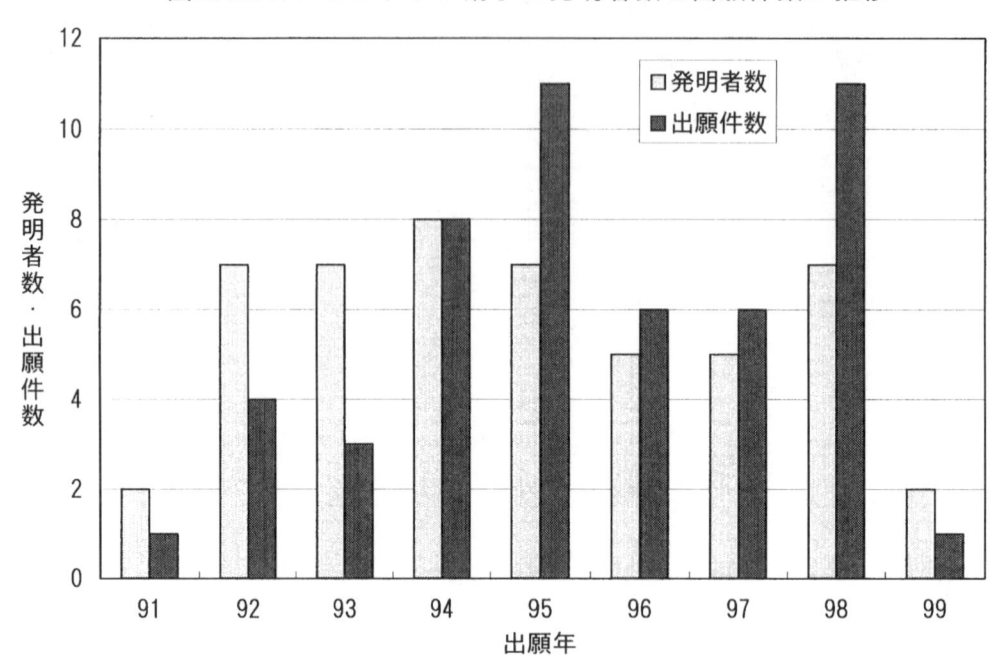

図2.13.5-1 セントラル硝子の発明者数と出願件数の推移

　図2.13.5-2は、セントラル硝子における発明者数と出願件数の相関を時系列推移で示したものである。1992年以降は、かなり活発な出願が行われている。96年、97年には、一時的な停滞がみられるものの、98年には一時回復したが、99年にはまた大きく後退している。

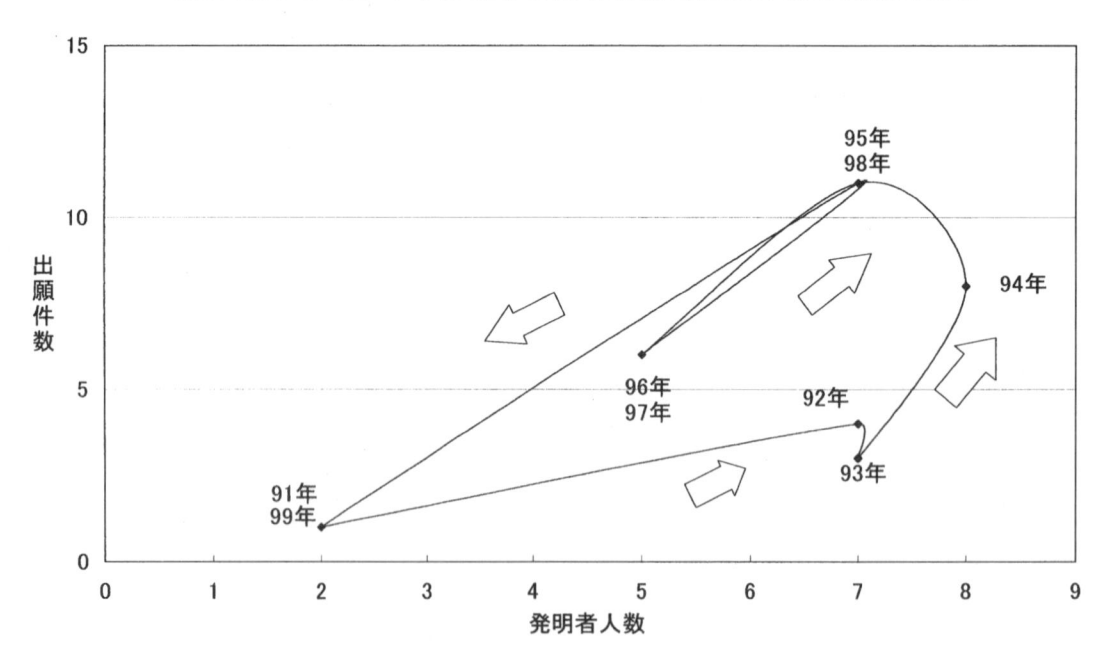

図2.13.5-2 セントラル硝子の発明者数と出願件数の時系列推移

2.14 三協アルミニウム工業

2.14.1 企業の概要
表2.14.1に三協アルミニウム工業の企業概要を示す。

表2.14.1 三協アルミニウム工業の企業概要

1)	商号	三協アルミニウム工業株式会社
2)	設立年月日	1960年6月20日
3)	資本金	270億円
4)	従業員	4,173名（2001年5月31日）
5)	事業内容	ビル建材・住宅建材・エクステリア建材・マテリアル（押出形材）の製造・販売 他
6)	事業所	本社／富山　工場／富山（佐加野、福光、福野、氷見、新湊）、福岡　支店／北海道、宮城、茨城、東京、静岡、愛知、大阪、広島、香川、福岡 他
7)	関連会社	富山合金、協立アルミ、サンクリエイト、三協化成、三協工機
8)	業績推移	売上高 2001年5月期／183,573百万円　2000年5月期／195,498百万円　1999年5月期／201,174百万円
9)	主要製品	ビル建材・住宅建材・エクステリア建材・マテリアル（押出形材）
10)	主な取引き先	住友林業、日本板硝子、ナショナル住宅、伊藤忠、住友商事 他

2.14.2 製品例
表2.14.2に三協アルミニウム工業の製品例を示す。

表2.14.2 三協アルミニウム工業の製品例

製品	製品名	出典
カーテンウォール	トランスマリオン	http://www.sankyoalumi.co.jp/om_cata/cta_smh.htm

写真2.14.2-1　トランスマリオン

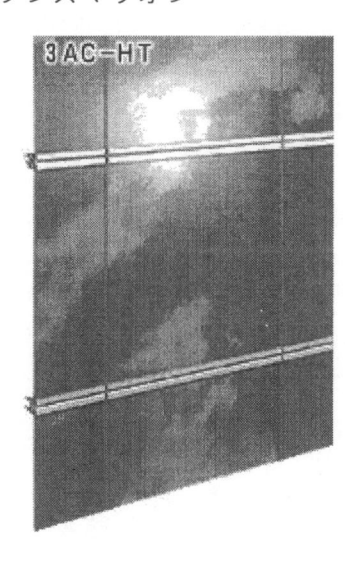

トラス構造で方立の強度を保ちながら、見付寸法を小さくし、意匠性を向上

2.14.3 保有特許の概要

図2.14.3は、三協アルミニウム工業の権利存続中または係属中の保有特許における技術要素と開発課題を示したものである。図が示すように、マリオンタイプ取付け技術に関する作業性向上の課題が最も多くみられる。他の課題としては、ガスケットによる接合技術の気密性向上や、複合材・その他カーテンウォールに関する作業性向上などの取上げられている。

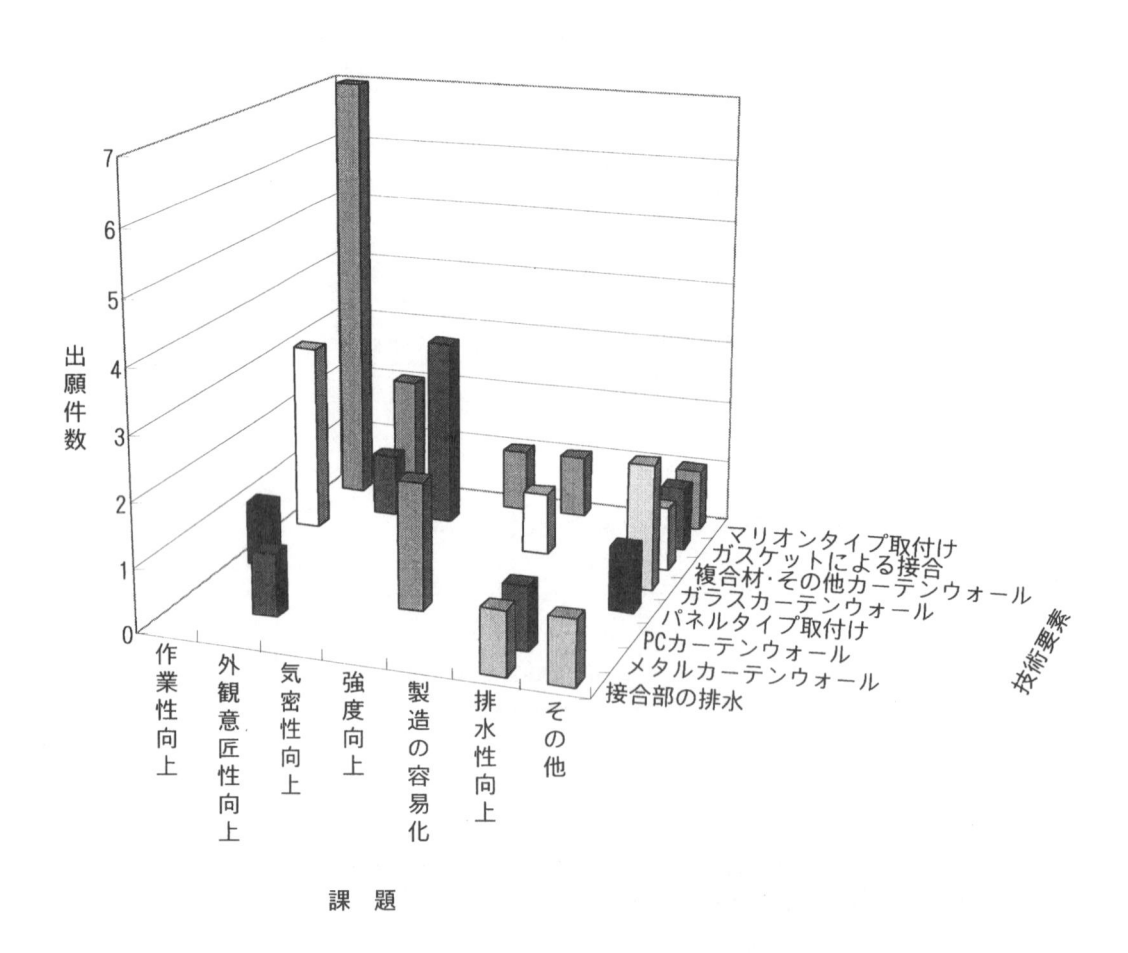

図 2.14.3 三協アルミニウム工業保有特許の技術要素と開発課題

表2.14.3は、三協アルミニウム工業における保有特許の概要を表わしたものである。

なお、ここに掲載の特許は全て権利存続中または係属中のものであり、記載項目の特許分類は筆頭IPCとしている。

また、開放欄に○印を付与したものは、開放可能な特許を表わす。

表 2.14.3 三協アルミニウム工業の保有特許一覧(1/3)

技術要素	課題	特許No.	特許分類	発明の名称または発明の概要	開放
メタルカーテンウォール	外観意匠性向上	特許 3186640	E06B1/18	断熱形材	
	排水性向上	特開 2000-087485	E04B2/96	サッシやパネルを相互に凹凸嵌合で接続し、横目地と縦目地との交差部に排水ピースを配置し、排水ピースの遮断壁で縦目地の雨水が横目地に流れ込むのを阻止し、一方、縦目地の雨水を排水ピースごとに外部へ排出する	
PCカーテンウォール	強度向上	実登 2581926	E04C2/30	複合パネル	
		実登 2581927	E04C2/30	複合パネルの化粧板取付け構造	
ガラスカーテンウォール	外観品質向上	特開 2001-032424	E04B2/96	外壁	
	耐震・耐風圧性向上	特開平 09-096039	E04B2/96	カーテンウォール	
複合材・その他カーテンウォール	作業性向上	特開平 11-062391	E06B1/34	建築構造物	
		特開 2001-032425	E04B2/96	パネル外壁	
		特許 3132443	E04B2/96	建築部材	
	耐候性向上	特開平 09-144204	E04C2/52	パネルユニット	
	製造の容易化	特開平 11-264197	E04B1/38	建築用連結具	
パネルタイプ取付け	空間の有効利用	特公平 07-076462	E04B2/90	壁パネル体	
	作業性向上	特開平 10-140716	E04B2/90	パネルの両端部にそれぞれ固定された係止部材と、受け部材の係合溝との間にクリアランスを形成し、係止部材を受け部材に係止したのちボルトを締結する	

161

表 2.14.3 三協アルミニウム工業の保有特許一覧(2/3)

技術要素	課題	特許 No.	特許分類	発明の名称または発明の概要	開放
マリオンタイプ取付け	作業性向上	特開平 08-189119	E04B2/96	カーテンウォール	
		特許 2943730	E04B2/96	結合装置	
		特開平 10-227070	E04B1/58	部材の連結装置	
		特開 2000-045436	E04B2/96	サッシ	
		特開 2000-064476	E04B2/96	外壁	
		特開 2000-282609	E04B2/96	パネルユニットと方立と連結ブラケットとを備え、ユニットがブラケットにボルトナットで固定してあり、ブラケットが方立のユニット側を切除して形成した受け部に載置した状態で方立にボルトナットで固定する	
		実公平 07-035937	E04B2/96	パネルの支持構造	
	外観意匠性向上	特開平 09-189088	E04B2/96	カーテンウォール	
		特開 2001-146806	E04B2/96	パネル支持装置	
	強度向上	特許 3168943	E04B2/96	カバー部材の内側のカバー受け部材が斜状片を備え、カバー部材の上部に係った荷重を荷重受け部が受け、荷重受け部にかかる荷重は、カバー受け部材の支持部を支点とする回転モーメントとして作用し、係止部の部体全に水平方向の力が分散して作用する	
	構造の簡素化・共通化	実登 2562625	E04B2/96	パネル取付け構造	
	製造の容易化	特許 2943726	E04B2/96	結合部材	

表 2.14.3 三協アルミニウム工業の保有特許一覧(3/3)

技術要素	課題	特許 No.	特許分類	発明の名称または発明の概要	開放
ガスケットによる接合	気密性向上	特許 3159090	E06B3/96	サッシ枠	
		特開平 11-229542	E04B2/88	パネルユニット側に気密材を取り付けた方立と、方立の側壁に配置するブラケットとを備え、方立は対向する側壁を接続した補強部を備え、ブラケットはパネルユニットの固定部と、補強部の室内側当接部とを備え、補強部の室内側当接部を方立の補強の傍に位置する側壁に当接すると共に、補強の近傍に挿通したボルトでブラケットと方立を固定する	
		特開 2001-032426	E04B2/96	パネル外壁	
	外観意匠性向上	特開平 09-184226	E04B2/96	カーテンウォール	
	構造の簡素化、共通化	特開 2000-220208	E04B1/19	トラス構造体	
接合部の排水	排水性向上	特許 2950202	E04B2/90	カーテンウォールとカーテンウォールの止水成形体	
	防湿性向上	特開 2001-032423	E04B2/96	シールピースに、内部シール材よりも屋内側に、内部シール材の屋内側面を伝う漏水を受けて外壁パネル上面の屋外へ通じた通水空間に誘導する水受け部を設ける	

2.14.4 技術開発拠点
　当該テーマ技術の開発を行っている事業所、研究所等を、発明者住所および企業情報をもとに紹介する。

　　カーテンウォールに関する三協アルミニウム工業(株)
　　富山県：本社、富山工場

2.14.5 保有特許の概要
　図2.14.5-1は、三協アルミニウム工業における発明者数と出願件数の推移をみたものである。図に示されるように、出願件数、発明者数ともにかなりの変動がみられるが、1996年に大きな伸びを迎えている。最近では、発明者数はほぼ変動がなく、出願件数は増加に転じている。

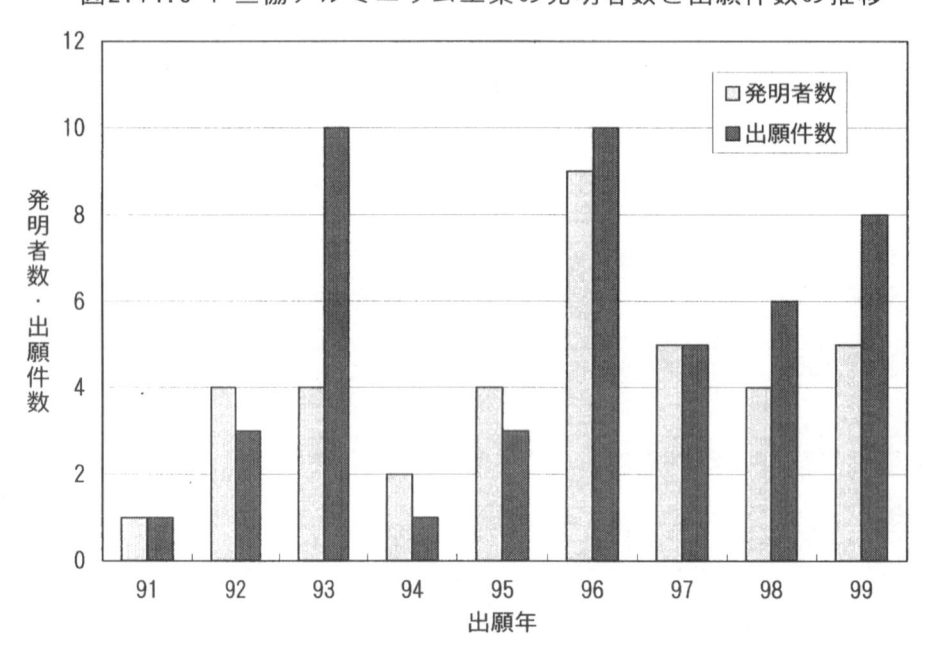

図2.14.5-1　三協アルミニウム工業の発明者数と出願件数の推移

　図2.14.5-2は、三協アルミニウム工業における発明者数と出願件数の相関を時系列推移で示したものである。図に示されるように、1996年における技術出願の活発さが際立っている。その後、紆余曲折を経て、最近では活発さを取り戻しつつある。

図2.14.5-2 三協アルミニウム工業の発明者数と出願件数の時系列推移

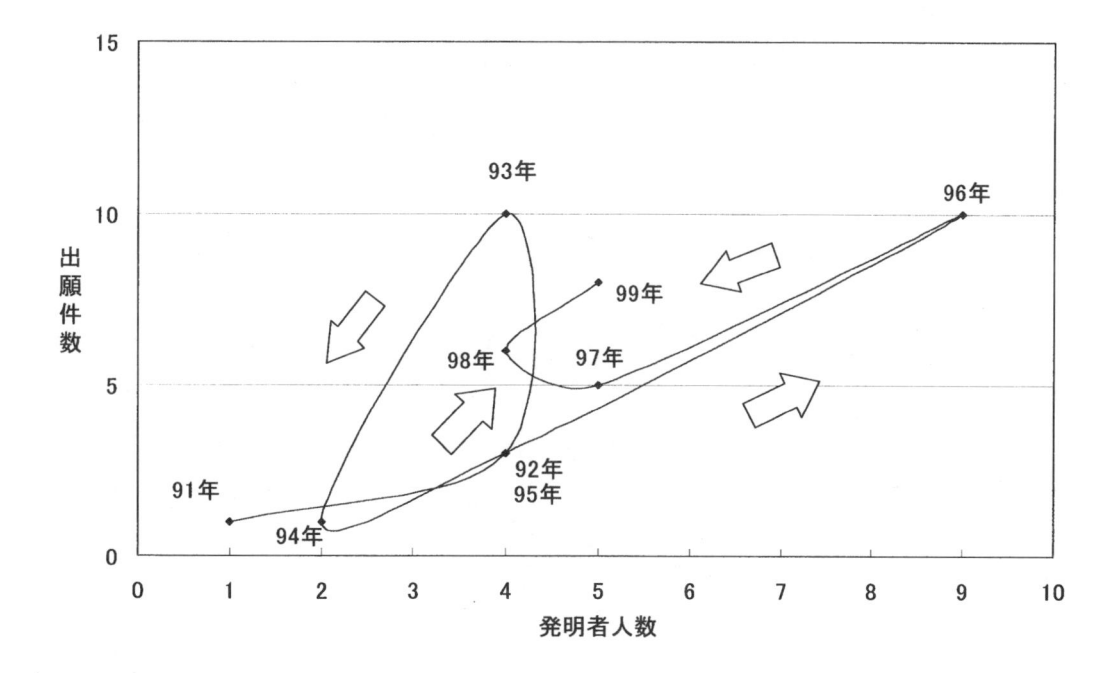

2.15 ミサワホーム

2.15.1 企業の概要
表2.15.1にミサワホームの企業概要を示す。

表 2.15.1　ミサワホームの企業概要

1）	商号	ミサワホーム株式会社
2）	設立年月日	1967年10月1日
3）	資本金	131億6,050万円
4）	従業員	1,846名
5）	事業内容	建築部材の製造・販売、建築・土木工事の設計・施工、土地開発・造成、不動産売買　他
6）	事業所	本社／東京　　支店／北海道、東京、大阪、愛知、福岡
7）	関連会社	ミサワホーム総合研究所、ホームイング、エム・アール・デイー、ミサワ衛星放送、ミサワリゾート　他
8）	業績推移	売上高　2001年3月期／232,269百万円　2000年3月期／248,881百万円　1999年3月期／230,346百万円
9）	主要製品	一戸建（センチュリー、GOMAS、GENIUS、DEBUT　他）、アパート（アパートメントFX）

2.15.2 製品例
表2.15.2にミサワホームの製品例を示す。

表 2.15.2　ミサワホームの製品例

製品	出典
ニューセラミックパネル	http://www.misawa.co.jp/C-products/technology/ceratech/index01.html

（注）本製品はミサワセラミックス（株）で製造されています。

写真 2.15.2-1　ニューセラミックパネル

耐久性、耐火性、耐震性、耐風性などを向上させた多機能素材

2.15.3 保有特許の概要

図2.15.3は、ミサワホームの権利存続中または係属中の保有特許における技術要素と開発課題を示したものである。図が示すように、パネルタイプ取付け技術に関する作業性向上の課題が突出している。PCカーテンウォール技術における製造の容易化といったものもみられる。

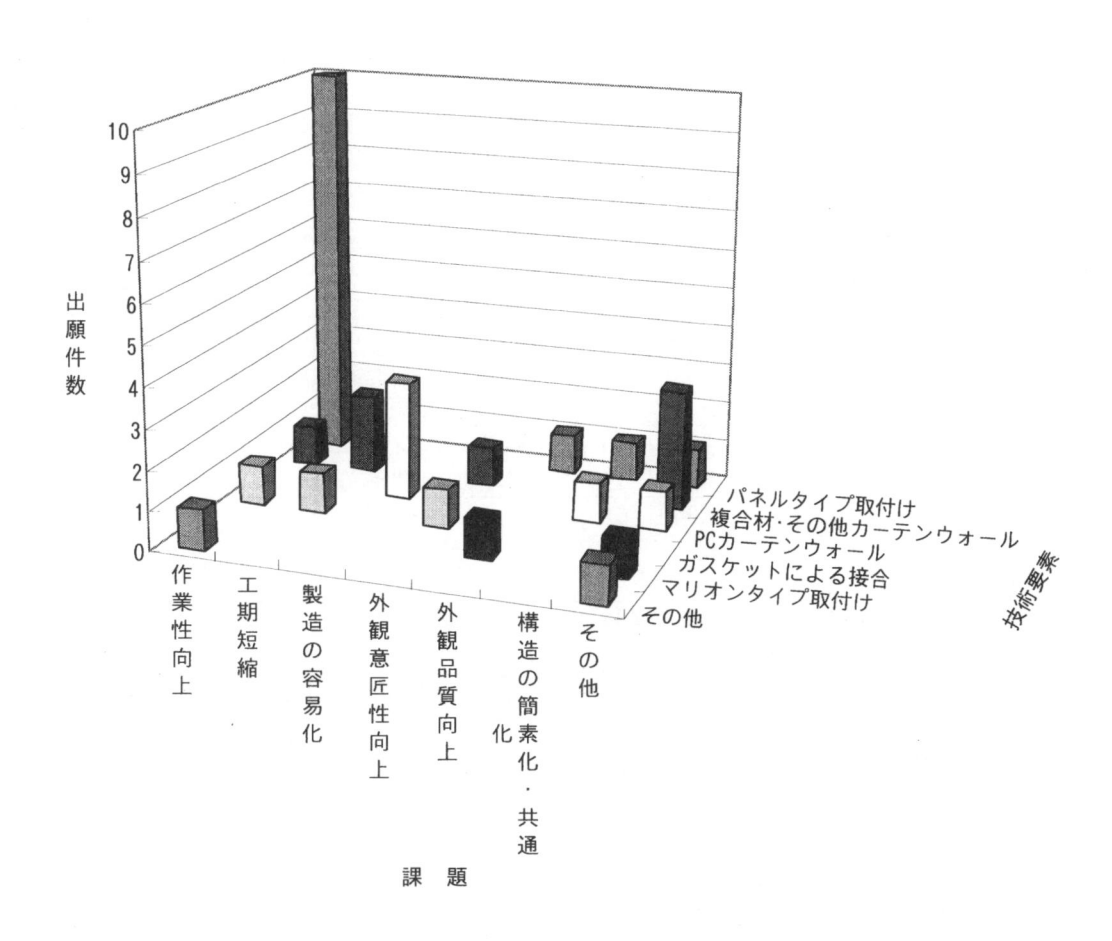

図2.15.3 ミサワホーム保有特許の技術要素と開発課題

表2.15.3は、ミサワホームにおける保有特許の概要を表わしたものである。

なお、ここに掲載の特許は全て権利存続中または係属中のものであり、記載項目の特許分類は筆頭IPCとしている。

また、開放欄に〇印を付与したものは、開放可能な特許を表わす。

表 2.15.3 ミサワホームの保有特許一覧(1/3)

技術要素	課題	特許 No.	特許分類	発明の名称または発明の概要	開放
PCカーテンウォール	製造の容易化	特許 2547455	B28B13/02	傾斜機能を有するコンクリートパネルの製造法において、種類の異なる複数のコンクリートスラリーを各コンクリートスラリーの供給量を制御しながらミキサに供給してこのミキサ内で攪拌混合した後、この混合されたコンクリートスラリーを成形用型枠に打設する	
		特公平 08-018293	B28B1/14	軽量気泡コンクリート製パネルの製造方法	
		特許 2524456	B28B1/14	パネルの製造方法	
	構造の簡素化・共通化	特開平 06-317029	E04H1/02	ユニット式建物	
	防湿性向上	特許 3197665	E04B2/94	建物の壁体構造	
ガラスカーテンウォール	省エネ	特開平 09-279791	E04D13/18	太陽電池利用建物	
複合材・その他カーテンウォール	工期短縮	特開平 07-286382	E04B2/00	サッシ枠組込大型パネル	
	外観意匠性向上	特開平 11-324130	E04B1/348	ユニット住宅の電力線引き込み方法及びそのユニット住宅用PALCパネル	
	耐火性向上	特開 2000-027334	E04B2/00	枠状フレームの表面側に化粧面材を設け、裏面に耐火面材が設けられ、これらの化粧面材、枠状フレームおよび耐火面材で形成される箱体の内部にウレタン発砲体を充填形成する	

表 2.15.3 ミサワホームの保有特許一覧(2/3)

技術要素	課題	特許 No.	特許分類	発明の名称または発明の概要	開放
カーテンウォール・複合材・その他	気密性向上	実公平 07-043300	E04B2/96	斜線対応金物	
	作業性向上	特公平 07-094751	E04B2/94	壁パネルの上部取付構造および取付方法	
	その他生産性向上	特許 3058544	B23P21/00,302	工業化建物における壁の生産情報処理装置	
パネルタイプ取付け	作業性向上	特開平 09-004100	E04B2/94	外壁パネルの取付ブラケット	
		特開平 09-004101	E04B2/94	外壁パネルの取付けブラケット	
		特開平 09-144185	E04B2/94	建物ユニットの外壁材の取付け構造	
		特許 2517193	E04B2/90	壁パネルの取付け構造および取付け方法	
		特許 2587569	E04F13/08,101	コーナーパネルの取付方法	
		特開平 08-158513	E04B2/90	複数の曲面外壁パネルを建物ユニットに取り付ける構造であって、複数の曲面外壁パネルがこれらの曲面外壁パネルと建物ユニットとの間に配設される下地フレームに取り付けられ、この下地フレームがその建物ユニットにおける直線上のフレームに取り付けられる	
		特開平 08-284293	E04B2/94	外壁材取付用調整材	
		特開 2000-073480	E04B2/94	外壁材の取付構造	
		特開 2000-336768	E04B1/38	梁に接合される第一の取り付け部および外壁パネルに接合される第二の取り付け部を含み、これらの取り付け部に共に対向した第一のリブおよび第二のリブがそれぞれ形成され、それらは平板状部材を折り曲げ加工し形成される	
		特開 2001-073489	E04B2/90	外壁材の取付具	
	外観品質向上	特開平 10-121619	E04B2/94	外壁材の取付構造およびその取付方法	

表 2.15.3 ミサワホームの保有特許一覧(3/3)

技術要素	課題	特許No.	特許分類	発明の名称または発明の概要	開放
パネルタイプ取付け	強度向上	特開 2000-080728	E04B1/348	建物ユニット	
	構造の簡素化・共通化	特開平 08-218532	E04B2/94	建物ユニットの外壁構造	
マリオンタイプ取付け	外観品質向上	特開平 09-060169	E04B2/96	各建物ユニットの境界側に設けられた一対の外壁パネルの対向した縦芯材は、当て部材を介して建物ユニットの柱に取付けられており、各縦芯材が柱によって矯正されるようになっている	
	空間の有効利用	特許 2673080	E04B2/96	袖壁	
ガスケットによる接合	外観意匠性向上	特開平 04-366253	E04B2/94	壁面内蔵雨樋	
	工期短縮	特許 3172234	E04B2/56,605	壁ユニットのうち上階用の壁ユニットを基盤の上側の両サイドにそれぞれガイドさせて上階用の柱に固定して建物を建てる	
	作業性向上	特開平 09-217431	E04B1/682	連棟のユニット式建物及びその建築方法	
の接合排水部	作業性向上	実登 2564412	E04B2/94	外壁目地の水切部材	

2.15.4 技術開発拠点

　当該テーマ技術の開発を行っている事業所、研究所等を、発明者住所および企業情報をもとに紹介する。

　カーテンウォールに関するミサワホーム(株)
　東京都：本社

2.15.5 研究開発者

図2.15.5-1は、ミサワホームにおける発明者数と出願件数の推移をみたものである。図が示すように、出願件数、発明者数ともに1992年に大きな伸びを示しており、その後は安定傾向を示している。発明者数は、出願件数にほぼ追従しているといえる。

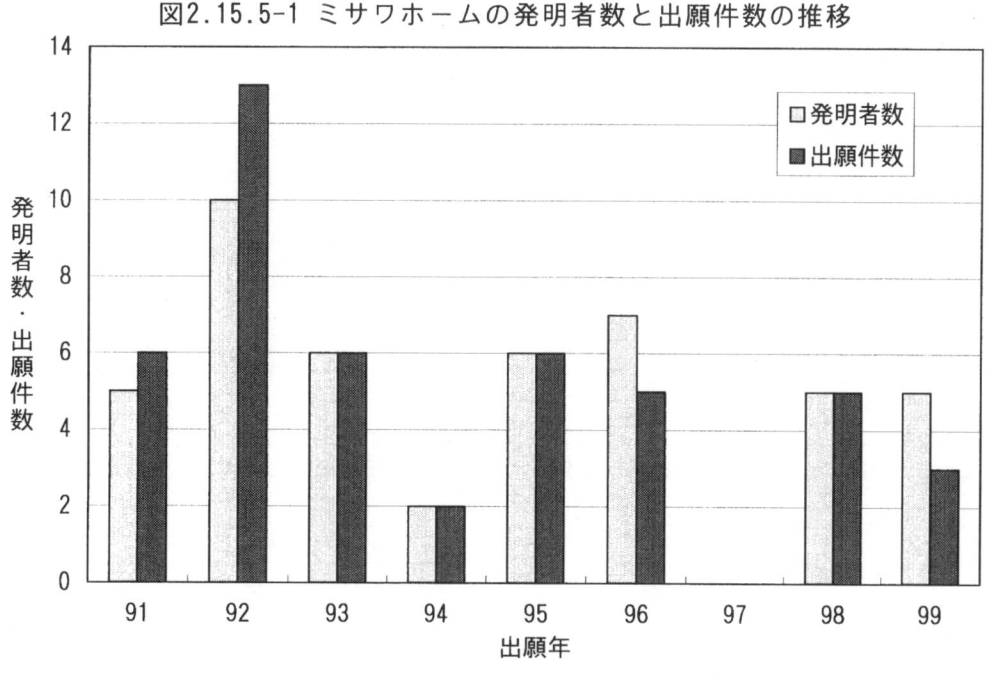

図2.15.5-1 ミサワホームの発明者数と出願件数の推移

図2.15.5-2は、ミサワホームにおける発明者数と出願件数の相関を時系列推移で示したものである。技術開発活動は1992年に頂点を迎えている。発明者数と出願件数の動きをみると、高い相関を示していることがわかる。

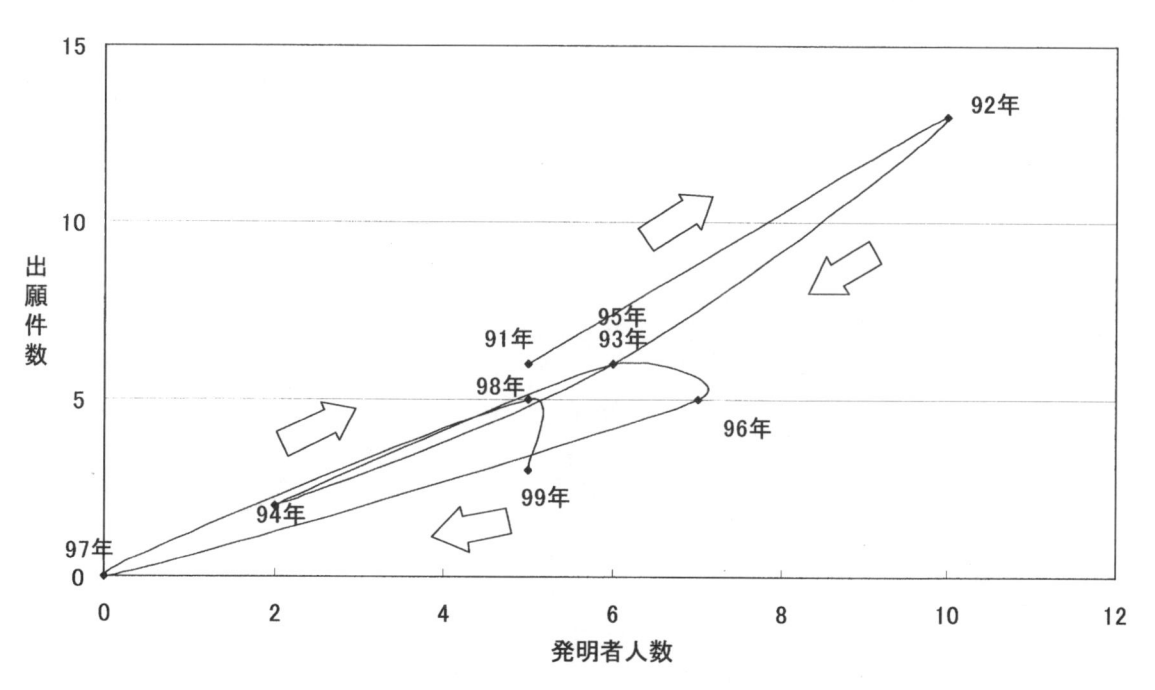

図2.15.5-2 ミサワホームの発明者数と出願件数の時系列推移

2.16 鹿島建設

2.16.1 企業の概要
表2.16.1に鹿島建設の企業概要を示す。

表 2.16.1 鹿島建設の企業概要

1)	商号	鹿島建設株式会社
2)	設立年月日	1930年2月22日
3)	資本金	640億円余
4)	従業員	11,143名（2001年3月31日）
5)	事業内容	建設工事全般に関する請負、不動産の売買、建物の保守管理　他
6)	技術・資本提携関連	技術提携／マサチューセッツ工科大学、ユタ大学　他
7)	事業所	本社／東京　支店／北海道、宮城、東京、神奈川、新潟、愛知、大阪、広島、香川、福岡
8)	関連会社	国内／鹿島道路、ケミカルグラウト、鹿島建物総合管理、鹿島東京開発　海外／カジマ ユーエスエー インコーポレーテッド、カジマ ヨーロッパ ビーヴイ、カジマ オーバーシーズ アジア
9)	業績推移	売上高 2001年3月期／1,330,729百万円 2000年3月期／1,174,910百万円　1999年3月期／1,250,260百万円
10)	対応窓口	知的財産部　ライセンス課　東京都港区元赤坂1-2-7　TEL03-5474-9158

2.16.2 製品例
表2.16.2に鹿島建設の製品例を示す。

表 2.16.2 鹿島建設の製品例

製品	製品名	出展
反射障害防止用カーテンウォール	汎用型 UHF テレビ電波吸収壁	パンフレット（KaTRI リーフレット 98-22）
建材一体型太陽電池外壁	建材一体型カラー太陽電池システム	パンフレット（KaTRI リーフレット 97-10）

図 2.16.2-1 汎用型 UHF テレビ電波吸収壁

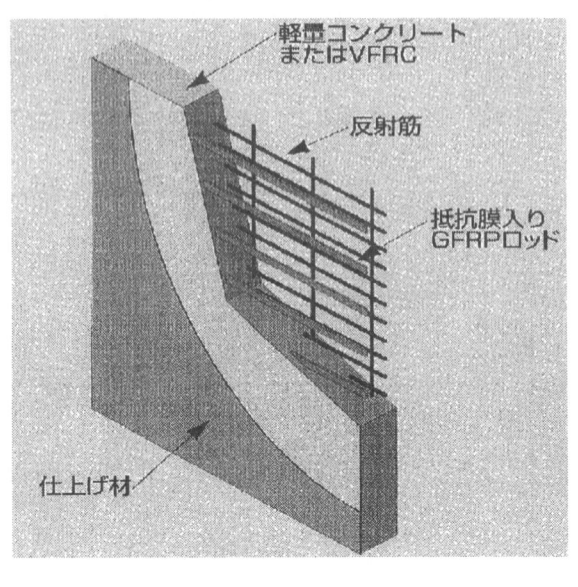

電波エネルギーの98.4～99.9%を吸収し電波反射障害を解消

2.16.3 保有特許の概要

図2.16.3は、鹿島建設の権利存続中または係属中の保有特許における技術要素と開発課題を示したものである。図に示すように、PCカーテンウォール技術に関する電波特性の改良と軽量化、およびパネルタイプ取付けに関する作業性向上の課題がそれぞれ上位を占めている。

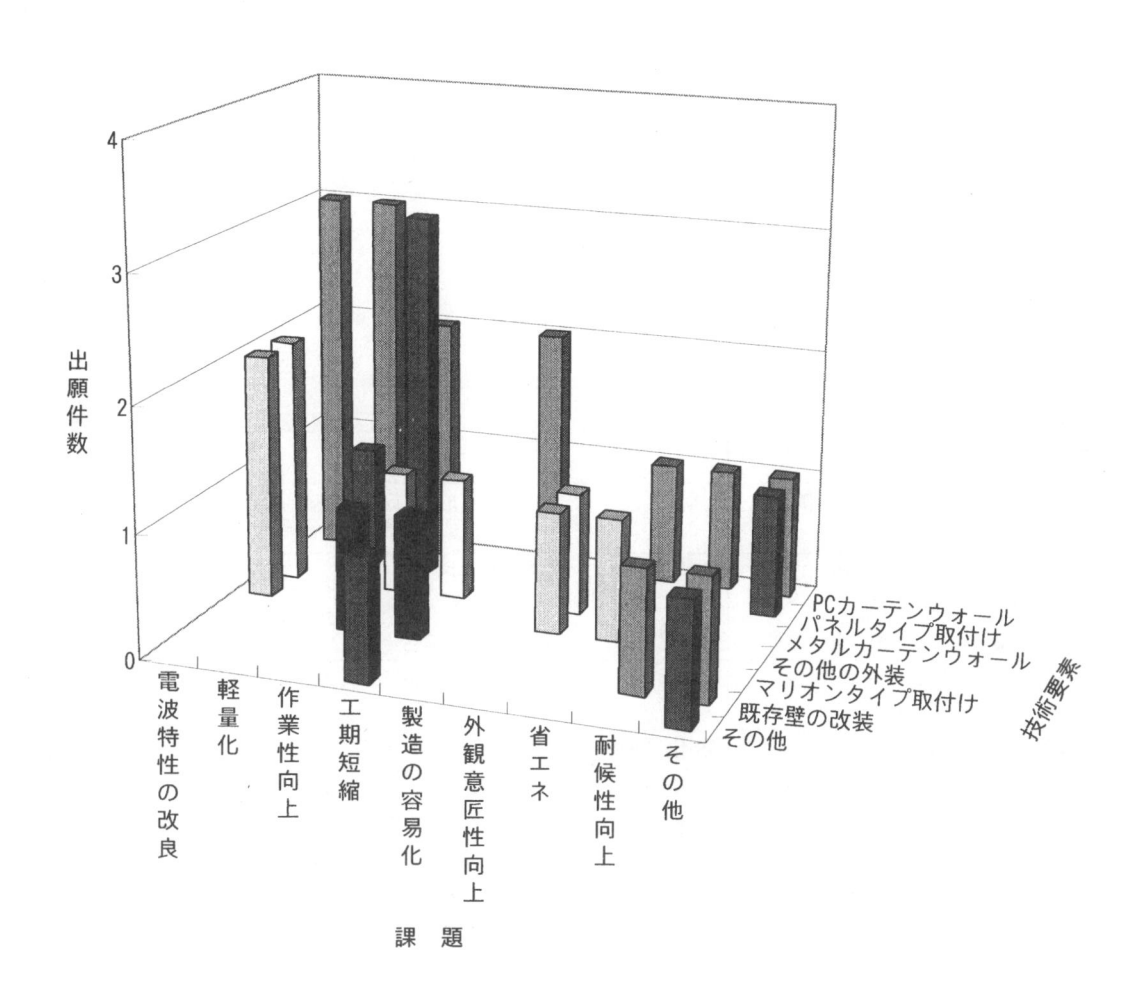

図2.16.3 鹿島建設保有特許の技術要素と開発課題

表2.16.3は、鹿島建設における保有特許の概要を表わしたものである。

なお、ここに掲載の特許は全て権利存続中または係属中のものであり、記載項目の特許分類は筆頭IPCとしている。

また、開放欄に○印を付与したものは、開放可能な特許を表わす。

表 2.16.3 鹿島建設の保有特許一覧(1/3)

技術要素	課題	特許 No.	特許分類	発明の名称または発明の概要	開放
メタルカーテンウォール	電波特性の改良	特許 2891061	E04B2/94	遮蔽板の室外側に4枚の電波吸収パネルのコーナが突き合わさる位置を貫通して突設された複数本の取付ボルトと、この取付ボルトに座金を介在してそれぞれ螺合された複数の固定ナットで電波吸収パネルが遮蔽板の室外側にとりつけてある	○
		特許 2828404	E04B1/92	電波吸収型炭素繊維補強コンクリートカーテンウォール	○
	外観意匠性向上	特公平 06-027416	E04C2/40	外壁パネル	
	工期短縮	特公平 08-003219	E04B2/90	外壁パネル	
	作業性向上	特許 2522080	E04B2/94	外壁パネルユニットの製造方法	○
PCカーテンウォール	軽量化	特公平 06-027417	E04C2/40	外壁パネル	
		特許 2780541	E04C2/38	複合壁パネルの成形方法	
		特開平 10-088734	E04B2/90	複数の単位壁材を一方向に連続するようにクランプ部材を介して壁材取付けフレームに固定してなるパネルを形成し、パネルの単位壁材の配列方向とは直交する方向に複数のパネルを下地フレームに固定する	

174

表 2.16.3 鹿島建設の保有特許一覧(2/3)

技術要素	課題	特許 No.	特許分類	発明の名称または発明の概要	開放
PCカーテンウォール	電波特性の改良	特許 3150041	E04B2/94	建物壁面に使用されるカーテンウォールであり、そのカーテンウォールは合成繊維補強コンクリートであって、裏面がカーボン繊維補強コンクリートのリブで補強されている	○
		特許 2728371	E04B2/94	電波透過壁	○
		実公平 06-048950	H05K9/00	電波吸収形カーテンウォール	
	作業性向上	特開平 10-140718	E04B2/90	外壁パネル取付工法	○
		実公平 07-008672	E04B2/84	鉄筋コンクリート造非耐力壁	
	製造の容易化	特許 3190954	B28B23/02	カーテンウォールおよびその製造方法	○
		特許 3165998	E04B2/94	カーテンウォールおよびその製造方法	○
	省エネ	特許 2745098	E04H1/00	省エネルギー建物	
	耐候性向上	特許 2656421	E06B1/58	ガラス取付部構造	○
	耐震・耐風圧性向上	特公平 08-023185	E04B2/94	カーテンウォールパネル	
ガラスカーテンウォール	耐火性向上	特許 2908770	E06B1/24	ガラス取付部構造	○
複合材・その他カーテンウォール	電波特性の改良	特許 2968186	E04B2/96	電波吸収壁	○
		特開平 09-072020	E04B1/92	電波吸収壁	○
	外観意匠性向上	特開平 12-297497	E04C2/52	庇に蓄電池と電源とに接続する太陽電池が設けられている。外壁材には，蓄電池に蓄えられた電力によって作動する換気ダンパーおよび換気ファンを備えた換気無目を設ける	○
	省エネ	特許 2848221	E04B2/90	太陽電池組み込み省エネ型カーテンウォール	

表 2.16.3 鹿島建設の保有特許一覧(3/3)

技術要素	課題	特許 No.	特許分類	発明の名称または発明の概要	開放
既存壁の改装	耐候性向上	特許 2965551	E04F13/08	フェノール FRP パネルによる外壁の乾式改装工法	
	耐震・耐風圧性向上	特開平 11-131592	E04B1/34	プラント構造物	○
パネルタイプ取付け	作業性向上	特許 2759600	E04G21/14	建設中の建物架構の上部に該建物周囲を旋回するようにレールを設け、このレールに水平スライドの引込み機構を有するホイストを走行可能に設置し、該ホイストでカーテンウォール等の壁体を揚重して、建物架構に取付ける	○
		特許 2837796	E04B2/94	カーテンウォールの施工方法	○
		実公平 07-022411	E04B2/94	PC 板取付装置	○
	軽量化	特許 2669775	E04C2/38	カーテンウォール	○
	構造の簡素化・共通化	特開平 10-317481	E04B1/16	柱・梁接合部構造	○
イマプリオンタ取付け	工期短縮	特許 2769759	E04B2/96	フレームレス金属製外壁パネルを用いたカーテンウォール構造	○
	作業性向上	特許 2965551	E04F13/08	フェノール FRP パネルによる外壁の乾式改装工法	○
の接合排水部	工期短縮	特許 2509844	E04B2/90	外壁パネルの無足場取付工法	○

2.16.4 技術開発拠点
　当該テーマ技術の開発を行っている事業所、研究所等を、発明者住所および企業情報をもとに紹介する。

　カーテンウォールに関する鹿島建設(株)
　東京都：本社、技術研究所

2.16.5 研究開発者

図2.16.5-1は、鹿島建設における発明者数と出願件数の推移をみたものである。図に示すように、出願件数は1990年代前半に多くみられ、それにともない発明者が相当数投入されている。90年代後半には、発明者数、出願件数とも減少傾向が見られたが、最近は増加に転じている。

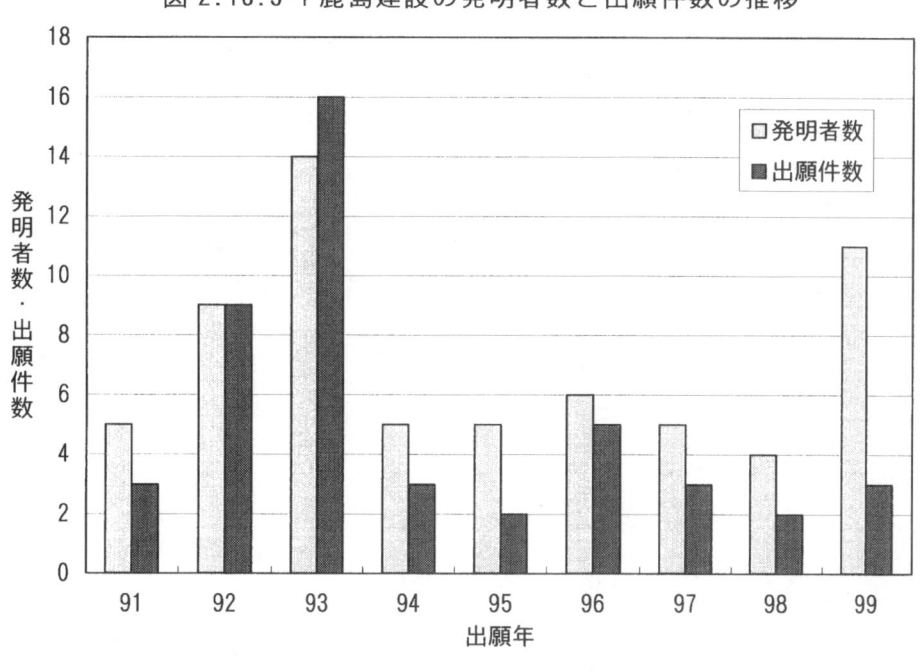

図2.16.5-1 鹿島建設の発明者数と出願件数の推移

図2.16.5-2は、鹿島建設における発明者数と出願件数の相関を時系列推移で示したものである。図に示すように、1992年から93年にかけての出願の活発さが際立っている。その後急激な後退がみられるものの、最近では回復基調を示している。

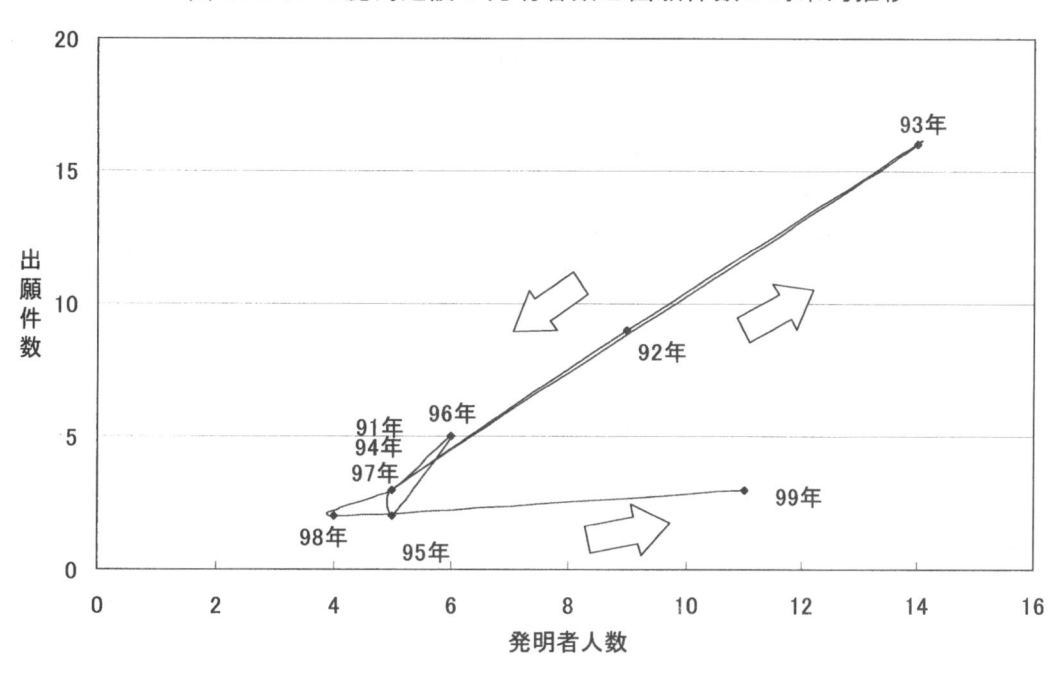

図2.16.5-2 鹿島建設の発明者数と出願件数の時系列推移

2.17 大成建設

2.17.1 企業の概要
表2.17.1に大成建設の企業概要を示す。

表 2.17.1 大成建設の企業概要

1)	商号	大成建設株式会社
2)	設立年月日	1917 年 12 月 28 日
3)	資本金	943 億円
4)	従業員	10,697 名（2001 年 3 月 31 日）
5)	事業内容	建築・土木その他建設工事全般の設計・施工・コンサルティング、不動産売買　他
6)	事業所	本社／東京　　支店／北海道、宮城、東京、新潟、愛知、京都、大阪、香川、広島、福岡　他
7)	関連会社	国内／有楽土地、大成ロテック、大成ユーレック、大成建設ハウジング　他 海外／大成ヨーロッパ、大成オランダ、大成マレーシア　他
8)	業績推移	売上高 2001 年 3 月期／1,306,388 百万円　2000 年 3 月期／1,244,697 百万円　1999 年 3 月期／1,322,323 百万円

2.17.2 製品例
表2.17.2に大成建設の製品例を示す。

表 2.17.2　大成建設の製品・技術例

製品	出典
電波吸収外壁材	http://www.taisei.co.jp/release/1997/dec/dec04.html

図 2.17.2-1 電波吸収外壁材

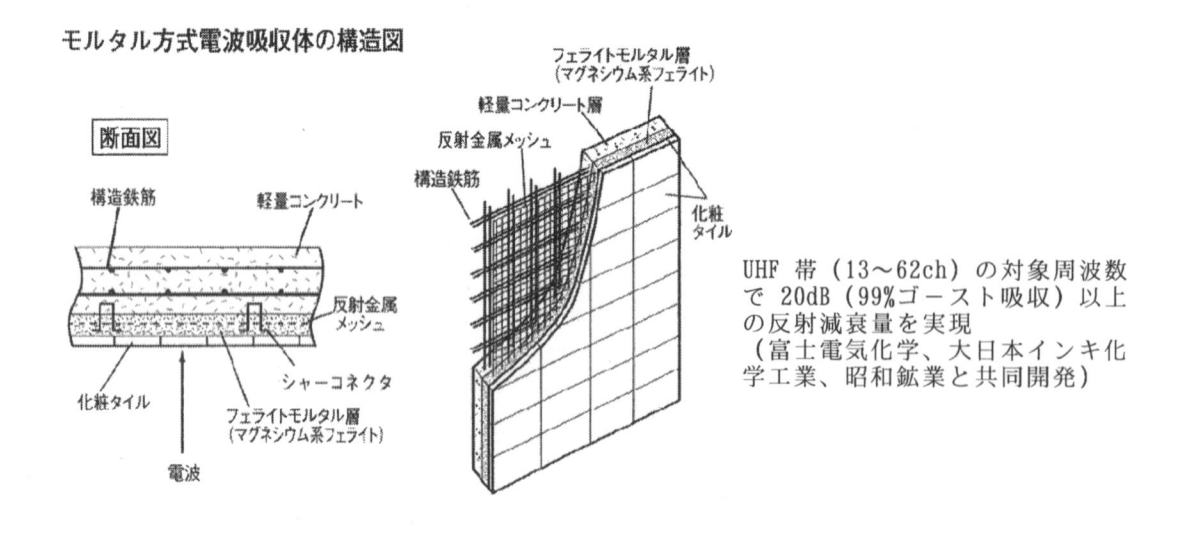

モルタル方式電波吸収体の構造図

UHF 帯（13～62ch）の対象周波数で 20dB（99%ゴースト吸収）以上の反射減衰量を実現（富士電気化学、大日本インキ化学工業、昭和鉱業と共同開発）

2.17.3 保有特許の概要

図2.17.3は、大成建設の権利存続中または係属中の保有特許における技術要素と開発課題を示したものである。図に示すように、パネルタイプ取付け技術に関する作業性向上が他を大きく引離し、最多の課題となっている。

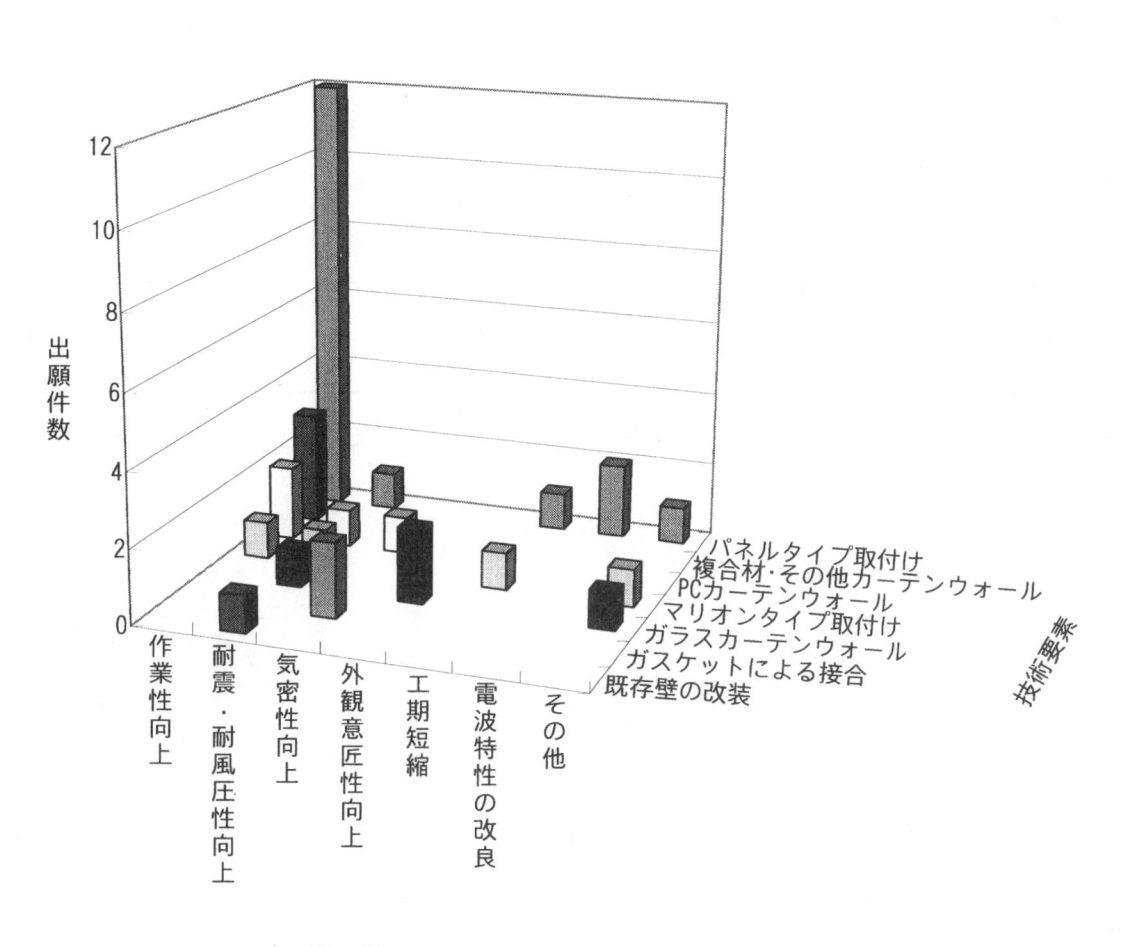

図 2.17.3 大成建設保有特許の技術要素と開発課題

表2.17.3は、大成建設における保有特許の概要を表わしたものである。

なお、ここに掲載の特許は全て権利存続中または係属中のものであり、記載項目の特許分類は筆頭IPCとしている。

また、開放欄に○印を付与したものは、開放可能な特許を表わす。

表 2.17.3 大成建設の保有特許一覧(1/3)

技術要素	課題	特許 No.	特許分類	発明の名称または発明の概要	開放
PCカーテンウォール	作業性向上	特開平 09-025672	E04B2/00	PC壁に縦連窓カーテンウォールを取付ける工程と、縦連窓カーテンウォールが取付けられたPC外壁を建築物の外周柱間に吊込む工程と、この吊込まれたPC外壁を建築物の外周柱間に取付ける工程とを具備する縦連窓カーテンウォールの先付け工程からなる	
		特開平 11-181933	E04B2/88	リングファスナーの位置調整治具	
	気密性向上	特開 2000-027337	E04B2/56	PC版取り合い部の構築方法	
	耐震・耐風圧性向上	特開 2000-291190	E04B2/94	ファスナー	
ガラスカーテンウォール	外観意匠性向上	特開 2001-164682	E04B2/90	枠部材の室内側部にパネルユニットを取付けて一つのユニットとし、床スラブに補助躯体を取付け、この補助躯体と枠部材を連結して壁体を形成するとともに、前記枠部材の匠により外観意匠を変えることで外観意匠の変更を自由に意匠できる	
		特開 2001-164683	E04B2/90	カーテンウォール	
	外観品質向上	特開平 08-177148	E04B2/88	カーテンウォールの大型ユニット化工法	
	耐震・耐風圧性向上	特許 3099194	E04B2/96	嵌殺し窓の取付構造	
複合材・その他カーテンウォール	作業性向上	特開 2000-064555	E04F13/08	太陽電池の取付構造	
		特許 2888913	E04B2/96	外壁パネルの取付方法	
		特開 2001-066137	G01C15/00	カーテンウォールの位置決め方法	

表 2.17.3 大成建設の保有特許一覧(2/3)

技術要素	課題	特許 No.	特許分類	発明の名称または発明の概要	開放
の既改装壁	耐震・耐風圧性向上	特開平 09-221918	E04G23/02	既存鉄筋コンクリート構造物の補強構造	
パネルタイプ取付け	作業性向上	特許 2909654	E04G21/16	外装カーテンウォールの取付方法及び装置	
		特許 3167447	E04G21/14	窓サッシユを有するPC外壁板の取付け工法	
		特開平 06-280337	E04B2/90	窓サッシユ付きPCa外壁板の取付工法	
		特開平 06-288026	E04B2/94	PC外壁の構造	
		特開平 09-165854	E04B2/94	一体構造に纏めた外壁PC板をRC床に連結固定する取付け構造で、PC板には基端側を板内に埋設した差し筋が突出して配筋され、この差し筋は発泡スリーブで被包され、施行時には差し筋および発泡スリーブがRC床側にて埋設される外壁PC板の取付け構造	
		特開平 10-292580	E04D13/14	建築物の防水納まり	
		特開 2000-145154	E04G21/14	壁用ALC板の取付け工法	
		特開 2000-179077	E04B2/94	外壁PCa版の取付け方法	
		特開 2000-273994	E04B2/94	外壁の取り付け方法	
		特開 2000-345712	E04G21/16	外壁材の吊り治具	
		特開 2001-164685	E04B2/94	開口部構造	
		実登 2586015	E04B2/94	カーテンウォールのファスナー	
	電波特性の改良	特開平 08-018273	H05K9/00	電波吸収材及びプレキャストコンクリート板並びにカーテンウォール	
		特開平 11-044018	E04B1/92	電波吸収体に予め非磁性材料からなる取付部材を埋設し，その取付部材を利用して構造物の電波反射物となる部分に直接吸収体を取り付けて構造物外装面とする	
	強度向上	特開平 11-324197	E04B2/94	接合構造及び接合方法	
	工期短縮	特開平 11-036479	E04B1/94	カーテンウォール仕上げ建築物の層間ふさぎ構造及びその工法	

表 2.17.3 大成建設の保有特許一覧(3/3)

技術要素	課題	特許 No.	特許分類	発明の名称または発明の概要	開放
パネルタイプ取付け	耐震・耐風圧性向上	実登 2585606	E04B2/94	構造物の制振装置	
マリオンタイプ取付け	メインテナンス性向上	特許 2911592	E04B2/96	エスエスジー構法における構造用シールの劣化時におけるシール変換工法	
	工期短縮	特開平 08-158517	E04B2/96	カーテンウォールの外壁パネルの張設装置	
	作業性向上	特開平 09-144187	E04B2/96	カーテンウォールの取付構造	
	耐震・耐風圧性向上	特開 2001-140391	E04B2/96	各ガラスは、方立に支持されるガラス荷重受け部材によって下側から支持され、その受け部材は方立の案内溝に沿って上下方向に移動可能とし、下方への移動はストッパにより規制されている構造とする	
ガスケットによる接合	気密性向上	特開平 08-260600	E04B2/90	PC打込みサッシ枠のジョイント構造	
		特開平 10-121620	E04B2/94	パネルユニット間の目地をスライドファスナで塞ぎ、スライドファスナのストリンガーのテープ側端縁を形材の内部に撓ませた状態で収容させ、目地のクロス部に筒部材を配置し、この筒部材の内にスライドファスナのエレメント部分をスリットから埋設する	

2.17.4 技術開発拠点

当該テーマ技術の開発を行っている事業所、研究所等を、発明者住所および企業情報をもとに紹介する。

カーテンウォールに関する大成建設(株)
東京都：本社、住宅事業本部

2.17.5 研究開発者

図2.17.5-1は、大成建設における発明者数と出願件数の推移をみたものである。図に示すように、1995年以降の出願件数が多く、発明者数も追従している。また、最近の出願件数の傾向は、増加の方向を示している。

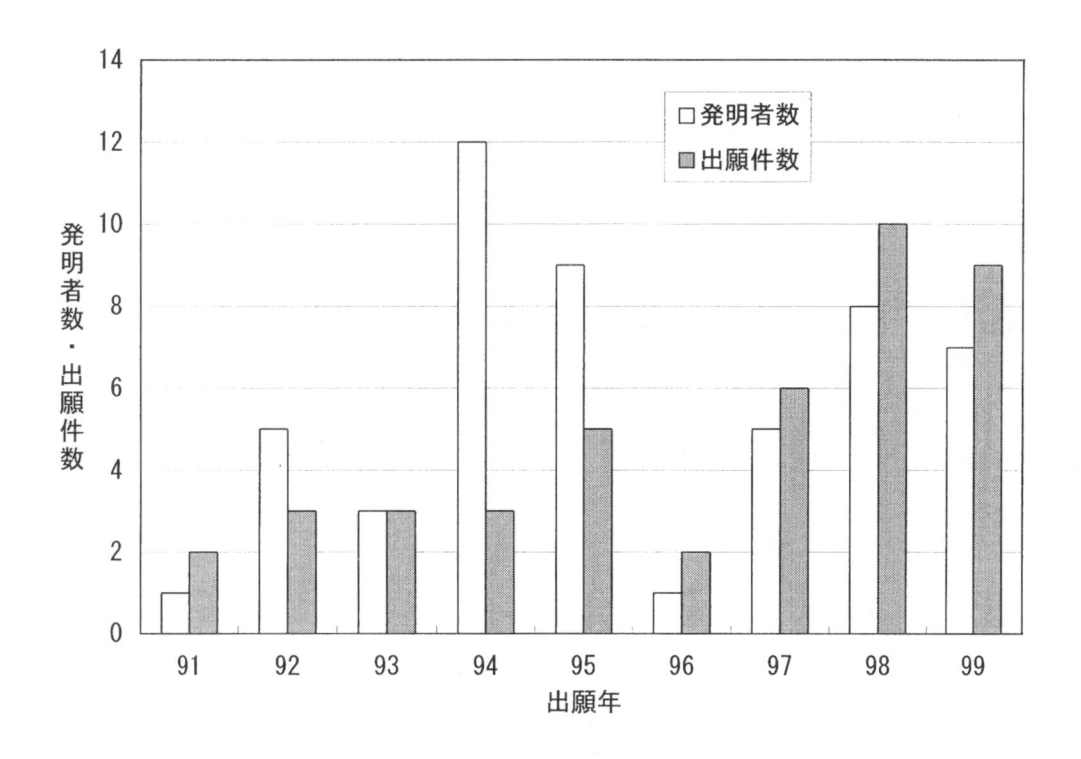

図2.17.5-1 大成建設の発明者数と出願件数の推移

図2.17.5-2は、大成建設における発明者数と出願件数の相関を時系列推移で示したものである。この図に示すように、1995年をピークに、技術開発は一時急激に落ち込んだが、97年以降は活発さを取り戻しつつある。

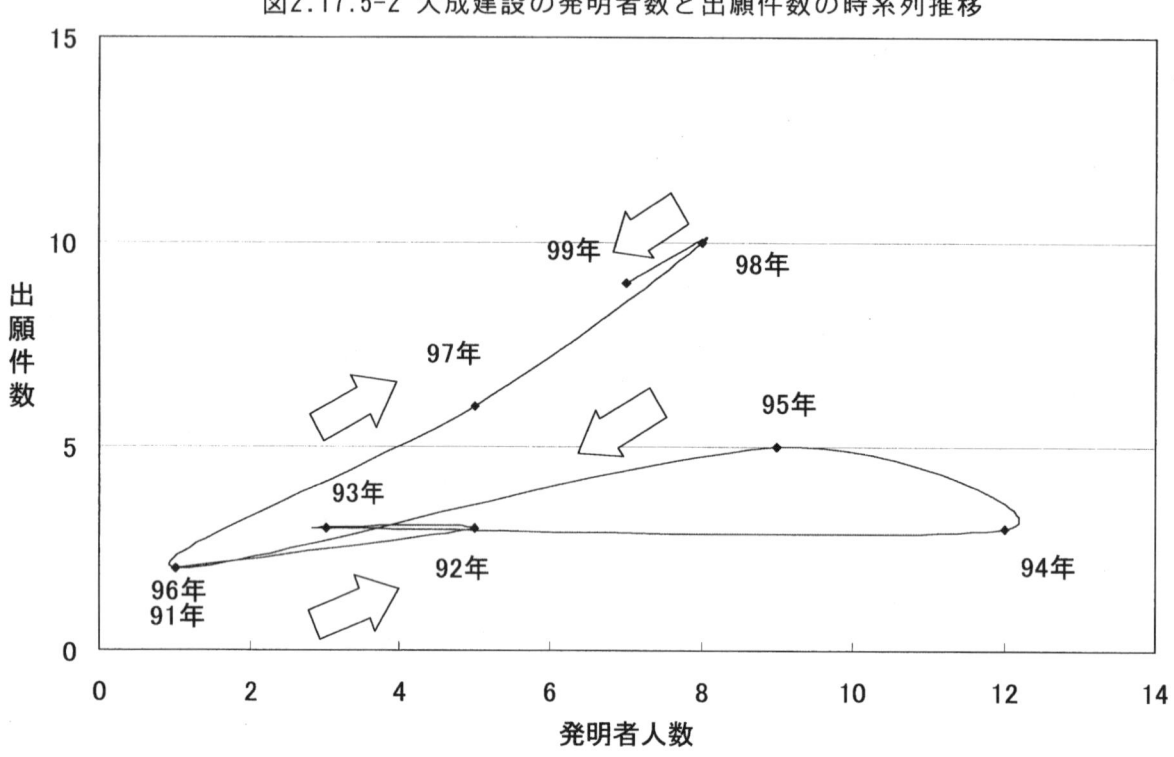

図2.17.5-2 大成建設の発明者数と出願件数の時系列推移

2.18 清水建設

2.18.1 企業の概要
表2.18.1に清水建設の企業概要を示す。

表 2.18.1 清水建設の企業概要

1)	商号	清水建設株式会社
2)	設立年月日	1937 年 8 月 24 日
3)	資本金	743 億円 65 百万円
4)	従業員	13,156 名 (2001 年 4 月 1 日)
5)	事業内容	建築、土木等建設工事の請負、建設工事に関する企画・コンサルテイング等、不動産の売買、住宅等建物の建設販売　他
6)	事業所	本社／東京　支店／東京、神奈川、千葉、大阪、兵庫、香川、北海道、宮城、石川、愛知、広島、福岡 海外／ロシア、中国、シンガポール、インドネシア、タイ　他
7)	関連会社	国内／日本道路、エスシー・マシーナリ、第一設備工業、清水総合開発、清水不動産　他 海外／Shimizu Europe、Shimizu America　他
8)	業績推移	売上高 2001 年 3 月期／1,418,249 百万円　2000 年 3 月期／1,262,945 百万円 1999 年 3 月期／1,304,760 百万円

2.18.2 製品例
表2.18.2に清水建設の製品例を示す。

表 2.18.2　清水建設の製品例

製品	製品名	出典
広帯域電波吸収外壁	UV 電波吸収パネル	http://www.shimz.co.jp/support/denji03_04.html

写真 2.18.2-1　UV 電波吸収パネル

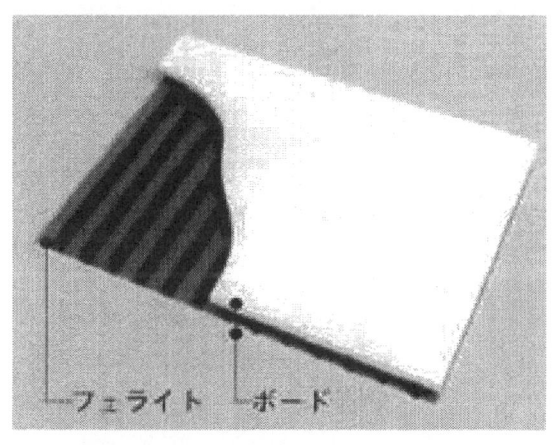

90MHz の VHF 帯から 780MHz の UHF 帯まで幅広い周波数のテレビ電波を吸収
（東京工業大学との共同開発）

2.18.3 保有特許の概要

図2.18.3は、清水建設の権利存続中または係属中の保有特許における技術要素と開発課題を示したものである。図が示すように、パネルタイプ取付け技術に関する作業性向上の課題が多くみられる。他の課題としては、外観意匠性向上や耐震・耐風圧性向上などに関するものが多い。

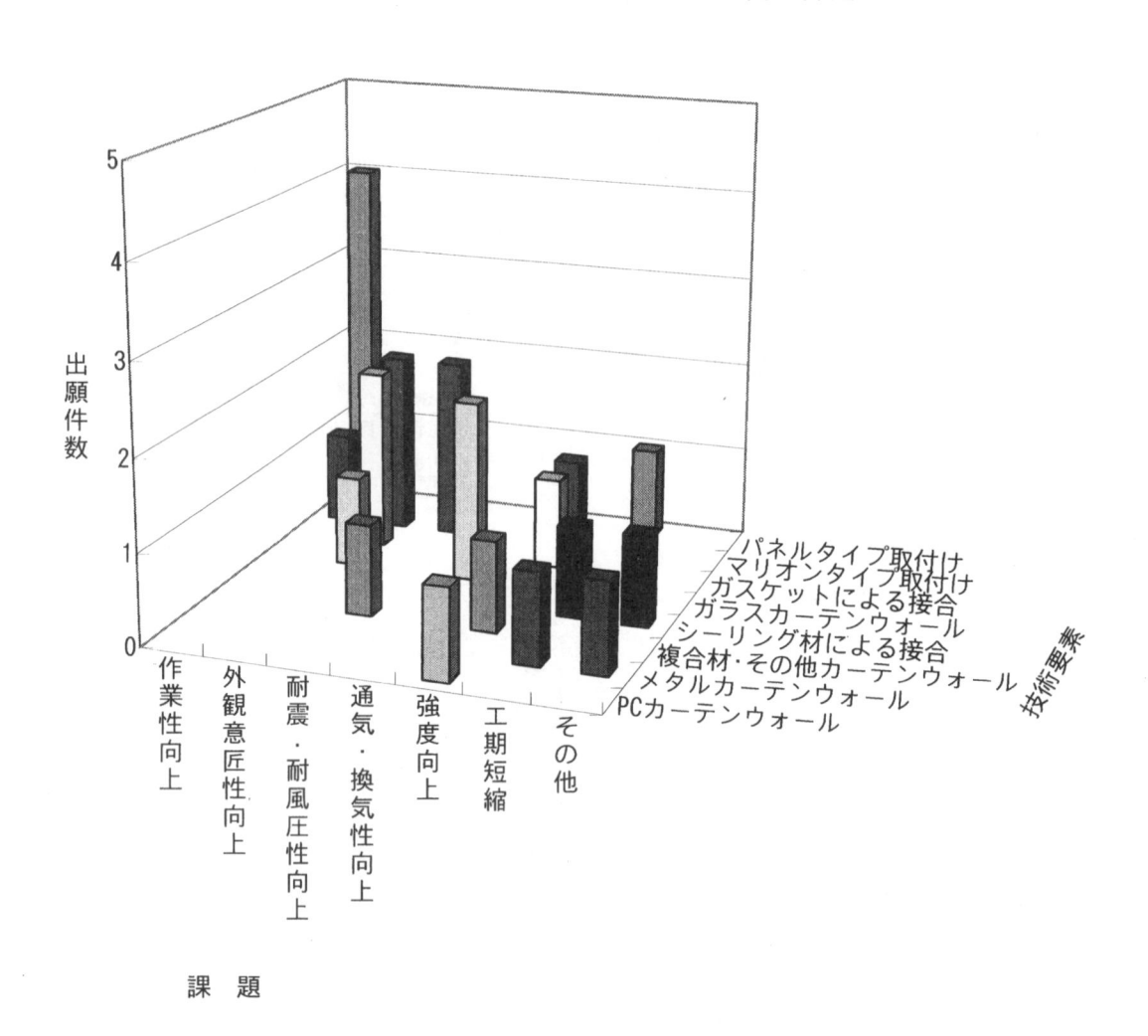

図2.18.3 清水建設保有特許の技術要素と開発課題

表2.18.3は、清水建設における保有特許の概要を表わしたものである。

なお、ここに掲載の特許は全て権利存続中または係属中のものであり、記載項目の特許分類は筆頭IPCとしている。

また開放欄に〇印を付与したものは、開放可能な特許を表わす。

表 2.18.3 清水建設の保有特許一覧(1/3)

技術要素	課題	特許No.	特許分類	発明の名称または発明の概要	開放
メタルカーテンウォール	気密性向上	特開 2001-123566	E04B2/56,631	建物の壁面の構造および施工方法ならびにパネルユニット	
	製造の容易化	特開平 06-322864	E04B2/94	石張冠壁及びその固定方法	
PCカーテンウォール	作業性向上	特許 3125155	E04B2/94	プレストレスを利用したカーテンウォール	
ガラスカーテンウォール	通気・換気性向上	特開平 09-067980	E06B3/38	点支持方形ガラス板壁における突き出し開閉窓構造	
		特開平 11-270037	E04B2/90	壁面全面に遮光用可動ルーバ、上部にガラス開閉窓とその内側に遮光用のロールスクリーン、壁体下方に開口部を設けてそこにガラス戸と無双窓を有する板戸等の機能装置を付設する	
	外観意匠性向上	特開平 06-272350	E04C2/38	壁パネル	
複合材・その他カーテンウォール	強度向上	特開平 10-252196	E04B2/90	パネルの張付け構造	
	耐震・耐風圧性向上	特開 2000-096748	E04B2/94	PC板取付構造	
パネルタイプ取付け	作業性向上	特許 2542943	E04B2/94	外壁板の施工方法およびその取付構造	
		特開平 08-193372	E04B2/56,611	壁の構造およびその施工方法	

187

表 2.18.3 清水建設の保有特許一覧(2/3)

技術要素	課題	特許 No.	特許分類	発明の名称または発明の概要	開放
パネルタイプ取付け	作業性向上	特開平 11-256736	E04B2/92	建築物の壁面を施工するにあたり、複数のパネル状の壁面板を複数の連結材により連結してなるパネルユニットを吊り上げて設置位置に導き、連結材を縦胴縁として建物躯体に取付ける	
		実登 2547973	E04B2/94	1本ボルト PC 板ファスナー	
	工期短縮	特開平 11-062077	E04B2/94	壁板の取付施工工法およびそれに用いる取付具	
マリオンタイプ取付け	強度向上	特許 3166088	E04B2/96	カーテンウォール方立	
		特許 3158228	E04B2/96	高天井空間部の外壁構造	
	耐震・耐風圧性向上	特許 3116152	E04B2/96	方立の下端寄り面外方向両側に面内方向一対のケーブルの一端部を方立ファスナでそれぞれ連結し、この各ケーブルの他端部を天井の鉄骨に天井ファスナでそれぞれ連結してケーブルを面内方向及び面外方向に斜めに張設する	
		実登 2546547	E06B5/00	窓ガラスの支持構造	
	外観意匠性向上	特許 3158229	E04B2/96	建物の外壁構造	
	作業性向上	特開 2001-164757	E04G21/14	建物の施工方法	

表 2.18.3 清水建設の保有特許一覧(3/3)

技術要素	課題	特許 No.	特許分類	発明の名称または発明の概要	開放
ガスケットによる接合	外観意匠性向上	特許3116153	E04B2/96	建物の玄関部分外壁構造	
		特許3191133	E04B2/88	壁体の裏面側に配設された支持フレームの支持金具で壁体を支持し、隣接する支持フレーム同士はピン接合されると共に、壁体間に沿って延在するガスケットが、その両側を壁体端部に嵌合させて隣接する壁体を接続している構造とする	
	強度向上	実登2584798	E04B2/94	目地構造	
シーリング材による接合	工期短縮	特許3163428	E04B2/96	建築物の外壁ガラスの組付け構造およびその施工方法	
	電波特性の改良	特許2581987	E06B5/18	電磁遮蔽窓	

2.18.4 技術開発拠点が

当該テーマ技術の開発を行っている事業所、研究所等を、発明者住所および企業情報をもとに紹介する。

カーテンウォールに関する清水建設(株)
東京都：本社

2.18.5 研究開発者

図2.18.5-1は、清水建設における発明者数と出願件数の推移をみたものである。図に示すように、出願件数および発明者数は、1992年を頂点として、以後安定した傾向を示している。最近では、出願件数の増加の兆しがうかがえる。

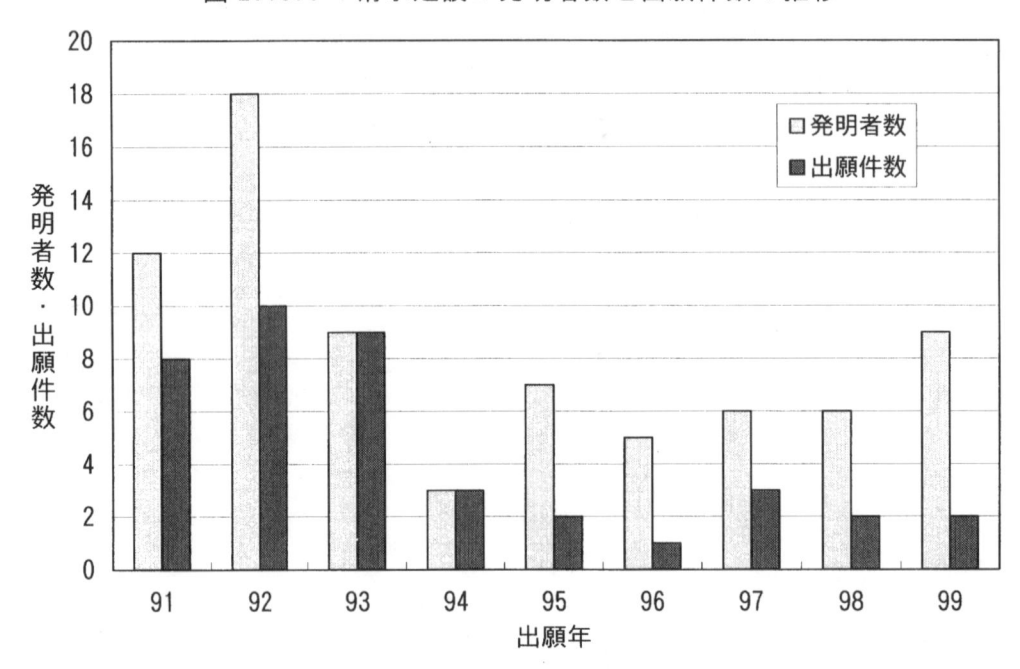

図2.18.5-1 清水建設の発明者数と出願件数の推移

　図2.18.5-2は、清水建設における発明者数と出願件数の相関を時系列に推移を示したものである。この図に示すように、1992年を頂点に技術開発は活発であるが、その後は衰退傾向にある。最近なって開発活動の復活の兆しがみられる。

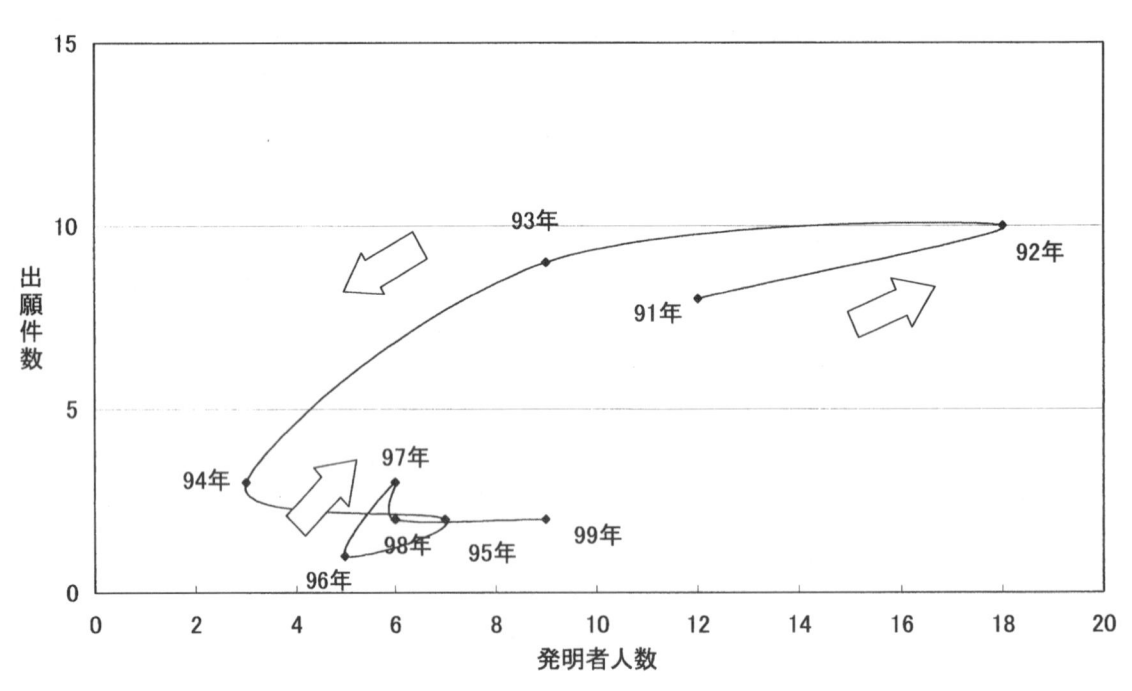

図2.18.5-2 清水建設の発明者数と出願件数の時系列推移

2.19 イナックス

2.19.1 企業の概要
表2.19.1にイナックスの企業概要を示す。

表 2.19.1 イナックスの企業概要

1)	商号	株式会社 INAX
2)	設立年月日	1924 年 2 月 1 日
3)	資本金	484 億円 68 百万円
4)	従業員	5,798 名（2001 年 10 月 20 日）
5)	事業内容	建材事業、住空間事業
6)	事業所	本社／愛知　ショールーム／北海道、宮城、茨城、東京、新潟、富山、愛知、大阪、広島、香川、福岡、熊本、鹿児島　他
7)	関連会社	INAX トステムホールディングス、INAX エンジニアリング、INAX メンテナンス、INAX 総合サービス、九州 INAX、東濃 INAX　他
8)	業績推移	売上高　2001 年 10 月期／248,411 百万円　2000 年 10 月期／239,030 百万円　1999 年 10 月期／233,805 百万円
9)	主要製品	内装・外装・床タイル、住宅外壁材、石材、衛生陶器、浴槽、給湯機器　他
10)	対応窓口	技術統括部　知的財産室　愛知県常滑市港町 3-77　TEL0569-43-3762

2.19.2 製品例
該当する製品例の掲載は省略する。

2.19.3 保有特許の概要
図2.19.3は、イナックスの権利存続中または係属中の保有特許における技術要素と開発課題を示したものである。この図に示すように、既存壁の改装技術に関する課題が多くの割合を占めており、なかでも、作業性向上や強度向上あるいは外観意匠性向上が件数の上位を占めている。

図2.19.3 イナックス保有特許の技術要素と開発課題

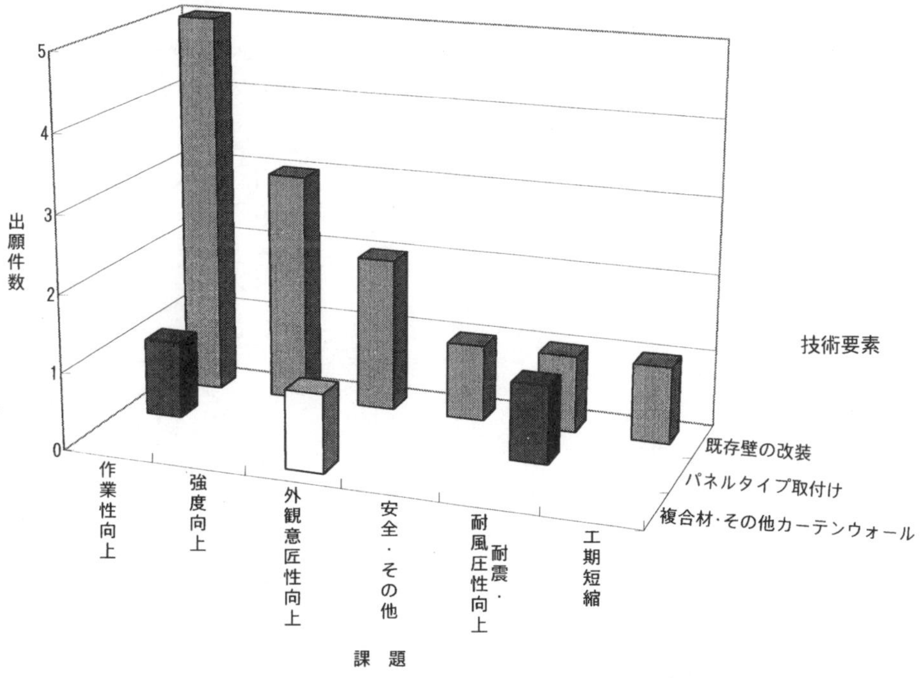

表2.19.3は、イナックスにおける保有特許の概要を表わしたものである。

なお、ここに掲載の特許は全て権利存続中または係属中のものであり、記載項目の特許分類は筆頭IPCとしている。また、開放欄に〇印を付与したものは、開放可能な特許を表わす。

表 2.19.3 イナックスの保有特許一覧(1/2)

技術要素	課題	特許 No.	特許分類	発明の名称または発明の概要	開放
パネルタイプ取付け	作業性向上	実登 2527696	E04B2/72	壁パネルの取付構造	
	耐震・耐風圧性向上	特開平 08-246703	E04H9/02,321	大型壁体を躯体に取付けるための免震金具5であって、免震金具5は、小孔6aと大径孔6bを有し躯体側に固定される外球体6と、外球体6の小孔6a側から中心を通って大径孔6b側へ突出され突出端側が大型壁板に固定されるボルト7と、外球体6のほぼ中心位置においてボルト7に一体化された内球体8と、この内球体8と外球体6間に介在される弾性構成体Cで構成されている	
カーテンウォール複合材・その他	外観意匠性向上	特開平 10-121616	E04B2/90	タイル張サイディングパネルの施工構造	
既存壁の改装	作業性向上	特開平 11-131748	E04F13/08,102	目地形状部材と縦胴縁との間に折曲形状の左右両側固定爪を備えた板状の連結ピースを介挿し、その連結ピースにて左右のタイル張りサイディングパネル同士を連結した状態で縦胴縁にビス止めする	

表 2.19.3 イナックスの保有特許一覧(2/2)

技術要素	課題	特許No.	特許分類	発明の名称または発明の概要	開放
既存壁の改装	作業性向上	特開 2000-120277	E04G23/02	壁等の浮き部の補修工法	
		特開 2000-154631	E04F13/08,101	調湿タイル並びにその施工方法及び張替方法	
		特開 2000-213181	E04G23/02	ALC製外壁の仕上げ施工方法及び仕上げ構造	
		特開 2001-207618	E04F13/08	外装材の取り付け方法	
	強度向上	特開平 11-270149	E04G23/02	外装壁体に胴縁をビスにて取付ける際、ビスのねじ部分と外装壁体との間に接着剤による緩衝材層を形成して取付けてクッションの役割を果たす	
		特開 2000-054649	E04G23/02	外壁の改修方法及び構造	
		特開 2000-282663	E04F13/08,101	既存外壁面の改修構造	
	外観意匠性向上	特開平 09-268733	E04F13/08,102	タイル張サイディングパネル	
		特許 3129220	E04G23/02	壁体の補修方法	
	工期短縮	特開 2000-274048	E04F13/08,101	既存外壁面への胴縁の取付構造及び方法	
	耐震・耐風圧性向上	特開 2000-274049	E04F13/08,101	既存外壁面の外壁パネルによる改修構造	
	その他	特開 2001-193172	E04B1/41,503	アンカー及び壁	

2.19.4 技術開発拠点

当該テーマ技術の開発を行っている事業所、研究所等を、発明者住所および企業情報をもとに紹介する。

カーテンウォールに関する(株)イナックス
愛知県：本社

2.19.5 研究開発者

図2.19.5-1は、イナックスにおける発明者数と出願件数の推移をみたものである。図が示すように、出願件数は1995年を境に、減少から増加に転じており、最近の件数の伸びは著しい。発明者数も増加の傾向を示している。

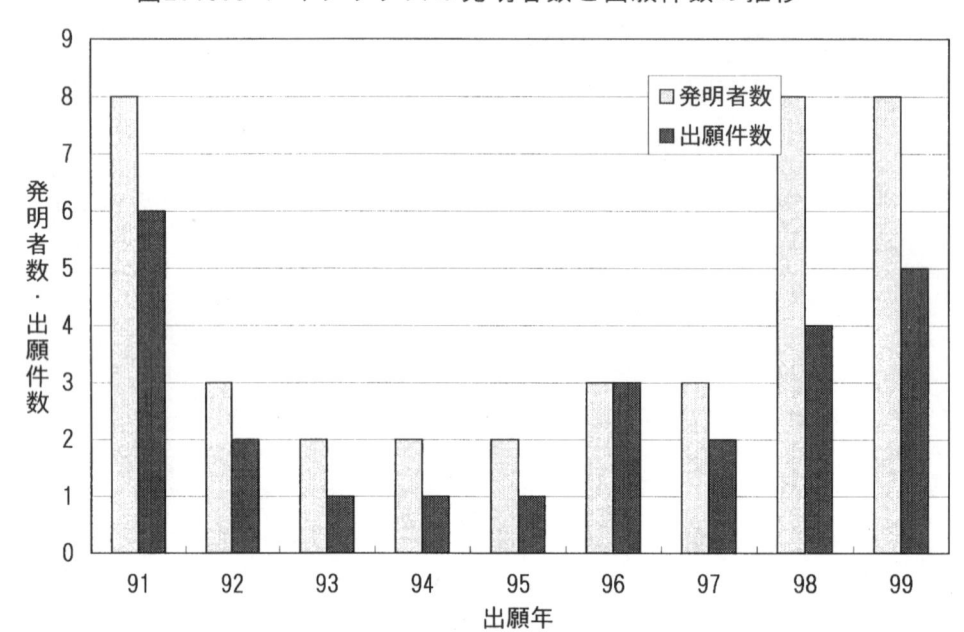

図2.19.5-1 イナックスの発明者数と出願件数の推移

　図2.19.5-2は、イナックスにおける発明者数と出願件数の相関を時系列推移で示したものである。1991年から95年にかけての出願の後退と、96年以降の技術開発の活発化が如実に表わされている。特に、最近の開発活動は91年レベルに戻っている。

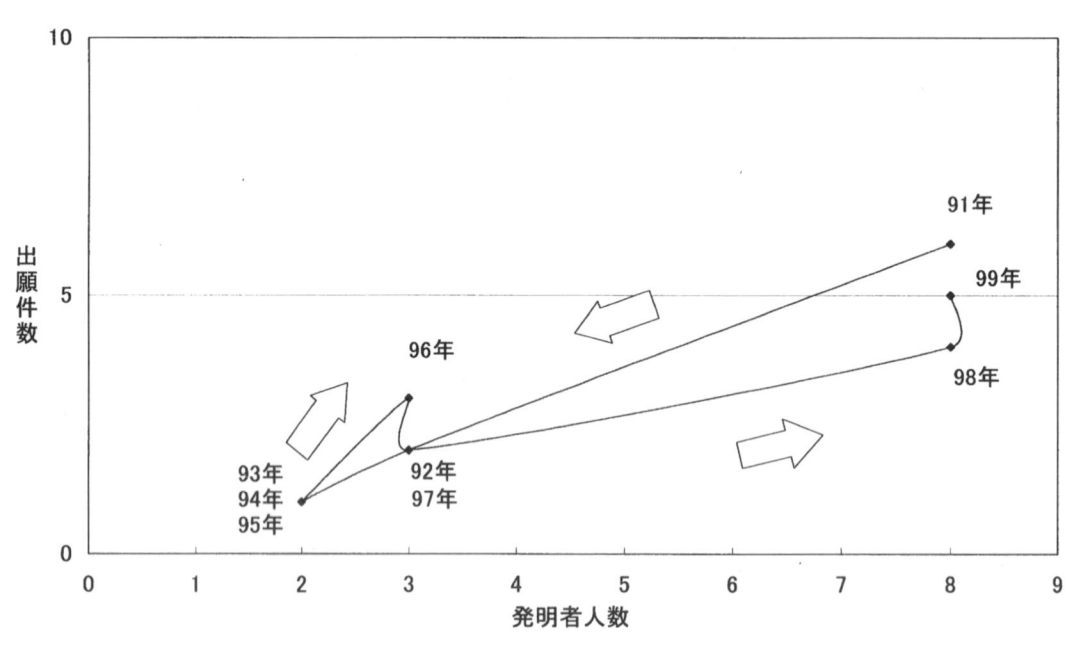

図2.19.5-2 イナックスの発明者数と出願件数の時系列推移

2.20 東洋シヤッター

2.20.1 企業の概要
表2.20.1に東洋シヤッターの企業概要を示す。

表 2.20.1 東洋シヤッターの企業概要

1)	商号	東洋シヤッター株式会社
2)	設立年月日	1955年9月10日
3)	資本金	83億円82百万円
4)	従業員	700名（2001年9月1日）
5)	事業内容	各種シャッター及びその他の建築用建具・建材の製造・取付および販売 防災・防犯機器の製造・取付および販売 建築用金物・船舶用金具・装飾金物・家具厨房機器の製造および販売 不動産の売買・賃貸借・仲介および管理　　　　　他
6)	事業所	本社／大阪　支店／東京、神奈川、愛知、京都、大阪、兵庫、広島、福岡他 工場／茨城、奈良、鹿児島
7)	関連会社	シーク研究所、東洋シヤッター北海道、南東洋シヤッター
8)	業績推移	売上高　2001年3月期／22,841百万円　2000年3月期／26,974百万円 　　　　1999年3月期／32,438百万円
9)	主要製品	シャッター、住宅建材、環境家具　他
10)	主な取引き先	大林組、竹中工務店、清水建設、鹿島建設、日商岩井　他
11)	対応窓口	技術部　第1技術課　　奈良県磯城郡川西町結崎1596-6　TEL0745-44-4321

2.20.2 製品例
表2.20.2に東洋シヤッターの製品例を示す。

表 2.20.2 東洋シヤッターの製品例

製品	製品名	出典
ビル外装改修システム	ビルファイン	http://www.toyo-shutter.co.jp/builfine/mark1/index.htm#inte

図 2.20.2-1 ダブルスキン構造

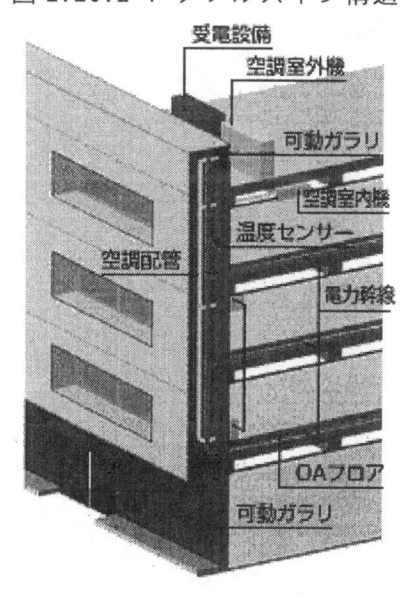

新旧外壁（ダブルスキン構造）のスペースにより省エネ，インテリジェント化が可能

2.20.3 保有特許の概要

図2.20.3は、東洋シャッターの権利存続中または係属中の保有特許における技術要素と開発課題を示したものである。

図に示すように、既存壁の改装に関する技術の空間の有効利用についての課題が最も多く、次にマリオンタイプ取付け技術の空間の有効利用が多く、ここでは空間の有効利用に関する開発課題が多い。

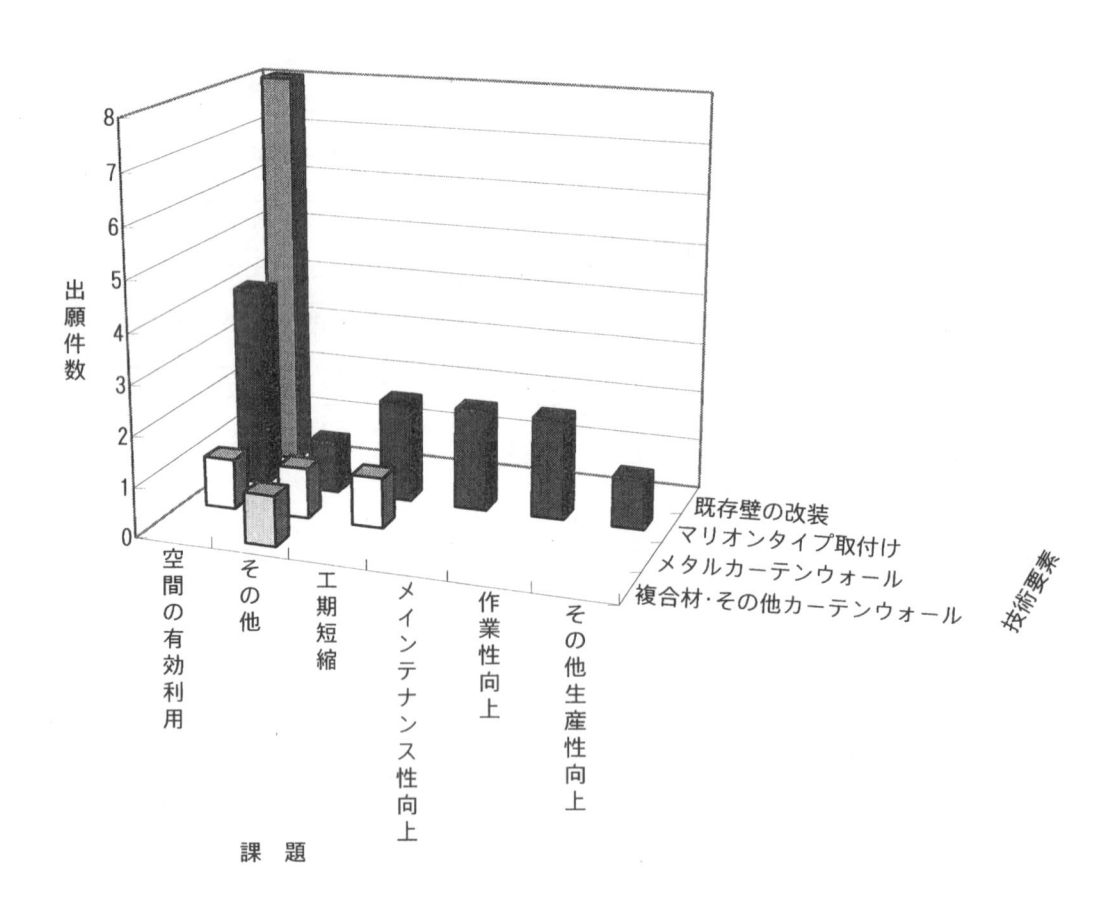

図2.20.3 東洋シャッター保有特許の技術要素と開発課題

表2.20.3は、東洋シャッターにおける保有特許の概要を表わしたものである。

なお、ここに掲載の特許は全て権利存続中または係属中のものであり、記載項目の特許分類は筆頭IPCとしている。

また、開放欄に○印を付与したものは、開放可能な特許を表わす。

表2.20.3 東洋シャッターの保有特許一覧(1/2)

技術要素	課題	特許No.	特許分類	発明の名称または発明の概要	開放
メタルカーテンウォール	その他	特許2884222	E04F17/02	排煙用開口を有する張壁構造	○
	空間の有効利用	特許2594221	E04F17/08	建物躯体の張壁	○
	工期短縮	特許2549053	E04G3/04	外装用小パネルの設置相当部位に、ファスナを介してパネル設置用の足場を連結する	○
カーテンウォール複合材・その他	その他	特許3085930	E04F13/08,101	建物及び建物の改装方法	○
既存壁の改装	空間の有効活用	特許2905668	E04G23/02	建物及び建物の改装方法	○
		特許3183590	E04G23/02	建物及び建物の改装方法	○
		特許2834975	E04G23/02	建物及び建物の改装方法	○
		特許2834995	E04G23/02	建物	○
		特許2706922	E04F13/08,101	建物躯体の張り壁	
		特許2706923	E04F13/08,101	張壁内空間部に配線などの設備部材を設け、点検口を外壁に設ける	

表2.20.3 東洋シャッターの保有特許一覧(2/2)

技術要素	課題	特許No.	特許分類	発明の名称または発明の概要	開放
の既改存装壁	空間の有効活用	特許2706924	E04F13/08,101	建物躯体の張り壁	○
		特許3085930	E04F13/08,101	建物及び建物の改装方法	
マリオンタイプ取付け	空間の有効活用	特公平08-006469	E04G23/02	カーテンウォールと既存建築物の外壁部との間に水平通路と垂直梯子を設ける	
		特許2913088	E04F13/08,101	建物躯体の張り壁展張装置	○
		特許2884221	E04F19/08,101	点検口を有する張壁	○
		特許2808450	E04F17/08	設備部材収納スペースを有する張壁	○
	メインテナンス性向上	特許2706922	E04F13/08,101	建物躯体の張り壁	○
		特許2706924	E04F13/08,101	建物躯体の張り壁	
	工期短縮	特許2775620	E04B2/96	カーテンウォール	○
		特許2849792	E04B2/96	カーテンウォールのパネル保持装置	○
	作業性向上	特許2775621	E04B2/96	L字形ブラケット5に形成された長穴aとbを用いることで、縦材10と躯体側1とが、横材7を介して上下、前後の位置調整が可能なようにボルトで締結される	○
		特許2558598	E04F13/08,101	カーテンウォール	○
	その他生産性向上	特公平08-006468	E04G23/02	既存建築物の改装構造	
	その他	特許2706923	E04F13/08,101	建物躯体側に点検口を設けた張壁	○

2.20.4 技術開発拠点

当該テーマ技術の開発を行っている事業所、研究所等を、発明者住所および企業情報をもとに紹介する。

カーテンウォールに関する東洋シャッター（株）
大阪府：本社

2.20.5 研究開発者

図2.20.5-1は、東洋シャッターにおける発明者数と出願件数の推移をみたものである。図に示すように、出願は1993年と94年にのみにみられる。

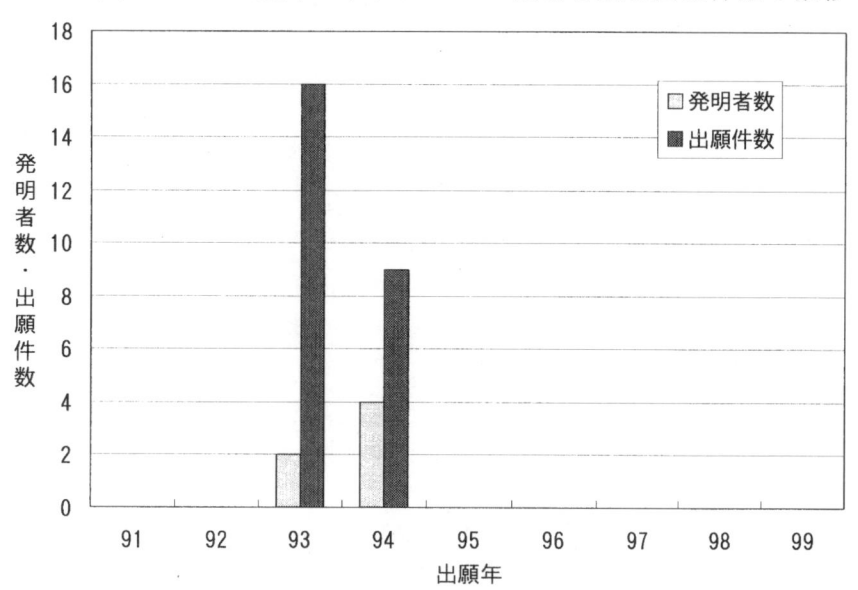

図2.20.5-1 東洋シャッターーの発明者数と出願件数の推移

図2.20.5-2は、東洋シャッターにおける発明者数と出願件数の相関を時系列推移で示したものである。1993年には、94年の半数の発明者で、約2倍の出願が行われている。

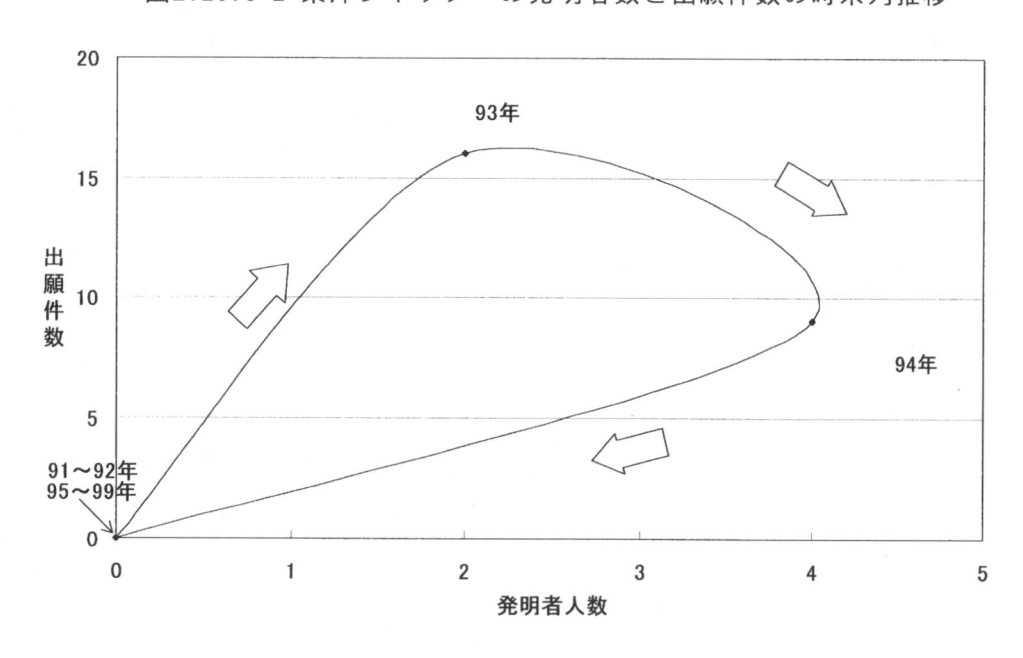

図2.20.5-2 東洋シャッターの発明者数と出願件数の時系列推移

3．主要企業の技術開発拠点

3.1 カーテンウォールの技術開発拠点
3.1.1 カーテンウォール全体
3.1.2 外壁技術
3.1.3 外壁取付技術
3.1.4 外壁接合技術

> 特許流通
> 支援チャート

3. 主要企業の技術開発拠点

各技術要素毎に、件数の多い企業について、公報に記載されている発明者名および住所(各事業所名等)を整理し、各企業が開発を行っている事業所、研究所などの技術開発拠点を紹介する。

3.1 カーテンウォールの技術開発拠点

3.1.1 カーテンウォール全体

図 3.1.1-1 はカーテンウォール全体の技術開発拠点図を、表 3.1.1-1 は その技術開発拠点一覧表を示したものである。これらの図・表から、発明者の技術開発拠点をみると、東京都、千葉県、神奈川県など関東地方に 16 拠点、大阪府に 4 拠点、愛知県、静岡県、三重県など中部地方に 4 拠点、山形県、富山県など東北・北陸地方に 3 拠点ある。

図3.1.1-1 技術開発拠点図

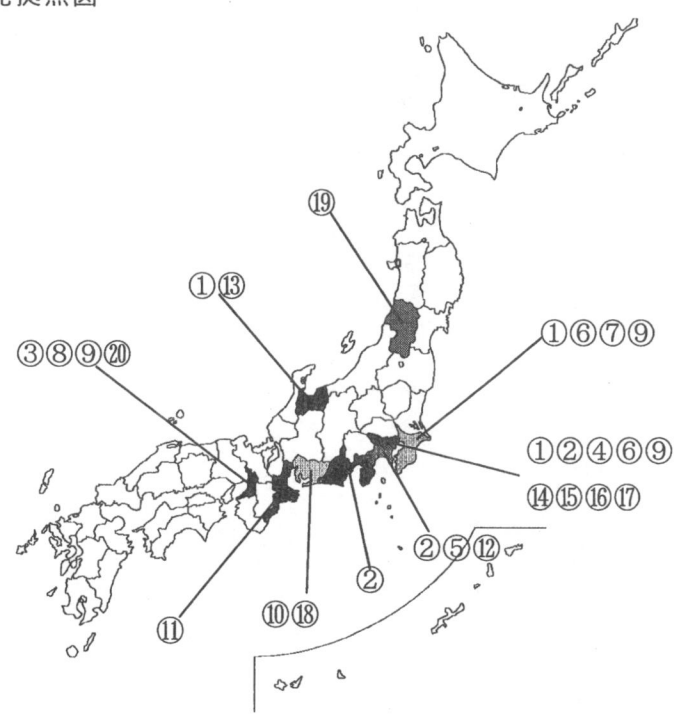

表3.1.1-1 技術開発拠点一覧表

NO	企業名	特許件数	事業所名	住所	発明者数
①	YKK.A.P	277	本社	東京都	59
			京葉工場	千葉県	70
			滑川工場	富山県	71
②	旭化成	157	本社	東京都	58
			川崎工場	神奈川県	12
			富士工場	静岡県	8
③	積水ハウス	114	本社	大阪府	85
④	新日軽	100	本社	東京都	106
⑤	旭硝子	67	中央研究所	神奈川県	62
⑥	住友金属鉱山	66	本社、電子事業所	東京都	24
			中央研究所	千葉県	3
⑦	日本建鉄	65	本社	千葉県	57
⑧	ナショナル住宅産業	64	本社	大阪府	44
⑨	竹中工務店	58	本社、大阪本店	大阪府	38
			東京本店	東京都	26
			技術研究所	千葉県	11
⑩	クリオン	55	名古屋工場	愛知県	21
⑪	セントラル硝子	55	松坂工場	三重県	72
⑫	不二サッシ	63	本社	神奈川県	55
⑬	三協アルミニウム工業	52	本社、富山工場	富山県	50
⑭	ミサワホーム	50	本社	東京都	38
⑮	鹿島建設	50	本社、技術研究所	東京都	73
⑯	大成建設	48	本社、住宅事業本部	東京都	41
⑰	清水建設	47	本社	東京都	67
⑱	イナックス	25	本社	愛知県	29
⑲	アイジー技術研究所	56	技術研究所	山形県	24
⑳	東洋シヤッター	29	本社	大阪府	10

（1991年1月～2001年10月までに公開の出願）

3.1.2 外壁技術

(1) メタルカーテンウォール

図3.1.2-1 技術開発拠点図

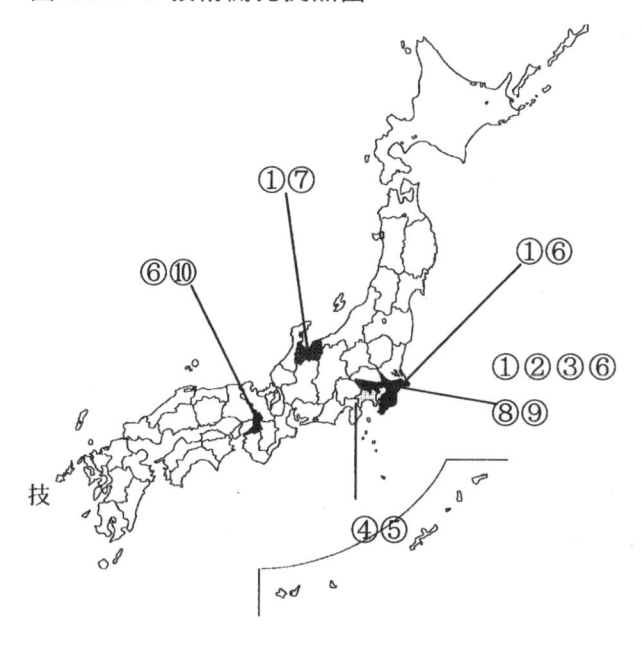

図 3.1.2-1 はメタルカーテンウォールの技術開発拠点図を、表3.1.2-1 はその技術開発拠点一覧表を示したものである。

これらの図・表から発明者の技術開発拠点をみると、東京都、千葉県、神奈川県など関東地方に 10 拠点、大阪府に 2 拠点、富山県に 2 拠点ある。

表3.1.2-1 技術開発拠点一覧表

NO	企業名	特許件数	事業所名	住所	発明者数
①	YKK.A.P	23	本社	東京都	5
			京葉工場	千葉県	6
			滑川工場	富山県	8
②	旭化成	1	本社	東京都	2
③	新日軽	4	本社	東京都	5
④	旭硝子	1	中央研究所	神奈川県	2
⑤	不二サッシ	2	本社	神奈川県	1
⑥	竹中工務店	7	本社、大阪本店	大阪府	2
			東京本店	東京都	1
			技術研究所	千葉県	3
⑦	三協アルミニウム工業	7	本社、富山工場	富山県	5
⑧	鹿島建設	11	本社、技術研究所	東京都	9
⑨	清水建設	5	本社	東京都	7
⑩	東洋シヤッター	5	本社	大阪府	2

(1991 年 1 月～2001 年 10 月までに公開の出願)

(2) PCカーテンウォール

図3.1.2-2 技術開発拠点図

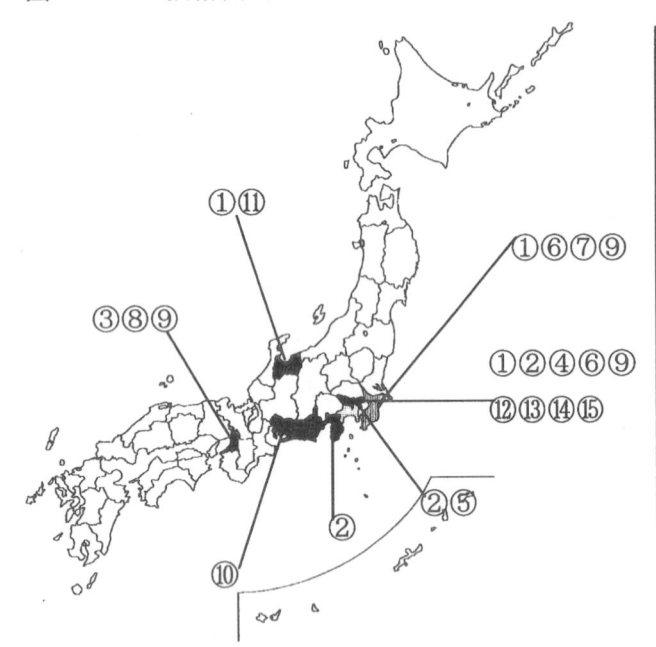

図3.1.2-2はPCカーテンウォールの技術開発拠点図を、表3.1.2-2はその技術開発拠点一覧表を示したものである。これらの図・表から発明者の技術開発拠点をみると、東京都、千葉県、神奈川県など関東地方に15拠点、大阪府に3拠点、愛知県、静岡県など中部地方に2拠点、富山県に2拠点ある。

表3.1.2-2 技術開発拠点一覧表

NO	企業名	特許件数	事業所名	住所	発明者数
①	YKK.A.P	9	本社	東京都	3
			京葉工場	千葉県	3
			滑川工場	富山県	2
②	旭化成	32	本社	東京都	11
			川崎工場	神奈川県	4
			富士工場	静岡県	3
③	積水ハウス	18	本社	大阪府	23
④	新日軽	6	本社	東京都	12
⑤	旭硝子	1	中央研究所	神奈川県	1
⑥	住友金属鉱山	19	本社、電子事業所	東京都	8
			中央研究所	千葉県	1
⑦	日本建鐵	4	本社	千葉県	2
⑧	ナショナル住宅産業	12	本社	大阪府	8
⑨	竹中工務店	12	本社、大阪本店	大阪府	1
			東京本店	東京都	4
			技術研究所	千葉県	2
⑩	クリオン	18	名古屋工場	愛知県	7
⑪	三協アルミニウム工業	6	本社、富山工場	富山県	4
⑫	ミサワホーム	8	本社	東京都	6
⑬	鹿島建設	20	本社、技術研究所	東京都	22
⑭	大成建設	7	本社、住宅事業本部	東京都	6
⑮	清水建設	3	本社	東京都	2

(1991年1月～2001年10月までに公開の出願)

(3) ガラスカーテンウォール

図3.1.2-3 技術開発拠点図

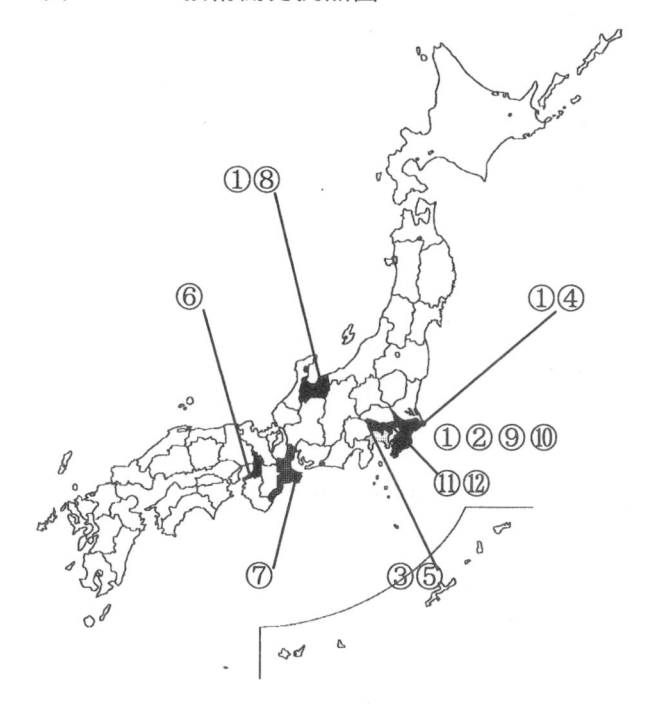

図 3.1.2-3 はガラスカーテンウォールの技術開発拠点図を、表3.1.2-3 はその技術開発拠点一覧表を示したものである。
これらの図・表から発明者の技術開発拠点をみると、東京都、千葉県、神奈川県など関東地方に 10 拠点、大阪府に 1 拠点、三重県に 1 拠点、富山県に 1 拠点ある。

表3.1.2-3 技術開発拠点一覧表

NO	企業名	特許件数	事業所名	住所	発明者数
①	YKK.A.P	18	本社	東京都	5
			京葉工場	千葉県	5
			滑川工場	富山県	13
②	新日軽	12	本社	東京都	8
③	旭硝子	27	中央研究所	神奈川県	16
④	日本建鐵	6	本社	千葉県	3
⑤	不二サッシ	3	本社	神奈川県	2
⑥	竹中工務店	4	本社、大阪本店	大阪府	2
⑦	セントラル硝子	27	松坂工場	三重県	16
⑧	三協アルミニウム工業	4	本社、富山工場	富山県	2
⑨	ミサワホーム	3	本社	東京都	2
⑩	鹿島建設	2	本社、技術研究所	東京都	1
⑪	大成建設	3	本社、住宅事業本部	東京都	2
⑫	清水建設	10	本社	東京都	8

(1991 年 1 月～2001 年 10 月までに公開の出願)

(4) 複合材・その他カーテンウォール

図3.1.2-4 技術開発拠点図

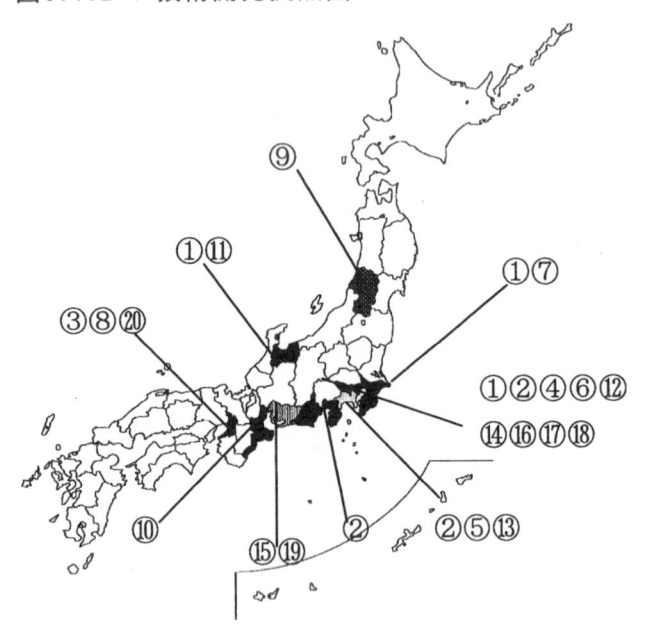

図 3.1.2-4 は複合材・その他カーテンウォールの技術開発拠点図を、表 3.1.2-4 はその技術開発拠点一覧表を示したものである。これらの図・表から発明者の技術開発拠点をみると、東京都、千葉県、神奈川県など関東地方に 14 拠点、大阪府に 3 拠点、愛知県、三重県、静岡県など中部地方に 4 拠点、山形県に 1 拠点、富山県に 2 拠点ある。

表3.1.2-4 技術開発拠点一覧表

NO	企業名	特許件数	事業所名	住所	発明者数
①	YKK.A.P	11	本社	東京都	3
			京葉工場	千葉県	4
			滑川工場	富山県	7
②	旭化成	19	本社	東京都	11
			川崎工場	神奈川県	1
			富士工場	静岡県	4
③	積水ハウス	13	本社	大阪府	17
④	新日軽	7	本社	東京都	4
⑤	旭硝子	4	中央研究所	神奈川県	4
⑥	住友金属鉱山	7	本社、電子事業所	東京都	3
⑦	日本建鉄	11	本社	千葉県	11
⑧	ナショナル住宅産業	18	本社	大阪府	11
⑨	アイジー技術研究所	1	技術研究所	山形県	3
⑩	セントラル硝子	5	松坂工場	三重県	4
⑪	三協アルミニウム工業	12	本社、富山工場	富山県	8
⑫	ミサワホーム	11	本社	東京都	7
⑬	不二サッシ	8	本社	神奈川県	4
⑭	竹中工務店	3	東京本店	東京都	2
⑮	クリオン	5	名古屋工場	愛知県	2
⑯	鹿島建設	6	本社、技術研究所	東京都	8
⑰	大成建設	8	本社、住宅事業本部	東京都	6
⑱	清水建設	5	本社	東京都	4
⑲	イナックス	5	本社	愛知県	3
⑳	東洋シヤッター	2	本社	大阪府	1

(1991 年 1 月～2001 年 10 月までに公開の出願)

(5) 既存壁の改装

図3.1.2-5 技術開発拠点図

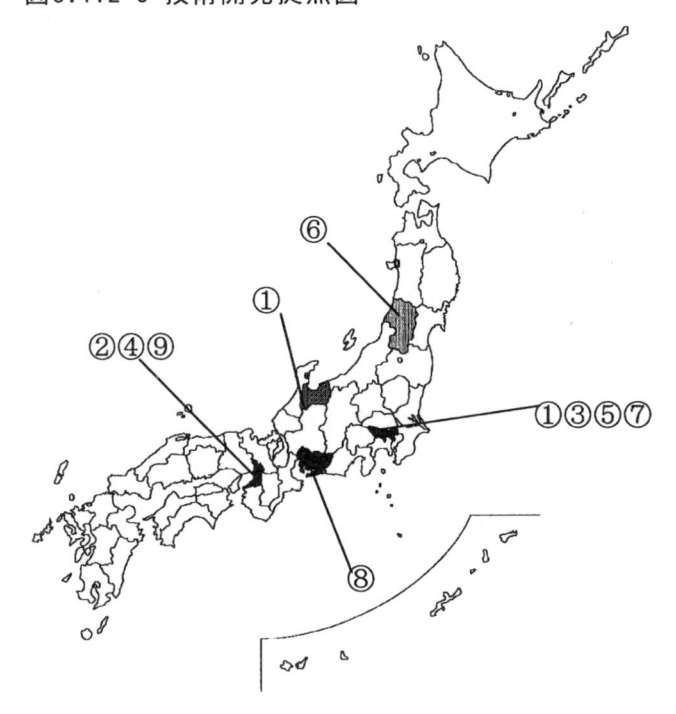

図 3.1.2-5 は既存壁の改装の技術開発拠点図を、表 3.1.2-5 はその技術開発拠点一覧表を示したものである。これらの図・表から発明者の技術開発拠点をみると、東京都に4拠点、大阪府に3拠点、愛知県に1拠点、山形県に1拠点、富山県に1拠点ある。

表3.1.2-5 技術開発拠点一覧表

NO	企業名	特許件数	事業所名	住所	発明者数
①	YKK.A.P	2	本社	東京都	1
			滑川工場	富山県	1
②	積水ハウス	11	本社	大阪府	4
③	新日軽	1	本社	東京都	1
④	ナショナル住宅産業	1	本社	大阪府	1
⑤	鹿島建設	2	本社、技術研究所	東京都	5
⑥	アイジー技術研究所	50	技術研究所	山形県	17
⑦	大成建設	1	本社、住宅事業本部	東京都	1
⑧	イナックス	13	本社	愛知県	16
⑨	東洋シャッター	8	本社	大阪府	2

(1991年1月～2001年10月までに公開の出願)

3.1.3 外壁取付技術
(1) パネルタイプ取付け

図3.1.3-1 技術開発拠点図

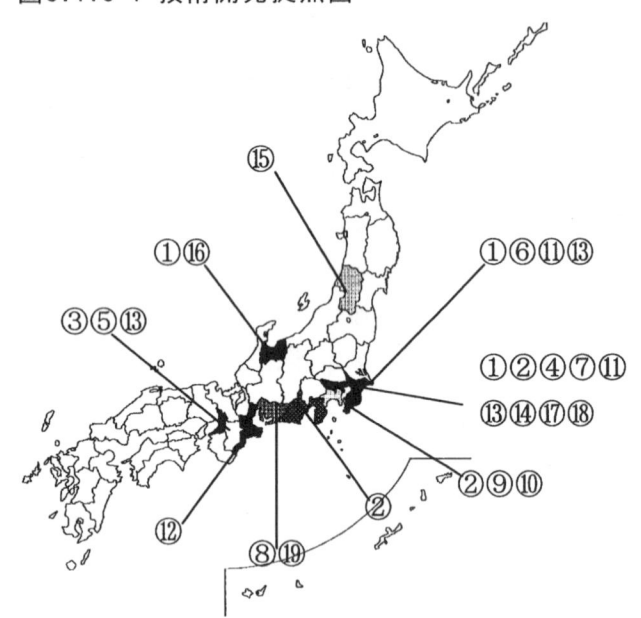

図 3.1.3-1 はパネルタイプ取付けの技術開発拠点図を、表 3.1.3-1 はその技術開発拠点一覧表を示している。これらの図・表から発明者の技術開発拠点をみると、東京都、千葉県、神奈川県など関東地方に16拠点、大阪府に3拠点、愛知県、三重県、静岡県など中部地方に4拠点、山形県に1拠点、富山県に2拠点ある。

表3.1.3-1 技術開発拠点一覧表

NO	企業名	特許件数	事業所名	住所	発明者数
①	YKK.A.P	20	本社	東京都	14
			京葉工場	千葉県	13
			滑川工場	富山県	3
②	旭化成	71	本社	東京都	27
			川崎工場	神奈川県	9
			富士工場	静岡県	7
③	積水ハウス	59	本社	大阪府	32
④	新日軽	9	本社	東京都	16
⑤	ナショナル住宅産業	19	本社	大阪府	21
⑥	日本建鉄	8	本社	千葉県	4
⑦	ミサワホーム	13	本社	東京都	15
⑧	クリオン	30	名古屋工場	愛知県	11
⑨	旭硝子	11	中央研究所	神奈川県	14
⑩	不二サッシ	9	本社	神奈川県	10
⑪	住友金属鉱山	24	本社、電子事業所	東京都	10
			中央研究所	千葉県	1
⑫	セントラル硝子	10	松坂工場	三重県	19
⑬	竹中工務店	11	本社、大阪本店	大阪府	14
	竹中工務店		東京本店	東京都	14
	竹中工務店		技術研究所	千葉県	2
⑭	鹿島建設	5	本社、技術研究所	東京都	16
⑮	アイジー技術研究所	1	技術研究所	山形県	1
⑯	三協アルミニウム工業	2	本社、富山工場	富山県	3
⑰	大成建設	17	本社、住宅事業本部	東京都	19
⑱	清水建設	5	本社	東京都	8
⑲	イナックス	2	本社	愛知県	3

(1991年1月～2001年10月までに公開の出願)

(2) マリオンタイプ取付け

図3.1.3-2 技術開発拠点図

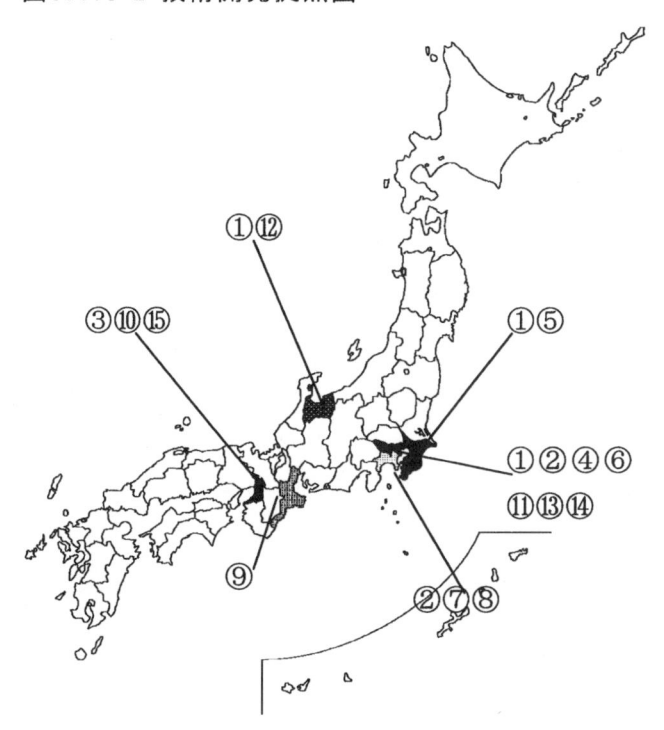

図 3.1.3-2 はマリオンタイプ取付けの技術開発拠点図を、表 3.1.3-2 はその技術開発拠点一覧表を示したものである。
これらの図・表から発明者の技術開発拠点をみると、東京都、千葉県、神奈川県など関東地方に12拠点、大阪府に3拠点、三重県に1拠点、富山県に2拠点ある。

表3.1.3-2 技術開発拠点一覧表

NO	企業名	特許件数	事業所名	住所	発明者数
①	YKK.A.P	74	本社	東京都	14
			京葉工場	千葉県	20
			滑川工場	富山県	19
②	旭化成	2	本社	東京都	1
			川崎工場	神奈川県	1
③	積水ハウス	2	本社	大阪府	3
④	新日軽	38	本社	東京都	32
⑤	日本建鉄	9	本社	千葉県	12
⑥	ミサワホーム	2	本社	東京都	3
⑦	旭硝子	13	中央研究所	神奈川県	11
⑧	不二サッシ	17	本社	神奈川県	28
⑨	セントラル硝子	6	松坂工場	三重県	13
⑩	竹中工務店	10	本社、大阪本店	大阪府	11
⑪	鹿島建設	2	本社、技術研究所	東京都	4
⑫	三協アルミニウム工業	12	本社、富山工場	富山県	11
⑬	大成建設	4	本社、住宅事業本部	東京都	5
⑭	清水建設	6	本社	東京都	13
⑮	東洋シヤッター	12	本社	大阪府	2

(1991年1月～2001年10月までに公開の出願)

3.1.4 外壁接合技術
(1) ガスケットによる接合

図3.1.4-1 技術開発拠点図

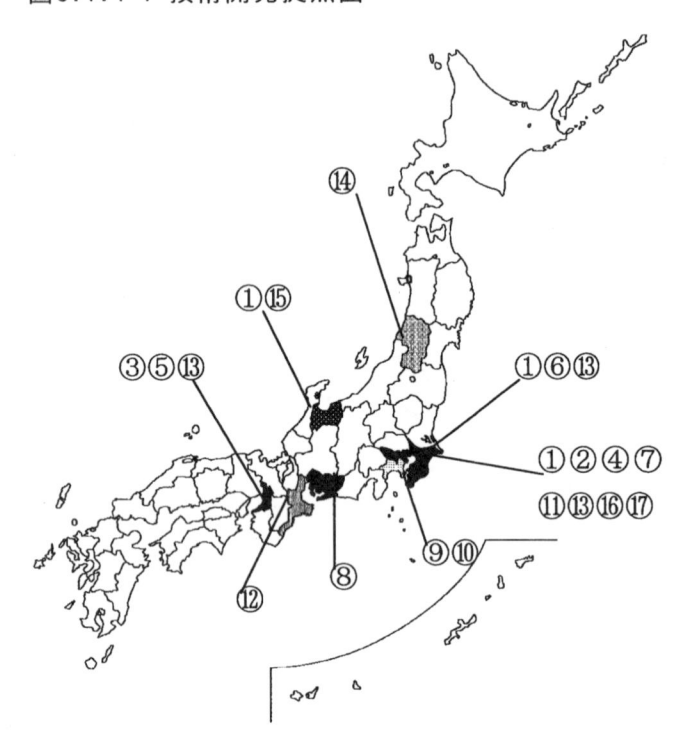

図 3.1.4-1 はガスケットによる接合の技術開発拠点図を、表 3.1.4-1 はその技術開発拠点一覧表を示したものである。
これらの図・表から発明者の技術開発拠点をみると、東京都、千葉県、神奈川県など関東地方に 13 拠点、大阪府に 3 拠点、愛知県、三重県など中部地方に 2 拠点、山形県に 1 拠点、富山県に 2 拠点ある。

表3.1.4-1 技術開発拠点一覧表

NO	企業名	特許件数	事業所名	住所	発明者数
①	YKK.A.P	32	本社	東京都	7
			京葉工場	千葉県	10
			滑川工場	富山県	10
②	旭化成	5	本社	東京都	5
③	積水ハウス	3	本社	大阪府	3
④	新日軽	6	本社	東京都	9
⑤	ナショナル住宅産業	3	本社	大阪府	1
⑥	日本建鉄	12	本社	千葉県	9
⑦	ミサワホーム	3	本社	東京都	4
⑧	クリオ	2	名古屋工場	愛知県	2
⑨	旭硝子	1	中央研究所	神奈川県	4
⑩	不二サッシ	4	本社	神奈川県	8
⑪	住友金属鉱山	3	本社、電子事業所	東京都	4
⑫	セントラル硝子	7	松坂工場	三重県	10
⑬	竹中工務店	5	本社、大阪本店	大阪府	5
			東京本店	東京都	1
			技術研究所	千葉県	1
⑭	アイジー技術研究所	1	技術研究所	山形県	3
⑮	三協アルミニウム工業	5	本社、富山工場	富山県	8
⑯	清水建設	3	本社	東京都	5
⑰	大成建設	1	本社、住宅事業本部	東京都	1

(1991 年 1 月～2001 年 10 月までに公開の出願)

(2) シーリング材による接合

図3.1.4-2 技術開発拠点図

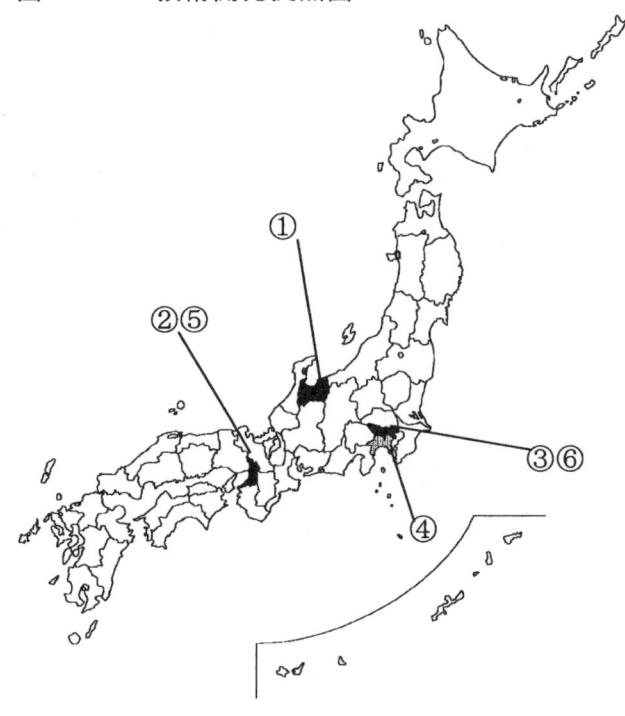

図 3.1.4-2 はシーリング材による接合の技術開発拠点図を、表 3.1.4-2 はその技術開発拠点一覧表を示したものである。これらの図・表から発明者の技術開発拠点をみると、東京都、千葉県、など関東地方に3拠点、大阪府に2拠点、富山県に1拠点ある。

表3.1.4-2 技術開発拠点一覧表

NO	企業名	特許件数	事業所名	住所	発明者数
①	YKK.A.P	1	富山工場	富山県	2
②	積水ハウス	1	本社	大阪府	1
③	新日軽	1	本社	東京都	1
④	旭硝子	3	中央研究所	神奈川県	5
⑤	竹中工務店	1	本社、大阪本店	大阪府	2
⑥	清水建設	2	本社	東京都	3

(1991年1月～2001年10月までに公開の出願)

(3) オープンジョイントによる接合

図3.1.4-3 技術開発拠点図

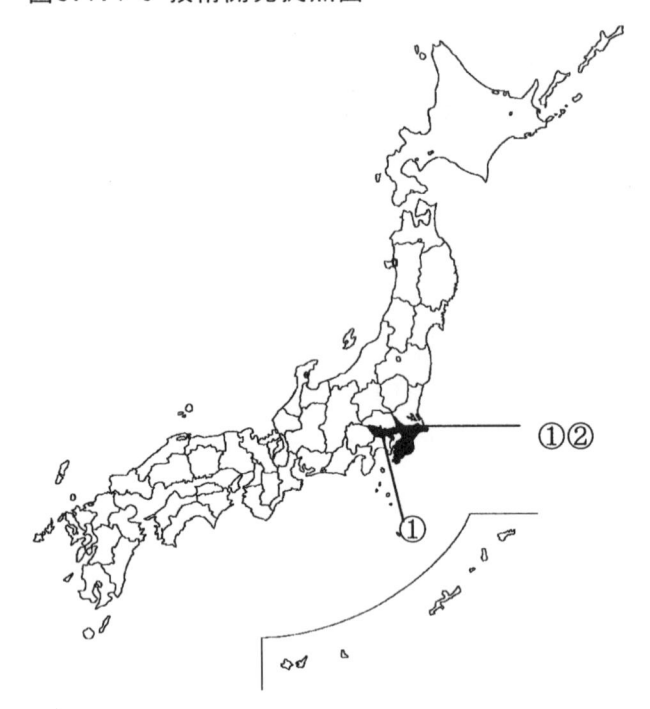

図 3.1.4-3 はオープンジョイントによる接合の技術開発拠点図を、表 3.1.4-3 はその技術開発拠点一覧表を示したものである。
これらの図・表から発明者の技術開発拠点をみると、東京都、千葉県、など関東地方の3拠点に集中している。

表3.1.4-3 技術開発拠点一覧表

NO	企業名	特許件数	事業所名	住所	発明者数
①	YKK.A.P	5	本社	東京都	3
			京葉工場	千葉県	4
②	日本建鉄	2	本社	千葉県	4

(1991 年 1 月～2001 年 10 月までに公開の出願)

(4) 接合部の排水

図3.1.4-4 技術開発拠点図

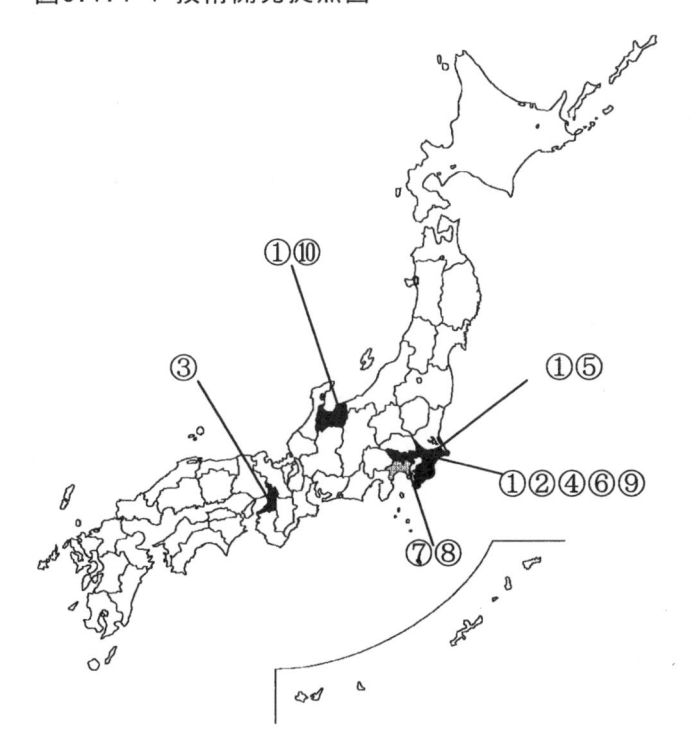

図 3.1.4-4 は接合部の排水の技術開発拠点図を、表 3.1.4-4 はその技術開発拠点一覧表を示したものである。

これらの図・表から発明者の技術開発拠点をみると、東京都、千葉県、神奈川県など関東地方に9拠点、大阪府に1拠点、富山県に2拠点ある。

表3.1.4-4 技術開発拠点一覧表

NO	企業名	特許件数	事業所名	住所	発明者数
①	YKK.A.P	11	本社	東京都	4
			京葉工場	千葉県	3
			滑川工場	富山県	4
②	旭化成	3	本社	東京都	3
③	積水ハウス	1	本社	大阪府	2
④	新日軽	4	本社	東京都	12
⑤	日本建鉄	1	本社	千葉県	6
⑥	ミサワホーム	1	本社	東京都	1
⑦	旭硝子	1	中央研究所	神奈川県	4
⑧	不二サッシ	4	本社	神奈川県	2
⑨	鹿島建設	1	本社、技術研究所	東京都	2
⑩	三協アルミニウム工業	2	本社、富山工場	富山県	5

(1991年1月～2001年10月までに公開の出願)

資料

1. 工業所有権総合情報館と特許流通促進事業
2. 特許流通アドバイザー一覧
3. 特許電子図書館情報検索指導アドバイザー一覧
4. 知的所有権センター一覧
5. 平成13年度25技術テーマの特許流通の概要
6. 特許番号一覧

資料1．工業所有権総合情報館と特許流通促進事業

　特許庁工業所有権総合情報館は、明治20年に特許局官制が施行され、農商務省特許局庶務部内に図書館を置き、図書等の保管・閲覧を開始したことにより、組織上のスタートを切りました。
　その後、我が国が明治32年に「工業所有権の保護等に関するパリ同盟条約」に加入することにより、同条約に基づく公報等の閲覧を行う中央資料館として、国際的な地位を獲得しました。
　平成9年からは、工業所有権相談業務と情報流通業務を新たに加え、総合的な情報提供機関として、その役割を果たしております。さらに平成13年4月以降は、独立行政法人工業所有権総合情報館として生まれ変わり、より一層の利用者ニーズに機敏に対応する業務運営を目指し、特許公報等の情報提供及び工業所有権に関する相談等による出願人支援、審査審判協力のための図書等の提供、開放特許活用等の特許流通促進事業を推進しております。

1　事業の概要
(1) 内外国公報類の収集・閲覧
　下記の公報閲覧室でどなたでも内外国公報等の調査を行うことができる環境と体制を整備しています。

閲覧室	所在地	TEL
札幌閲覧室	北海道札幌市北区北7条西2-8　北ビル7F	011-747-3061
仙台閲覧室	宮城県仙台市青葉区本町3-4-18　太陽生命仙台本町ビル7F	022-711-1339
第一公報閲覧室	東京都千代田区霞が関3-4-3　特許庁2F	03-3580-7947
第二公報閲覧室	東京都千代田区霞が関1-3-1　経済産業省別館1F	03-3581-1101（内線3819）
名古屋閲覧室	愛知県名古屋市中区栄2-10-19　名古屋商工会議所ビルB2F	052-223-5764
大阪閲覧室	大阪府大阪市天王寺区伶人町2-7　関西特許情報センター1F	06-4305-0211
広島閲覧室	広島県広島市中区上八丁堀6-30　広島合同庁舎3号館	082-222-4595
高松閲覧室	香川県高松市林町2217-15　香川産業頭脳化センタービル2F	087-869-0661
福岡閲覧室	福岡県福岡市博多区博多駅東2-6-23　住友博多駅前第2ビル2F	092-414-7101
那覇閲覧室	沖縄県那覇市前島3-1-15　大同生命那覇ビル5F	098-867-9610

(2) 審査審判用図書等の収集・閲覧
　審査に利用する図書等を収集・整理し、特許庁の審査に提供すると同時に、「図書閲覧室（特許庁2F）」において、調査を希望する方々へ提供しています。【TEL：03-3592-2920】

(3) 工業所有権に関する相談
　相談窓口（特許庁　2F）を開設し、工業所有権に関する一般的な相談に応じています。

手紙、電話、e-mail等による相談も受け付けています。
　【TEL：03-3581-1101(内線2121～2123)】【FAX：03-3502-8916】
　【e-mail：PA8102@ncipi.jpo.go.jp】

(4) 特許流通の促進
　特許権の活用を促進するための特許流通市場の整備に向け、各種事業を行っています。
(詳細は2項参照)【TEL：03-3580-6949】

2　特許流通促進事業

　先行き不透明な経済情勢の中、企業が生き残り、発展して行くためには、新しいビジネスの創造が重要であり、その際、知的資産の活用、とりわけ技術情報の宝庫である特許の活用がキーポイントとなりつつあります。

　また、企業が技術開発を行う場合、まず自社で開発を行うことが考えられますが、商品のライフサイクルの短縮化、技術開発のスピードアップ化が求められている今日、外部からの技術を積極的に導入することも必要になってきています。

　このような状況下、特許庁では、特許の流通を通じた技術移転・新規事業の創出を促進するため、特許流通促進事業を展開していますが、2001年4月から、これらの事業は、特許庁から独立をした「独立行政法人　工業所有権総合情報館」が引き継いでいます。

(1) 特許流通の促進
① 特許流通アドバイザー
　全国の知的所有権センター・TLO等からの要請に応じて、知的所有権や技術移転についての豊富な知識・経験を有する専門家を特許流通アドバイザーとして派遣しています。
　知的所有権センターでは、地域の活用可能な特許の調査、当該特許の提供支援及び大学・研究機関が保有する特許と地域企業との橋渡しを行っています。(資料2参照)

② 特許流通促進説明会
　地域特性に合った特許情報の有効活用の普及・啓発を図るため、技術移転の実例を紹介しながら特許流通のプロセスや特許電子図書館を利用した特許情報検索方法等を内容とした説明会を開催しています。

(2) 開放特許情報等の提供
① 特許流通データベース
　活用可能な開放特許を産業界、特に中小・ベンチャー企業に円滑に流通させ実用化を推進していくため、企業や研究機関・大学等が保有する提供意思のある特許をデータベース化し、インターネットを通じて公開しています。(http://www.ncipi.go.jp)

② 開放特許活用例集
　特許流通データベースに登録されている開放特許の中から製品化ポテンシャルが高い案

件を選定し、これら有用な開放特許を有効に使ってもらうためのビジネスアイデア集を作成しています。

③ 特許流通支援チャート
　企業が新規事業創出時の技術導入・技術移転を図る上で指標となりうる国内特許の動向を技術テーマごとに、分析したものです。出願上位企業の特許取得状況、技術開発課題に対応した特許保有状況、技術開発拠点等を紹介しています。

④ 特許電子図書館情報検索指導アドバイザー
　知的財産権及びその情報に関する専門的知識を有するアドバイザーを全国の知的所有権センターに派遣し、特許情報の検索に必要な基礎知識から特許情報の活用の仕方まで、無料でアドバイス・相談を行っています。(資料3参照)

(3) 知的財産権取引業の育成
① 知的財産権取引業者データベース
　特許を始めとする知的財産権の取引や技術移転の促進には、欧米の技術移転先進国に見られるように、民間の仲介事業者の存在が不可欠です。こうした民間ビジネスが質・量ともに不足し、社会的認知度も低いことから、事業者の情報を収集してデータベース化し、インターネットを通じて公開しています。

② 国際セミナー・研修会等
　著名海外取引業者と我が国取引業者との情報交換、議論の場(国際セミナー)を開催しています。また、産学官の技術移転を促進して、企業の新商品開発や技術力向上を促進するために不可欠な、技術移転に携わる人材の育成を目的とした研修事業を開催しています。

資料2．特許流通アドバイザー一覧 （平成14年3月1日現在）

〇経済産業局特許室および知的所有権センターへの派遣

派遣先	氏名	所在地	TEL
北海道経済産業局特許室	杉谷 克彦	〒060-0807 札幌市北区北7条西2丁目8番地1北ビル7階	011-708-5783
北海道知的所有権センター (北海道立工業試験場)	宮本 剛汎	〒060-0819 札幌市北区北19条西11丁目 北海道立工業試験場内	011-747-2211
東北経済産業局特許室	三澤 輝起	〒980-0014 仙台市青葉区本町3-4-18 太陽生命仙台本町ビル7階	022-223-9761
青森県知的所有権センター ((社)発明協会青森県支部)	内藤 規雄	〒030-0112 青森市大字八ツ役字芦谷202-4 青森県産業技術開発センター内	017-762-3912
岩手県知的所有権センター (岩手県工業技術センター)	阿部 新喜司	〒020-0852 盛岡市飯岡新田3-35-2 岩手県工業技術センター内	019-635-8182
宮城県知的所有権センター (宮城県産業技術総合センター)	小野 賢悟	〒981-3206 仙台市泉区明通二丁目2番地 宮城県産業技術総合センター内	022-377-8725
秋田県知的所有権センター (秋田県工業技術センター)	石川 順三	〒010-1623 秋田市新屋町字砂奴寄4-11 秋田県工業技術センター内	018-862-3417
山形県知的所有権センター (山形県工業技術センター)	冨樫 富雄	〒990-2473 山形市松栄1-3-8 山形県産業創造支援センター内	023-647-8130
福島県知的所有権センター ((社)発明協会福島県支部)	相澤 正彬	〒963-0215 郡山市待池台1-12 福島県ハイテクプラザ内	024-959-3351
関東経済産業局特許室	村上 義英	〒330-9715 さいたま市上落合2-11 さいたま新都心合同庁舎1号館	048-600-0501
茨城県知的所有権センター ((財)茨城県中小企業振興公社)	齋藤 幸一	〒312-0005 ひたちなか市新光町38 ひたちなかテクノセンタービル内	029-264-2077
栃木県知的所有権センター ((社)発明協会栃木県支部)	坂本 武	〒322-0011 鹿沼市白桑田516-1 栃木県工業技術センター内	0289-60-1811
群馬県知的所有権センター ((社)発明協会群馬県支部)	三田 隆志	〒371-0845 前橋市鳥羽町190 群馬県工業試験場内	027-280-4416
	金井 澄雄	〒371-0845 前橋市鳥羽町190 群馬県工業試験場内	027-280-4416
埼玉県知的所有権センター (埼玉県工業技術センター)	野口 満	〒333-0848 川口市芝下1-1-56 埼玉県工業技術センター内	048-269-3108
	清水 修	〒333-0848 川口市芝下1-1-56 埼玉県工業技術センター内	048-269-3108
千葉県知的所有権センター ((社)発明協会千葉県支部)	稲谷 稔宏	〒260-0854 千葉市中央区長洲1-9-1 千葉県庁南庁舎内	043-223-6536
	阿草 一男	〒260-0854 千葉市中央区長洲1-9-1 千葉県庁南庁舎内	043-223-6536
東京都知的所有権センター (東京都城南地域中小企業振興センター)	鷹見 紀彦	〒144-0035 大田区南蒲田1-20-20 城南地域中小企業振興センター内	03-3737-1435
神奈川県知的所有権センター支部 ((財)神奈川高度技術支援財団)	小森 幹雄	〒213-0012 川崎市高津区坂戸3-2-1 かながわサイエンスパーク内	044-819-2100
新潟県知的所有権センター ((財)信濃川テクノポリス開発機構)	小林 靖幸	〒940-2127 長岡市新産4-1-9 長岡地域技術開発振興センター内	0258-46-9711
山梨県知的所有権センター (山梨県工業技術センター)	廣川 幸生	〒400-0055 甲府市大津町2094 山梨県工業技術センター内	055-220-2409
長野県知的所有権センター ((社)発明協会長野県支部)	徳永 正明	〒380-0928 長野市若里1-18-1 長野県工業試験場内	026-229-7688
静岡県知的所有権センター ((社)発明協会静岡県支部)	神長 邦雄	〒421-1221 静岡市牧ヶ谷2078 静岡工業技術センター内	054-276-1516
	山田 修寧	〒421-1221 静岡市牧ヶ谷2078 静岡工業技術センター内	054-276-1516
中部経済産業局特許室	原口 邦弘	〒460-0008 名古屋市中区栄2-10-19 名古屋商工会議所ビルB2F	052-223-6549
富山県知的所有権センター (富山県工業技術センター)	小坂 郁雄	〒933-0981 高岡市二上町150 富山県工業技術センター内	0766-29-2081
石川県知的所有権センター (財)石川県産業創出支援機構	一丸 義次	〒920-0223 金沢市戸水町イ65番地 石川県地場産業振興センター新館1階	076-267-8117
岐阜県知的所有権センター (岐阜県科学技術振興センター)	松永 孝義	〒509-0108 各務原市須衛町4-179-1 テクノプラザ5F	0583-79-2250
	木下 裕雄	〒509-0108 各務原市須衛町4-179-1 テクノプラザ5F	0583-79-2250
愛知県知的所有権センター (愛知県工業技術センター)	森 孝和	〒448-0003 刈谷市一ツ木町西新割 愛知県工業技術センター内	0566-24-1841
	三浦 元久	〒448-0003 刈谷市一ツ木町西新割 愛知県工業技術センター内	0566-24-1841

派遣先	氏名	所在地	TEL
三重県知的所有権センター (三重県工業技術総合研究所)	馬渡 建一	〒514-0819 津市高茶屋5-5-45 三重県科学振興センター工業研究部内	059-234-4150
近畿経済産業局特許室	下田 英宣	〒543-0061 大阪市天王寺区伶人町2-7 関西特許情報センター1階	06-6776-8491
福井県知的所有権センター (福井県工業技術センター)	上坂 旭	〒910-0102 福井市川合鷲塚町61字北稲田10 福井県工業技術センター内	0776-55-2100
滋賀県知的所有権センター (滋賀県工業技術センター)	新屋 正男	〒520-3004 栗東市上砥山232 滋賀県工業技術総合センター別館内	077-558-4040
京都府知的所有権センター ((社)発明協会京都支部)	衣川 清彦	〒600-8813 京都市下京区中堂寺南町17番地 京都リサーチパーク京都高度技術研究所ビル4階	075-326-0066
大阪府知的所有権センター (大阪府立特許情報センター)	大空 一博	〒543-0061 大阪市天王寺区伶人町2-7 関西特許情報センター内	06-6772-0704
	梶原 淳治	〒577-0809 東大阪市永和1-11-10	06-6722-1151
兵庫県知的所有権センター ((財)新産業創造研究機構)	園田 憲一	〒650-0047 神戸市中央区港島南町1-5-2 神戸キメックセンタービル6F	078-306-6808
	島田 一男	〒650-0047 神戸市中央区港島南町1-5-2 神戸キメックセンタービル6F	078-306-6808
和歌山県知的所有権センター ((社)発明協会和歌山県支部)	北澤 宏造	〒640-8214 和歌山市寄合町25 和歌山市発明館4階	073-432-0087
中国経済産業局特許室	木村 郁男	〒730-8531 広島市中区上八丁堀6-30 広島合同庁舎3号館1階	082-502-6828
鳥取県知的所有権センター ((社)発明協会鳥取県支部)	五十嵐 善司	〒689-1112 鳥取市若葉台南7-5-1 新産業創造センター1階	0857-52-6728
島根県知的所有権センター ((社)発明協会島根県支部)	佐野 馨	〒690-0816 島根県松江市北陵町1 テクノアークしまね内	0852-60-5146
岡山県知的所有権センター ((社)発明協会岡山県支部)	横田 悦造	〒701-1221 岡山市芳賀5301 テクノサポート岡山内	086-286-9102
広島県知的所有権センター ((社)発明協会広島県支部)	壹岐 正弘	〒730-0052 広島市中区千田町3-13-11 広島発明会館2階	082-544-2066
山口県知的所有権センター ((社)発明協会山口県支部)	滝川 尚久	〒753-0077 山口市熊野町1-10 NPYビル10階 (財)山口県産業技術開発機構内	083-922-9927
四国経済産業局特許室	鶴野 弘章	〒761-0301 香川県高松市林町2217-15 香川産業頭脳化センタービル2階	087-869-3790
徳島県知的所有権センター ((社)発明協会徳島県支部)	武岡 明夫	〒770-8021 徳島市雑賀町西開11-2 徳島県立工業技術センター内	088-669-0117
香川県知的所有権センター ((社)発明協会香川県支部)	谷田 吉成	〒761-0301 香川県高松市林町2217-15 香川産業頭脳化センタービル2階	087-869-9004
	福家 康矩	〒761-0301 香川県高松市林町2217-15 香川産業頭脳化センタービル2階	087-869-9004
愛媛県知的所有権センター ((社)発明協会愛媛県支部)	川野 辰己	〒791-1101 松山市久米窪田町337-1 テクノプラザ愛媛	089-960-1489
高知県知的所有権センター ((財)高知県産業振興センター)	吉本 忠男	〒781-5101 高知市布師田3992-2 高知県中小企業会館2階	0888-46-7087
九州経済産業局特許室	簗田 克志	〒812-8546 福岡市博多区博多駅東2-11-1 福岡合同庁舎内	092-436-7260
福岡県知的所有権センター ((社)発明協会福岡県支部)	道津 毅	〒812-0013 福岡市博多区博多駅東2-6-23 住友博多駅前第2ビル1階	092-415-6777
福岡県知的所有権センター北九州支部 ((株)北九州テクノセンター)	沖 宏治	〒804-0003 北九州市戸畑区中原新町2-1 (株)北九州テクノセンター内	093-873-1432
佐賀県知的所有権センター (佐賀県工業技術センター)	光武 章二	〒849-0932 佐賀市鍋島町大字八戸溝114 佐賀県工業技術センター内	0952-30-8161
	村上 忠郎	〒849-0932 佐賀市鍋島町大字八戸溝114 佐賀県工業技術センター内	0952-30-8161
長崎県知的所有権センター ((社)発明協会長崎県支部)	嶋北 正俊	〒856-0026 大村市池田2-1303-8 長崎県工業技術センター内	0957-52-1138
熊本県知的所有権センター ((社)発明協会熊本県支部)	深見 毅	〒862-0901 熊本市東町3-11-38 熊本県工業技術センター内	096-331-7023
大分県知的所有権センター (大分県産業科学技術センター)	古崎 宣	〒870-1117 大分市高江西1-4361-10 大分県産業科学技術センター内	097-596-7121
宮崎県知的所有権センター ((社)発明協会宮崎県支部)	久保田 英世	〒880-0303 宮崎県宮崎郡佐土原町東上那珂16500-2 宮崎県工業技術センター内	0985-74-2953
鹿児島県知的所有権センター (鹿児島県工業技術センター)	山田 式典	〒899-5105 鹿児島県姶良郡隼人町小田1445-1 鹿児島県工業技術センター内	0995-64-2056
沖縄総合事務局特許室	下司 義雄	〒900-0016 那覇市前島3-1-15 大同生命那覇ビル5階	098-867-3293
沖縄県知的所有権センター (沖縄県工業技術センター)	木村 薫	〒904-2234 具志川市州崎12-2 沖縄県工業技術センター内1階	098-939-2372

○技術移転機関(TLO)への派遣

派遣先	氏名	所在地	TEL
北海道ティー・エル・オー(株)	山田 邦重	〒060-0808 札幌市北区北8条西5丁目 北海道大学事務局分館2館	011-708-3633
	岩城 全紀	〒060-0808 札幌市北区北8条西5丁目 北海道大学事務局分館2館	011-708-3633
(株)東北テクノアーチ	井硲 弘	〒980-0845 仙台市青葉区荒巻字青葉468番地 東北大学未来科学技術共同センター	022-222-3049
(株)筑波リエゾン研究所	関 淳次	〒305-8577 茨城県つくば市天王台1-1-1 筑波大学共同研究棟A303	0298-50-0195
	綾 紀元	〒305-8577 茨城県つくば市天王台1-1-1 筑波大学共同研究棟A303	0298-50-0195
(財)日本産業技術振興協会 産総研イノベーションズ	坂 光	〒305-8568 茨城県つくば市梅園1-1-1 つくば中央第二事業所D-7階	0298-61-5210
日本大学国際産業技術・ビジネス育成セン	斎藤 光史	〒102-8275 東京都千代田区九段南4-8-24	03-5275-8139
	加根魯 和宏	〒102-8275 東京都千代田区九段南4-8-24	03-5275-8139
学校法人早稲田大学知的財産センター	菅野 淳	〒162-0041 東京都新宿区早稲田鶴巻町513 早稲田大学研究開発センター120-1号館1F	03-5286-9867
	風間 孝彦	〒162-0041 東京都新宿区早稲田鶴巻町513 早稲田大学研究開発センター120-1号館1F	03-5286-9867
(財)理工学振興会	鷹巣 征行	〒226-8503 横浜市緑区長津田町4259 フロンティア創造共同研究センター内	045-921-4391
	北川 謙一	〒226-8503 横浜市緑区長津田町4259 フロンティア創造共同研究センター内	045-921-4391
よこはまティーエルオー(株)	小原 郁	〒240-8501 横浜市保土ヶ谷区常盤台79-5 横浜国立大学共同研究推進センター内	045-339-4441
学校法人慶応義塾大学知的資産センター	道井 敏	〒108-0073 港区三田2-11-15 三田川崎ビル3階	03-5427-1678
	鈴木 泰	〒108-0073 港区三田2-11-15 三田川崎ビル3階	03-5427-1678
学校法人東京電機大学産官学交流セン	河村 幸夫	〒101-8457 千代田区神田錦町2-2	03-5280-3640
タマティーエルオー(株)	古瀬 武弘	〒192-0083 八王子市旭町9-1 八王子スクエアビル11階	0426-31-1325
学校法人明治大学知的資産センター	竹田 幹男	〒101-8301 千代田区神田駿河台1-1	03-3296-4327
(株)山梨ティー・エル・オー	田中 正男	〒400-8511 甲府市武田4-3-11 山梨大学地域共同開発研究センター内	055-220-8760
(財)浜松科学技術研究振興会	小野 義光	〒432-8561 浜松市城北3-5-1	053-412-6703
(財)名古屋産業科学研究所	杉本 勝	〒460-0008 名古屋市中区栄二丁目十番十九号 名古屋商工会議所ビル	052-223-5691
	小西 富雅	〒460-0008 名古屋市中区栄二丁目十番十九号 名古屋商工会議所ビル	052-223-5694
関西ティー・エル・オー(株)	山田 富義	〒600-8813 京都市下京区中堂寺南町17 京都リサーチパークサイエンスセンタービル1号館2階	075-315-8250
	斎田 雄一	〒600-8813 京都市下京区中堂寺南町17 京都リサーチパークサイエンスセンタービル1号館2階	075-315-8250
(財)新産業創造研究機構	井上 勝彦	〒650-0047 神戸市中央区港島南町1-5-2 神戸キメックセンタービル6F	078-306-6805
	長冨 弘充	〒650-0047 神戸市中央区港島南町1-5-2 神戸キメックセンタービル6F	078-306-6805
(財)大阪産業振興機構	有馬 秀平	〒565-0871 大阪府吹田市山田丘2-1 大阪大学先端科学技術共同研究センター4F	06-6879-4196
(有)山口ティー・エル・オー	松本 孝三	〒755-8611 山口県宇部市常盤台2-16-1 山口大学地域共同研究開発センター内	0836-22-9768
	熊原 尋美	〒755-8611 山口県宇部市常盤台2-16-1 山口大学地域共同研究開発センター内	0836-22-9768
(株)テクノネットワーク四国	佐藤 博正	〒760-0033 香川県高松市丸の内2-5 ヨンデンビル別館4F	087-811-5039
(株)北九州テクノセンター	乾 全	〒804-0003 北九州市戸畑区中原新町2番1号	093-873-1448
(株)産学連携機構九州	堀 浩一	〒812-8581 福岡市東区箱崎6-10-1 九州大学技術移転推進室内	092-642-4363
(財)くまもとテクノ産業財団	桂 真郎	〒861-2202 熊本県上益城郡益城町田原2081-10	096-289-2340

資料3．特許電子図書館情報検索指導アドバイザー一覧 （平成14年3月1日現在）

〇知的所有権センターへの派遣

派遣先	氏名	所在地	TEL
北海道知的所有権センター (北海道立工業試験場)	平野 徹	〒060-0819 札幌市北区北19条西11丁目	011-747-2211
青森県知的所有権センター ((社)発明協会青森県支部)	佐々木 泰樹	〒030-0112 青森市第二問屋町4-11-6	017-762-3912
岩手県知的所有権センター (岩手県工業技術センター)	中嶋 孝弘	〒020-0852 盛岡市飯岡新田3-35-2	019-634-0684
宮城県知的所有権センター (宮城県産業技術総合センター)	小林 保	〒981-3206 仙台市泉区明通2-2	022-377-8725
秋田県知的所有権センター (秋田県工業技術センター)	田嶋 正夫	〒010-1623 秋田市新屋町字砂奴寄4-11	018-862-3417
山形県知的所有権センター (山形県工業技術センター)	大澤 忠行	〒990-2473 山形市松栄1-3-8	023-647-8130
福島県知的所有権センター ((社)発明協会福島県支部)	栗田 広	〒963-0215 郡山市待池台1-12 福島県ハイテクプラザ内	024-963-0242
茨城県知的所有権センター ((財)茨城県中小企業振興公社)	猪野 正己	〒312-0005 ひたちなか市新光町38 ひたちなかテクノセンタービル1階	029-264-2211
栃木県知的所有権センター ((社)発明協会栃木県支部)	中里 浩	〒322-0011 鹿沼市白桑田516-1 栃木県工業技術センター内	0289-65-7550
群馬県知的所有権センター ((社)発明協会群馬県支部)	神林 賢蔵	〒371-0845 前橋市鳥羽町190 群馬県工業試験場内	027-254-0627
埼玉県知的所有権センター ((社)発明協会埼玉県支部)	田中 廣雅	〒331-8669 さいたま市桜木町1-7-5 ソニックシティ10階	048-644-4806
千葉県知的所有権センター ((社)発明協会千葉県支部)	中原 照義	〒260-0854 千葉市中央区長洲1-9-1 千葉県庁南庁舎R3階	043-223-7748
東京都知的所有権センター ((社)発明協会東京支部)	福澤 勝義	〒105-0001 港区虎ノ門2-9-14	03-3502-5521
神奈川県知的所有権センター (神奈川県産業技術総合研究所)	森 啓次	〒243-0435 海老名市下今泉705-1	046-236-1500
神奈川県知的所有権センター支部 ((財)神奈川高度技術支援財団)	大井 隆	〒213-0012 川崎市高津区坂戸3-2-1 かながわサイエンスパーク西棟205	044-819-2100
神奈川県知的所有権センター支部 ((社)発明協会神奈川県支部)	蓮見 亮	〒231-0015 横浜市中区尾上町5-80 神奈川中小企業センター10階	045-633-5055
新潟県知的所有権センター ((財)信濃川テクノポリス開発機構)	石谷 速夫	〒940-2127 長岡市新産4-1-9	0258-46-9711
山梨県知的所有権センター (山梨県工業技術センター)	山下 知	〒400-0055 甲府市大津町2094	055-243-6111
長野県知的所有権センター ((社)発明協会長野県支部)	岡田 光正	〒380-0928 長野市若里1-18-1 長野県工業試験場内	026-228-5559
静岡県知的所有権センター ((社)発明協会静岡県支部)	吉井 和夫	〒421-1221 静岡市牧ヶ谷2078 静岡工業技術センター資料館内	054-278-6111
富山県知的所有権センター (富山県工業技術センター)	齋藤 靖雄	〒933-0981 高岡市二上町150	0766-29-1252
石川県知的所有権センター (財)石川県産業創出支援機構	辻 寛司	〒920-0223 金沢市戸水町イ65番地 石川県地場産業振興センター	076-267-5918
岐阜県知的所有権センター (岐阜県科学技術振興センター)	林 邦明	〒509-0108 各務原市須衛町4-179-1 テクノプラザ5F	0583-79-2250
愛知県知的所有権センター (愛知県工業技術センター)	加藤 英昭	〒448-0003 刈谷市一ツ木町西新割	0566-24-1841
三重県知的所有権センター (三重県工業技術総合研究所)	長峰 隆	〒514-0819 津市高茶屋5-5-45	059-234-4150
福井県知的所有権センター (福井県工業技術センター)	川・ 好昭	〒910-0102 福井市川合鷲塚町61字北稲田10	0776-55-1195
滋賀県知的所有権センター (滋賀県工業技術センター)	森 久子	〒520-3004 栗東市上砥山232	077-558-4040
京都府知的所有権センター ((社)発明協会京都支部)	中野 剛	〒600-8813 京都市下京区中堂寺南町17 京都リサーチパーク内 京都高度技研ビル4階	075-315-8686
大阪府知的所有権センター (大阪府立特許情報センター)	秋田 伸一	〒543-0061 大阪市天王寺区伶人町2-7	06-6771-2646
大阪府知的所有権センター支部 ((社)発明協会大阪支部知的財産センター)	戎 邦夫	〒564-0062 吹田市垂水町3-24-1 シンプレス江坂ビル2階	06-6330-7725
兵庫県知的所有権センター ((社)発明協会兵庫県支部)	山口 克己	〒654-0037 神戸市須磨区行平町3-1-31 兵庫県立産業技術センター4階	078-731-5847
奈良県知的所有権センター (奈良県工業技術センター)	北田 友彦	〒630-8031 奈良市柏木町129-1	0742-33-0863

派遣先	氏名	所在地	TEL
和歌山県知的所有権センター ((社)発明協会和歌山県支部)	木村 武司	〒640-8214 和歌山県寄合町25 和歌山市発明館4階	073-432-0087
鳥取県知的所有権センター ((社)発明協会鳥取県支部)	奥村 隆一	〒689-1112 鳥取市若葉台南7-5-1 新産業創造センター1階	0857-52-6728
島根県知的所有権センター ((社)発明協会島根県支部)	門脇 みどり	〒690-0816 島根県松江市北陵町1番地 テクノアークしまね1F内	0852-60-5146
岡山県知的所有権センター ((社)発明協会岡山県支部)	佐藤 新吾	〒701-1221 岡山市芳賀5301 テクノサポート岡山内	086-286-9656
広島県知的所有権センター ((社)発明協会広島県支部)	若木 幸蔵	〒730-0052 広島市中区千田町3-13-11 広島発明会館内	082-544-0775
広島県知的所有権センター支部 ((社)発明協会広島県支部備後支会)	渡部 武徳	〒720-0067 福山市西町2-10-1	0849-21-2349
広島県知的所有権センター支部 (呉地域産業振興センター)	三上 達矢	〒737-0004 呉市阿賀南2-10-1	0823-76-3766
山口県知的所有権センター ((社)発明協会山口県支部)	大段 恭二	〒753-0077 山口市熊野町1-10 NPYビル10階	083-922-9927
徳島県知的所有権センター ((社)発明協会徳島県支部)	平野 稔	〒770-8021 徳島市雑賀町西開11-2 徳島県立工業技術センター内	088-636-3388
香川県知的所有権センター ((社)発明協会香川県支部)	中元 恒	〒761-0301 香川県高松市林町2217-15 香川産業頭脳化センタービル2階	087-869-9005
愛媛県知的所有権センター ((社)発明協会愛媛県支部)	片山 忠徳	〒791-1101 松山市久米窪田町337-1 テクノプラザ愛媛	089-960-1118
高知県知的所有権センター (高知県工業技術センター)	柏井 富雄	〒781-5101 高知市布師田3992-3	088-845-7664
福岡県知的所有権センター ((社)発明協会福岡県支部)	浦井 正章	〒812-0013 福岡市博多区博多駅東2-6-23 住友博多駅前第2ビル2階	092-474-7255
福岡県知的所有権センター北九州支部 ((株)北九州テクノセンター)	重藤 務	〒804-0003 北九州市戸畑区中原新町2-1	093-873-1432
佐賀県知的所有権センター (佐賀県工業技術センター)	塚島 誠一郎	〒849-0932 佐賀市鍋島町八戸溝114	0952-30-8161
長崎県知的所有権センター ((社)発明協会長崎県支部)	川添 早苗	〒856-0026 大村市池田2-1303-8 長崎県工業技術センター内	0957-52-1144
熊本県知的所有権センター ((社)発明協会熊本県支部)	松山 彰雄	〒862-0901 熊本市東町3-11-38 熊本県工業技術センター内	096-360-3291
大分県知的所有権センター (大分県産業科学技術センター)	鎌田 正道	〒870-1117 大分市高江西1-4361-10	097-596-7121
宮崎県知的所有権センター ((社)発明協会宮崎県支部)	黒田 護	〒880-0303 宮崎県宮崎郡佐土原町東上那珂16500-2 宮崎県工業技術センター内	0985-74-2953
鹿児島県知的所有権センター (鹿児島県工業技術センター)	大井 敏民	〒899-5105 鹿児島県姶良郡隼人町小田1445-1	0995-64-2445
沖縄県知的所有権センター (沖縄県工業技術センター)	和田 修	〒904-2234 具志川市字州崎12-2 中城湾港新港地区トロピカルテクノパーク内	098-929-0111

資料4．知的所有権センター一覧 （平成14年3月1日現在）

都道府県	名　称	所　在　地	TEL
北海道	北海道知的所有権センター （北海道立工業試験場）	〒060-0819 札幌市北区北19条西11丁目	011-747-2211
青森県	青森県知的所有権センター （(社)発明協会青森県支部）	〒030-0112 青森市第二問屋町4－11－6	017-762-3912
岩手県	岩手県知的所有権センター （岩手県工業技術センター）	〒020-0852 盛岡市飯岡新田3－35－2	019-634-0684
宮城県	宮城県知的所有権センター （宮城県産業技術総合センター）	〒981-3206 仙台市泉区明通2－2	022-377-8725
秋田県	秋田県知的所有権センター （秋田県工業技術センター）	〒010-1623 秋田市新屋町字砂奴寄4－11	018-862-3417
山形県	山形県知的所有権センター （山形県工業技術センター）	〒990-2473 山形市松栄1－3－8	023-647-8130
福島県	福島県知的所有権センター （(社)発明協会福島県支部）	〒963-0215 郡山市待池台1－12 福島県ハイテクプラザ内	024-963-0242
茨城県	茨城県知的所有権センター （(財)茨城県中小企業振興公社）	〒312-0005 ひたちなか市新光町38 ひたちなかテクノセンタービル1階	029-264-2211
栃木県	栃木県知的所有権センター （(社)発明協会栃木県支部）	〒322-0011 鹿沼市白桑田516－1 栃木県工業技術センター内	0289-65-7550
群馬県	群馬県知的所有権センター （(社)発明協会群馬県支部）	〒371-0845 前橋市鳥羽町190 群馬県工業試験場内	027-254-0627
埼玉県	埼玉県知的所有権センター （(社)発明協会埼玉県支部）	〒331-8669 さいたま市桜木町1－7－5 ソニックシティ10階	048-644-4806
千葉県	千葉県知的所有権センター （(社)発明協会千葉県支部）	〒260-0854 千葉市中央区長洲1－9－1 千葉県庁南庁舎R3階	043-223-7748
東京都	東京都知的所有権センター （(社)発明協会東京支部）	〒105-0001 港区虎ノ門2－9－14	03-3502-5521
神奈川県	神奈川県知的所有権センター （神奈川県産業技術総合研究所）	〒243-0435 海老名市下今泉705－1	046-236-1500
	神奈川県知的所有権センター支部 （(財)神奈川高度技術支援財団）	〒213-0012 川崎市高津区坂戸3－2－1 かながわサイエンスパーク西棟205	044-819-2100
	神奈川県知的所有権センター支部 （(社)発明協会神奈川県支部）	〒231-0015 横浜市中区尾上町5－80 神奈川中小企業センター10階	045-633-5055
新潟県	新潟県知的所有権センター （(財)信濃川テクノポリス開発機構）	〒940-2127 長岡市新産4－1－9	0258-46-9711
山梨県	山梨県知的所有権センター （山梨県工業技術センター）	〒400-0055 甲府市大津町2094	055-243-6111
長野県	長野県知的所有権センター （(社)発明協会長野県支部）	〒380-0928 長野市若里1－18－1 長野県工業試験場内	026-228-5559
静岡県	静岡県知的所有権センター （(社)発明協会静岡県支部）	〒421-1221 静岡市牧ヶ谷2078 静岡工業技術センター資料館内	054-278-6111
富山県	富山県知的所有権センター （富山県工業技術センター）	〒933-0981 高岡市二上町150	0766-29-1252
石川県	石川県知的所有権センター （財)石川県産業創出支援機構	〒920-0223 金沢市戸水町イ65番地 石川県地場産業振興センター	076-267-5918
岐阜県	岐阜県知的所有権センター （岐阜県科学技術振興センター）	〒509-0108 各務原市須衛町4－179－1 テクノプラザ5F	0583-79-2250
愛知県	愛知県知的所有権センター （愛知県工業技術センター）	〒448-0003 刈谷市一ツ木町西新割	0566-24-1841
三重県	三重県知的所有権センター （三重県工業技術総合研究所）	〒514-0819 津市高茶屋5－5－45	059-234-4150
福井県	福井県知的所有権センター （福井県工業技術センター）	〒910-0102 福井市川合鷲塚町61字北稲田10	0776-55-1195
滋賀県	滋賀県知的所有権センター （滋賀県工業技術センター）	〒520-3004 栗東市上砥山232	077-558-4040
京都府	京都府知的所有権センター （(社)発明協会京都支部）	〒600-8813 京都市下京区中堂寺南町17 京都リサーチパーク内　京都高度技研ビル4階	075-315-8686
大阪府	大阪府知的所有権センター （大阪府立特許情報センター）	〒543-0061 大阪市天王寺区伶人町2－7	06-6771-2646
	大阪府知的所有権センター支部 （(社)発明協会大阪支部知的財産センター）	〒564-0062 吹田市垂水町3－24－1 シンプレス江坂ビル2階	06-6330-7725
兵庫県	兵庫県知的所有権センター （(社)発明協会兵庫県支部）	〒654-0037 神戸市須磨区行平町3－1－31 兵庫県立産業技術センター4階	078-731-5847

都道府県	名称	所在地	TEL
奈良県	奈良県知的所有権センター (奈良県工業技術センター)	〒630-8031 奈良市柏木町129-1	0742-33-0863
和歌山県	和歌山県知的所有権センター ((社)発明協会和歌山県支部)	〒640-8214 和歌山県寄合町25 和歌山市発明館4階	073-432-0087
鳥取県	鳥取県知的所有権センター ((社)発明協会鳥取県支部)	〒689-1112 鳥取市若葉台南7-5-1 新産業創造センター1階	0857-52-6728
島根県	島根県知的所有権センター ((社)発明協会島根県支部)	〒690-0816 島根県松江市北陵町1番地 テクノアークしまね1F内	0852-60-5146
岡山県	岡山県知的所有権センター ((社)発明協会岡山県支部)	〒701-1221 岡山市芳賀5301 テクノサポート岡山内	086-286-9656
広島県	広島県知的所有権センター ((社)発明協会広島県支部)	〒730-0052 広島市中区千田町3-13-11 広島発明会館内	082-544-0775
	広島県知的所有権センター支部 ((社)発明協会広島県支部備後支会)	〒720-0067 福山市西町2-10-1	0849-21-2349
	広島県知的所有権センター支部 (呉地域産業振興センター)	〒737-0004 呉市阿賀南2-10-1	0823-76-3766
山口県	山口県知的所有権センター ((社)発明協会山口県支部)	〒753-0077 山口市熊野町1-10 NPYビル10階	083-922-9927
徳島県	徳島県知的所有権センター ((社)発明協会徳島県支部)	〒770-8021 徳島市雑賀町西開11-2 徳島県立工業技術センター内	088-636-3388
香川県	香川県知的所有権センター ((社)発明協会香川県支部)	〒761-0301 香川県高松市林町2217-15 香川産業頭脳化センタービル2階	087-869-9005
愛媛県	愛媛県知的所有権センター ((社)発明協会愛媛県支部)	〒791-1101 松山市久米窪田町337-1 テクノプラザ愛媛	089-960-1118
高知県	高知県知的所有権センター (高知県工業技術センター)	〒781-5101 高知市布師田3992-3	088-845-7664
福岡県	福岡県知的所有権センター ((社)発明協会福岡県支部)	〒812-0013 福岡市博多区博多駅東2-6-23 住友博多駅前第2ビル2階	092-474-7255
	福岡県知的所有権センター北九州支部 ((株)北九州テクノセンター)	〒804-0003 北九州市戸畑区中原新町2-1	093-873-1432
佐賀県	佐賀県知的所有権センター (佐賀県工業技術センター)	〒849-0932 佐賀市鍋島町八戸溝114	0952-30-8161
長崎県	長崎県知的所有権センター ((社)発明協会長崎県支部)	〒856-0026 大村市池田2-1303-8 長崎県工業技術センター内	0957-52-1144
熊本県	熊本県知的所有権センター ((社)発明協会熊本県支部)	〒862-0901 熊本市東町3-11-38 熊本県工業技術センター内	096-360-3291
大分県	大分県知的所有権センター (大分県産業科学技術センター)	〒870-1117 大分市高江西1-4361-10	097-596-7121
宮崎県	宮崎県知的所有権センター ((社)発明協会宮崎県支部)	〒880-0303 宮崎県宮崎郡佐土原町東上那珂16500-2 宮崎県工業技術センター内	0985-74-2953
鹿児島県	鹿児島県知的所有権センター (鹿児島県工業技術センター)	〒899-5105 鹿児島県姶良郡隼人町小田1445-1	0995-64-2445
沖縄県	沖縄県知的所有権センター (沖縄県工業技術センター)	〒904-2234 具志川市字州崎12-2 中城湾港新港地区トロピカルテクノパーク内	098-929-0111

資料5．平成13年度25技術テーマの特許流通の概要

5.1 アンケート送付先と回収率

　平成13年度は、25の技術テーマにおいて「特許流通支援チャート」を作成し、その中で特許流通に対する意識調査として各技術テーマの出願件数上位企業を対象としてアンケート調査を行った。平成13年12月7日に郵送によりアンケートを送付し、平成14年1月31日までに回収されたものを対象に解析した。

　表5.1-1に、アンケート調査表の回収状況を示す。送付数578件、回収数306件、回収率52.9%であった。

表5.1-1 アンケートの回収状況

送付数	回収数	未回収数	回収率
578	306	272	52.9%

　表5.1-2に、業種別の回収状況を示す。各業種を一般系、機械系、化学系、電気系と大きく4つに分類した。以下、「○○系」と表現する場合は、各企業の業種別に基づく分類を示す。それぞれの回収率は、一般系56.5%、機械系63.5%、化学系41.1%、電気系51.6%であった。

表5.1-2 アンケートの業種別回収件数と回収率

業種と回収率	業種	回収件数
一般系 48/85=56.5%	建設	5
	窯業	12
	鉄鋼	6
	非鉄金属	17
	金属製品	2
	その他製造業	6
化学系 39/95=41.1%	食品	1
	繊維	12
	紙・パルプ	3
	化学	22
	石油・ゴム	1
機械系 73/115=63.5%	機械	23
	精密機器	28
	輸送機器	22
電気系 146/283=51.6%	電気	144
	通信	2

図 5.1 に、全回収件数を母数にして業種別に回収率を示す。全回収件数に占める業種別の回収率は電気系 47.7%、機械系 23.9%、一般系 15.7%、化学系 12.7% である。

図 5.1 回収件数の業種別比率

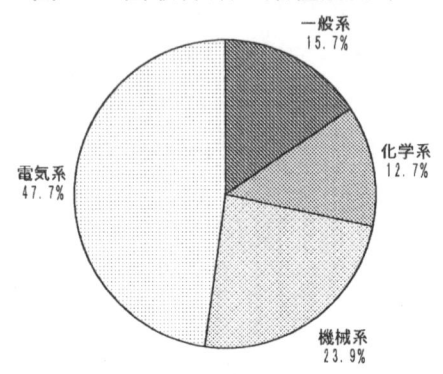

一般系	化学系	機械系	電気系	合計
48	39	73	146	306

表 5.1-3 に、技術テーマ別の回収件数と回収率を示す。この表では、技術テーマを一般分野、化学分野、機械分野、電気分野に分類した。以下、「○○分野」と表現する場合は、技術テーマによる分類を示す。回収率の最も良かった技術テーマは焼却炉排ガス処理技術の 71.4% で、最も悪かったのは有機 EL 素子の 34.6% である。

表 5.1-3 テーマ別の回収件数と回収率

	技術テーマ名	送付数	回収数	回収率
一般分野	カーテンウォール	24	13	54.2%
	気体膜分離装置	25	12	48.0%
	半導体洗浄と環境適応技術	23	14	60.9%
	焼却炉排ガス処理技術	21	15	71.4%
	はんだ付け鉛フリー技術	20	11	55.0%
化学分野	プラスチックリサイクル	25	15	60.0%
	バイオセンサ	24	16	66.7%
	セラミックスの接合	23	12	52.2%
	有機EL素子	26	9	34.6%
	生分解ポリエステル	23	12	52.2%
	有機導電性ポリマー	24	15	62.5%
	リチウムポリマー電池	29	13	44.8%
機械分野	車いす	21	12	57.1%
	金属射出成形技術	28	14	50.0%
	微細レーザ加工	20	10	50.0%
	ヒートパイプ	22	10	45.5%
電気分野	圧力センサ	22	13	59.1%
	個人照合	29	12	41.4%
	非接触型ICカード	21	10	47.6%
	ビルドアップ多層プリント配線板	23	11	47.8%
	携帯電話表示技術	20	11	55.0%
	アクティブマトリックス液晶駆動技術	21	12	57.1%
	プログラム制御技術	21	12	57.1%
	半導体レーザの活性層	22	11	50.0%
	無線LAN	21	11	52.4%

5.2 アンケート結果
5.2.1 開放特許に関して
(1) 開放特許と非開放特許

他者にライセンスしてもよい特許を「開放特許」、ライセンスの可能性のない特許を「非開放特許」と定義した。その上で、各技術テーマにおける保有特許のうち、自社での実施状況と開放状況について質問を行った。

306件中257件の回答があった（回答率84.0%）。保有特許件数に対する開放特許件数の割合を開放比率とし、保有特許件数に対する非開放特許件数の割合を非開放比率と定義した。

図5.2.1-1に、業種別の特許の開放比率と非開放比率を示す。全体の開放比率は58.3%で、業種別では一般系が37.1%、化学系が20.6%、機械系が39.4%、電気系が77.4%である。化学系（20.6%）の企業の開放比率は、化学分野における開放比率（図5.2.1-2）の最低値である「生分解ポリエステル」の22.6%よりさらに低い値となっている。これは、化学分野においても、機械系、電気系の企業であれば、保有特許について比較的開放的であることを示唆している。

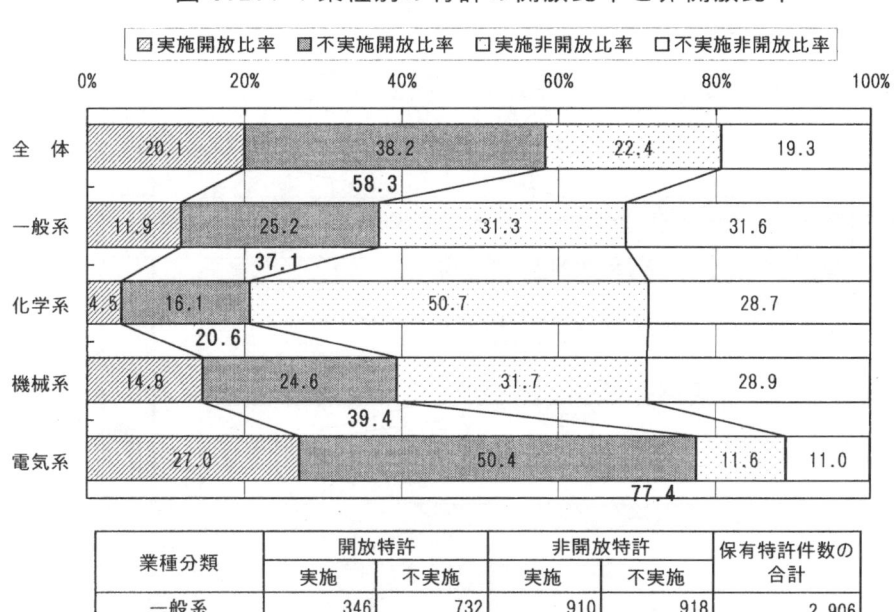

図5.2.1-1 業種別の特許の開放比率と非開放比率

業種分類	開放特許 実施	開放特許 不実施	非開放特許 実施	非開放特許 不実施	保有特許件数の合計
一般系	346	732	910	918	2,906
化学系	90	323	1,017	576	2,006
機械系	494	821	1,058	964	3,337
電気系	2,835	5,291	1,218	1,155	10,499
全体	3,765	7,167	4,203	3,613	18,748

図5.2.1-2に、技術テーマ別の開放比率と非開放比率を示す。

開放比率（実施開放比率と不実施開放比率を加算。）が高い技術テーマを見てみると、最高値は「個人照合」の84.7%で、次いで「はんだ付け鉛フリー技術」の83.2%、「無線LAN」の82.4%、「携帯電話表示技術」の80.0%となっている。一方、低い方から見ると、「生分解ポリエステル」の22.6%で、次いで「カーテンウォール」の29.3%、「有機EL」の30.5%である。

図 5.2.1-2 技術テーマ別の開放比率と非開放比率

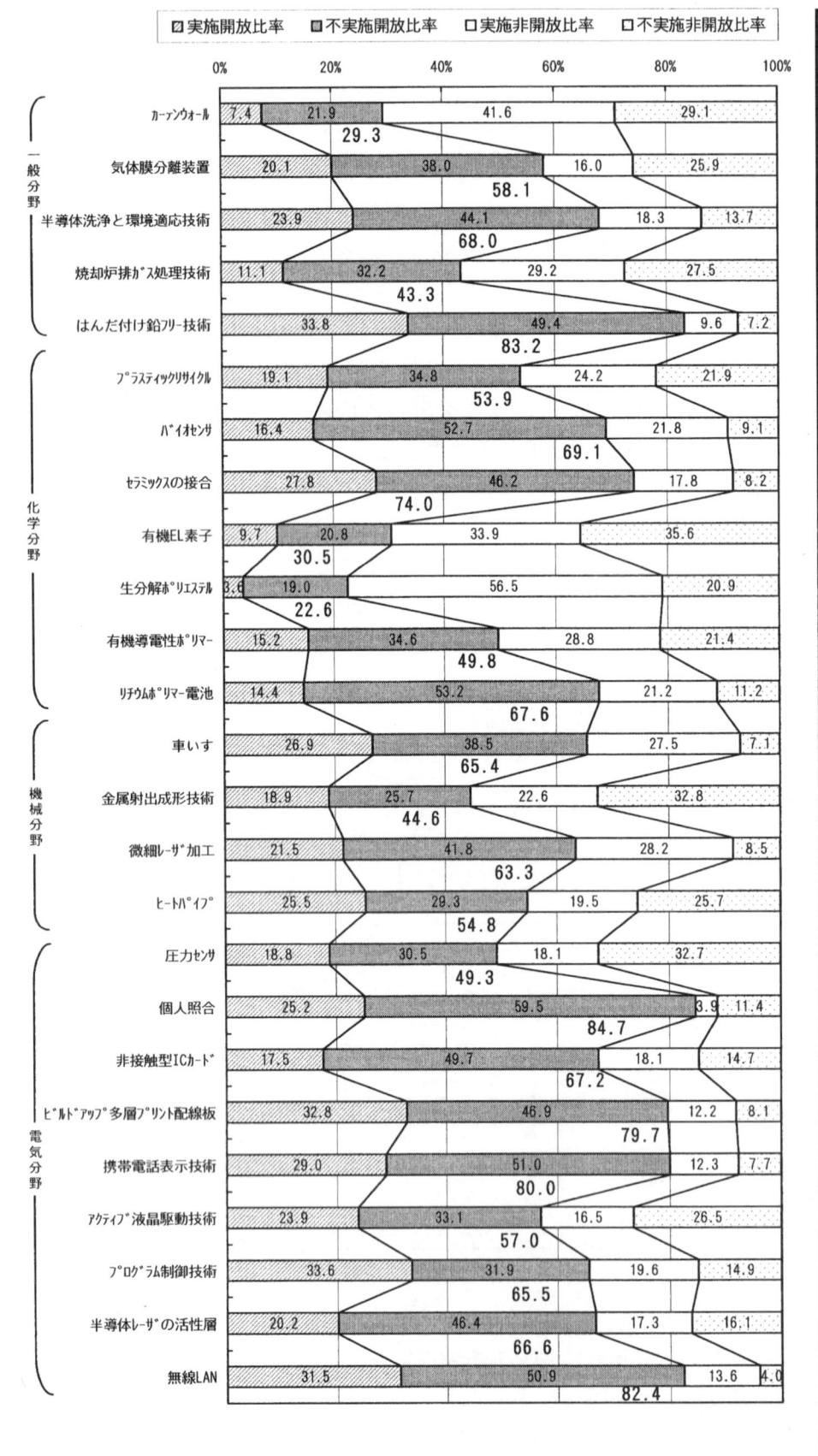

技術テーマ	分野	実施開放比率	不実施開放比率	実施非開放比率	不実施非開放比率	合計(%)	開放特許 実施	開放特許 不実施	非開放特許 実施	非開放特許 不実施	保有特許件数の合計
カーテンウォール	一般分野	7.4	21.9	41.6	29.1	29.3	67	198	376	264	905
気体膜分離装置	一般分野	20.1	38.0	16.0	25.9	58.1	88	166	70	113	437
半導体洗浄と環境適応技術	一般分野	23.9	44.1	18.3	13.7	68.0	155	286	119	89	649
焼却炉排ガス処理技術	一般分野	11.1	32.2	29.2	27.5	43.3	133	387	351	330	1,201
はんだ付け鉛フリー技術	一般分野	33.8	49.4	9.6	7.2	83.2	139	204	40	30	413
プラスティックリサイクル	化学分野	19.1	34.8	24.2	21.9	53.9	196	357	248	225	1,026
バイオセンサ	化学分野	16.4	52.7	21.8	9.1	69.1	106	340	141	59	646
セラミックスの接合	化学分野	27.8	46.2	17.8	8.2	74.0	145	241	93	42	521
有機EL素子	化学分野	9.7	20.8	33.9	35.6	30.5	90	193	316	332	931
生分解ポリエステル	化学分野	3.6	19.0	56.5	20.9	22.6	28	147	437	162	774
有機導電性ポリマー	化学分野	15.2	34.6	28.8	21.4	49.8	125	285	237	176	823
リチウムポリマー電池	化学分野	14.4	53.2	21.2	11.2	67.6	140	515	205	108	968
車いす	機械分野	26.9	38.5	27.5	7.1	65.4	107	154	110	28	399
金属射出成形技術	機械分野	18.9	25.7	22.6	32.8	44.6	147	200	175	255	777
微細レーザ加工	機械分野	21.5	41.8	28.2	8.5	63.3	68	133	89	27	317
ヒートパイプ	機械分野	25.5	29.3	19.5	25.7	54.8	215	248	164	217	844
圧力センサ	電気分野	18.8	30.5	18.1	32.7	49.3	164	267	158	286	875
個人照合	電気分野	25.2	59.5	3.9	11.4	84.7	220	521	34	100	875
非接触型ICカード	電気分野	17.5	49.7	18.1	14.7	67.2	140	398	145	117	800
ビルドアップ多層プリント配線板	電気分野	32.8	46.9	12.2	8.1	79.7	177	254	66	44	541
携帯電話表示技術	電気分野	29.0	51.0	12.3	7.7	80.0	235	414	100	62	811
アクティブ液晶駆動技術	電気分野	23.9	33.1	16.5	26.5	57.0	252	349	174	278	1,053
プログラム制御技術	電気分野	33.6	31.9	19.6	14.9	65.5	280	265	163	124	832
半導体レーザの活性層	電気分野	20.2	46.4	17.3	16.1	66.6	123	282	105	99	609
無線LAN	電気分野	31.5	50.9	13.6	4.0	82.4	227	367	98	29	721
合計							3,767	7,171	4,214	3,596	18,748

図5.2.1-3は、業種別に、各企業の特許の開放比率を示したものである。

開放比率は、化学系で最も低く、電気系で最も高い。機械系と一般系はその中間に位置する。推測するに、化学系の企業では、保有特許は「物質特許」である場合が多く、自社の市場独占を確保するため、特許を開放しづらい状況にあるのではないかと思われる。逆に、電気・機械系の企業は、商品のライフサイクルが短いため、せっかく取得した特許も短期間で新技術と入れ替える必要があり、不実施となった特許を開放特許として供出やすい環境にあるのではないかと考えられる。また、より効率性の高い技術開発を進めるべく他社とのアライアンスを目的とした開放特許戦略を採るケースも、最近出てきているのではないだろうか。

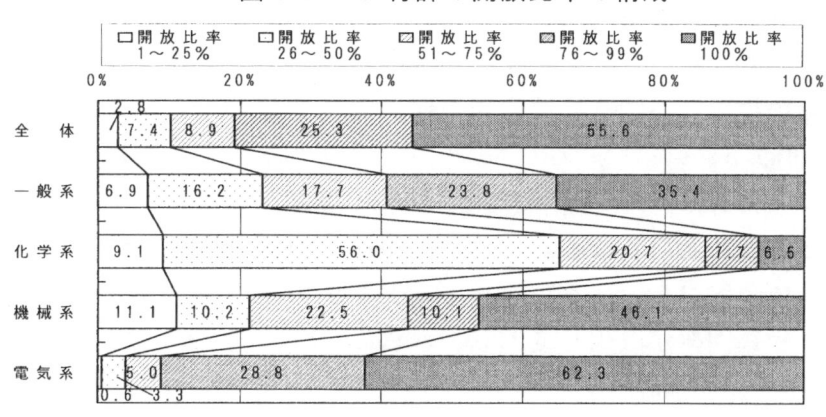

図5.2.1-3 特許の開放比率の構成

図5.2.1-4に、業種別の自社実施比率と不実施比率を示す。全体の自社実施比率は42.5%で、業種別では化学系55.2%、機械系46.5%、一般系43.2%、電気系38.6%である。化学系の企業は、自社実施比率が高く開放比率が低い。電気・機械系の企業は、その逆で自社実施比率が低く開放比率は高い。自社実施比率と開放比率は、反比例の関係にあるといえる。

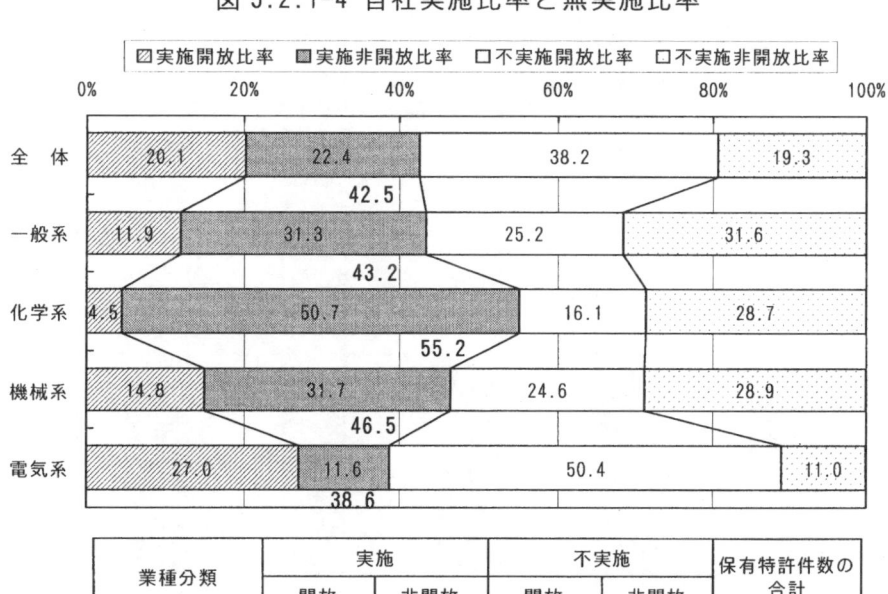

図5.2.1-4 自社実施比率と無実施比率

業種分類	実施 開放	実施 非開放	不実施 開放	不実施 非開放	保有特許件数の合計
一般系	346	910	732	918	2,906
化学系	90	1,017	323	576	2,006
機械系	494	1,058	821	964	3,337
電気系	2,835	1,218	5,291	1,155	10,499
全体	3,765	4,203	7,167	3,613	18,748

(2) 非開放特許の理由

開放可能性のない特許の理由について質問を行った（複数回答）。

質問内容	一般系	化学系	機械系	電気系	全体
・独占的排他権の行使により、ライバル企業を排除するため（ライバル企業排除）	36.3%	36.7%	36.4%	34.5%	36.0%
・他社に対する技術の優位性の喪失（優位性喪失）	31.9%	31.6%	30.5%	29.9%	30.9%
・技術の価値評価が困難なため（価値評価困難）	12.1%	16.5%	15.3%	13.8%	14.4%
・企業秘密がもれるから（企業秘密）	5.5%	7.6%	3.4%	14.9%	7.5%
・相手先を見つけるのが困難であるため（相手先探し）	7.7%	5.1%	8.5%	2.3%	6.1%
・ライセンス経験不足等のため提供に不安があるから（経験不足）	4.4%	0.0%	0.8%	0.0%	1.3%
・その他	2.1%	2.5%	5.1%	4.6%	3.8%

図5.2.1-5は非開放特許の理由の内容を示す。

「ライバル企業の排除」が最も多く36.0％、次いで「優位性喪失」が30.9％と高かった。特許権を「技術の市場における排他的独占権」として充分に行使していることが伺える。「価値評価困難」は14.4％となっているが、今回の「特許流通支援チャート」作成にあたり分析対象とした特許は直近10年間だったため、登録前の特許が多く、権利範囲が未確定なものが多かったためと思われる。

電気系の企業で「企業秘密がもれるから」という理由が14.9％と高いのは、技術のライフサイクルが短く新技術開発が激化しており、さらに、技術自体が模倣されやすいことが原因であるのではないだろうか。

化学系の企業で「企業秘密がもれるから」という理由が7.6％と高いのは、物質特許のノウハウ漏洩に細心の注意を払う必要があるためと思われる。

機械系や一般系の企業で「相手先探し」が、それぞれ8.5％、7.7％と高いことは、これらの分野で技術移転を仲介する者の活躍できる潜在性が高いことを示している。

なお、その他の理由としては、「共同出願先との調整」が12件と多かった。

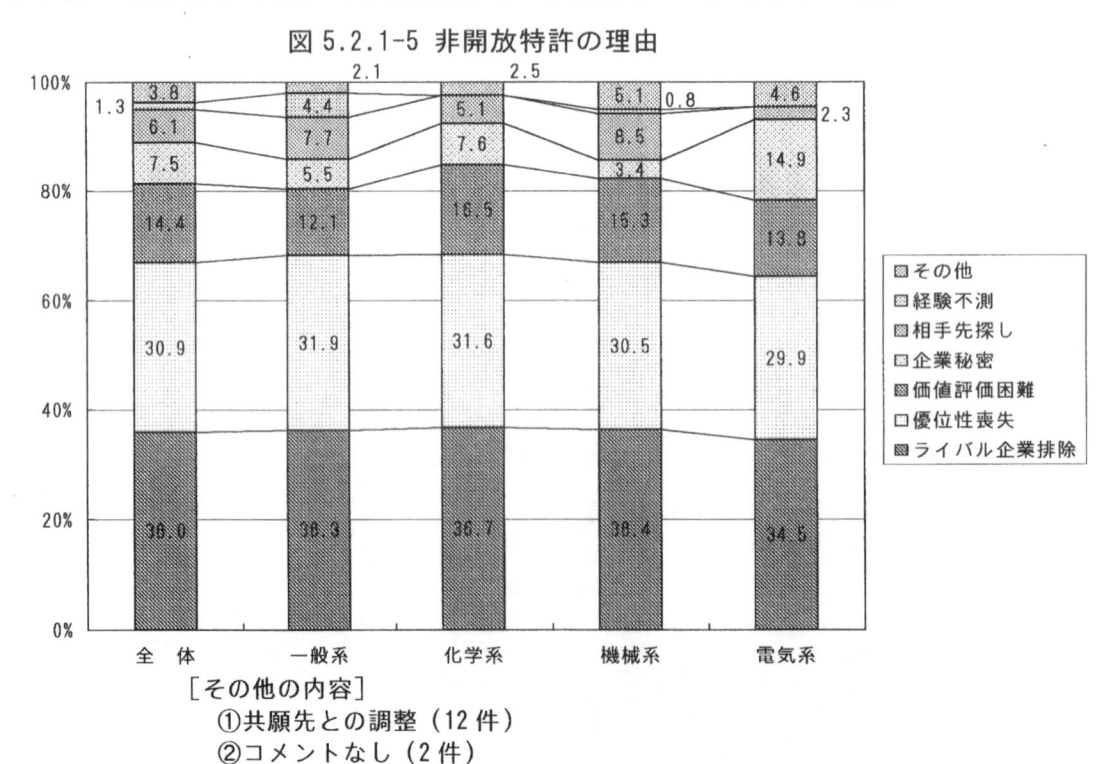

図5.2.1-5 非開放特許の理由

[その他の内容]
①共願先との調整（12件）
②コメントなし（2件）

5.2.2 ライセンス供与に関して
(1) ライセンス活動

ライセンス供与の活動姿勢について質問を行った。

質問内容	一般系	化学系	機械系	電気系	全体
・特許ライセンス供与のための活動を積極的に行っている（積極的）	2.0%	15.8%	4.3%	8.9%	7.5%
・特許ライセンス供与のための活動を行っている（普通）	36.7%	15.8%	25.7%	57.7%	41.2%
・特許ライセンス供与のための活動はやや消極的である（消極的）	24.5%	13.2%	14.3%	10.4%	14.0%
・特許ライセンス供与のための活動を行っていない（しない）	36.8%	55.2%	55.7%	23.0%	37.3%

その結果を、図5.2.2-1 ライセンス活動に示す。306件中295件の回答であった(回答率96.4%)。

何らかの形で特許ライセンス活動を行っている企業は62.7%を占めた。そのうち、比較的積極的に活動を行っている企業は48.7%に上る（「積極的」＋「普通」）。これは、技術移転を仲介する者の活躍できる潜在性がかなり高いことを示唆している。

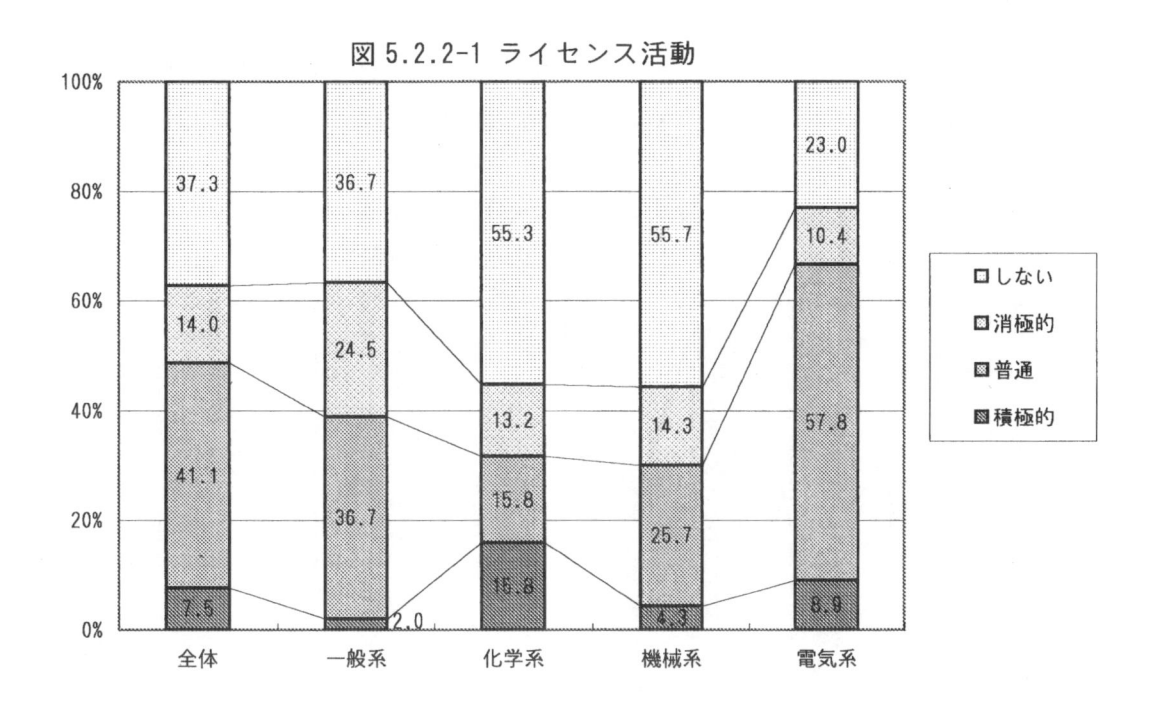

図5.2.2-1 ライセンス活動

(2) ライセンス実績

ライセンス供与の実績について質問を行った。

質問内容	一般系	化学系	機械系	電気系	全体
・供与実績はないが今後も行う方針（実績無し今後も実施）	54.5%	48.0%	43.6%	74.6%	58.3%
・供与実績があり今後も行う方針（実績有り今後も実施）	72.2%	61.5%	95.5%	67.3%	73.5%
・供与実績はなく今後は不明（実績無し今後は不明）	36.4%	24.0%	46.1%	20.3%	30.8%
・供与実績はあるが今後は不明（実績有り今後は不明）	27.8%	38.5%	4.5%	30.7%	25.5%
・供与実績はなく今後も行わない方針（実績無し今後も実施せず）	9.1%	28.0%	10.3%	5.1%	10.9%
・供与実績はあるが今後は行わない方針（実績有り今後は実施せず）	0.0%	0.0%	0.0%	2.0%	1.0%

図5.2.2-2に、ライセンス実績を示す。306件中295件の回答があった（回答率96.4％）。ライセンス実績有りとライセンス実績無しを分けて示す。

「供与実績があり、今後も実施」は73.5％と非常に高い割合であり、特許ライセンスの有効性を認識した企業はさらにライセンス活動を活発化させる傾向にあるといえる。また、「供与実績はないが、今後は実施」が58.3％あり、ライセンスに対する関心の高まりが感じられる。

機械系や一般系の企業で「実績有り今後も実施」がそれぞれ90％、70％を越えており、他業種の企業よりもライセンスに対する関心が非常に高いことがわかる。

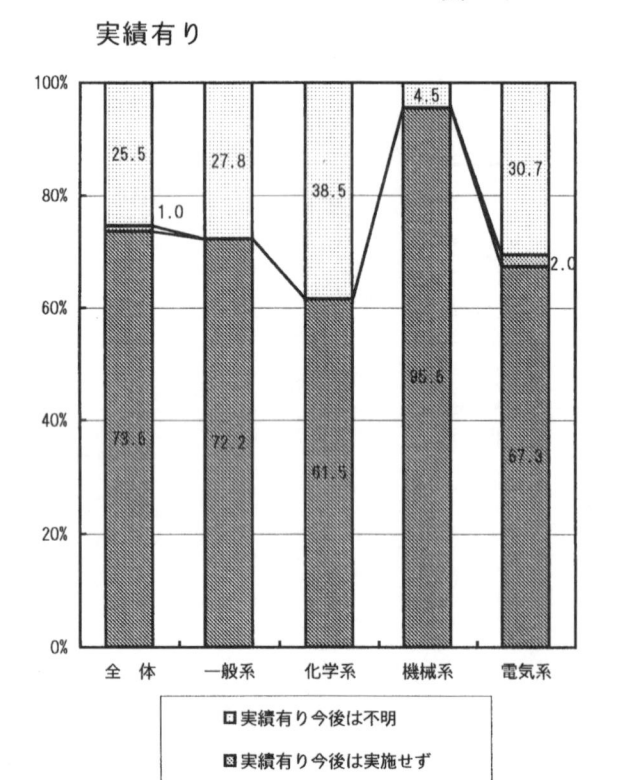

図5.2.2-2 ライセンス実績

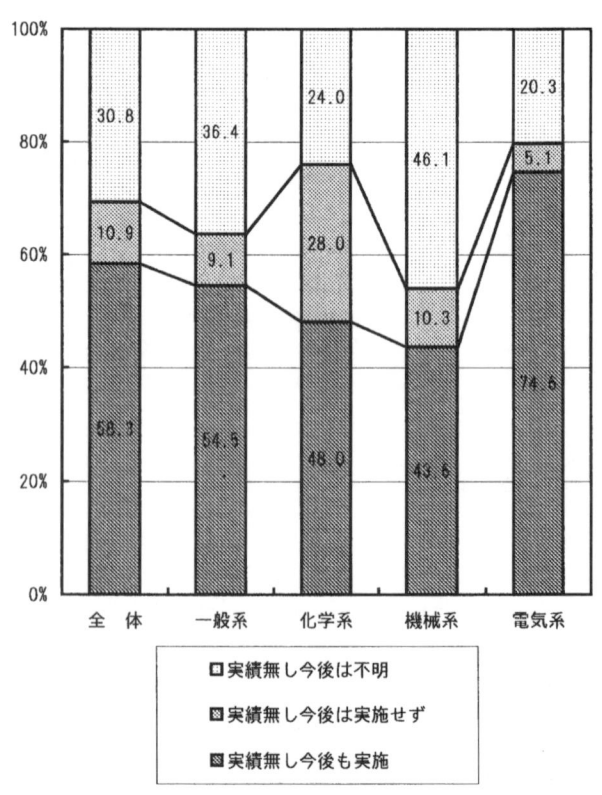

(3) ライセンス先の見つけ方

　ライセンス供与の実績があると 5.2.2 項の(2)で回答したテーマ出願人にライセンス先の見つけ方について質問を行った(複数回答)。

質問内容	一般系	化学系	機械系	電気系	全体
・先方からの申し入れ(申入れ)	27.8%	43.2%	37.7%	32.0%	33.7%
・権利侵害調査の結果(侵害発)	22.2%	10.8%	17.4%	21.3%	19.3%
・系列企業の情報網(内部情報)	9.7%	10.8%	11.6%	11.5%	11.0%
・系列企業を除く取引先企業(外部情報)	2.8%	10.8%	8.7%	10.7%	8.3%
・新聞、雑誌、TV、インターネット等(メディア)	5.6%	2.7%	2.9%	12.3%	7.3%
・イベント、展示会等(展示会)	12.5%	5.4%	7.2%	3.3%	6.7%
・特許公報	5.6%	5.4%	2.9%	1.6%	3.3%
・相手先に相談できる人がいた等(人的ネットワーク)	1.4%	8.2%	7.3%	0.8%	3.3%
・学会発表、学会誌(学会)	5.6%	8.2%	1.4%	1.6%	2.7%
・データベース(DB)	6.8%	2.7%	0.0%	0.0%	1.7%
・国・公立研究機関(官公庁)	0.0%	0.0%	0.0%	3.3%	1.3%
・弁理士、特許事務所(特許事務所)	0.0%	0.0%	2.9%	0.0%	0.7%
・その他	0.0%	0.0%	0.0%	1.6%	0.7%

　その結果を、図 5.2.2-3 ライセンス先の見つけ方に示す。「申入れ」が 33.7%と最も多く、次いで侵害警告を発した「侵害発」が 19.3%、「内部情報」によりものが 11.0%、「外部情報」によるものが 8.3%であった。特許流通データベースなどの「DB」からは 1.7%であった。化学系において、「申入れ」が 40%を越えている。

図 5.2.2-3 ライセンス先の見つけ方

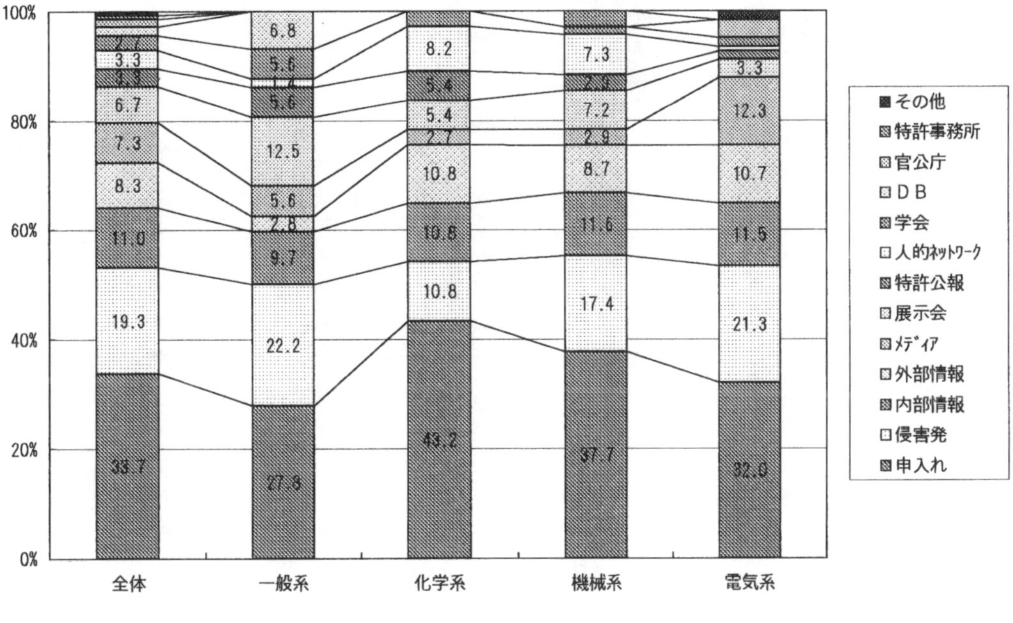

〔その他の内容〕
　①関係団体(2件)

(4) ライセンス供与の不成功理由

5.2.2項の(1)でライセンス活動をしていると答えて、ライセンス実績の無いテーマ出願人に、その不成功理由について質問を行った。

質問内容	一般系	化学系	機械系	電気系	全体
・相手先が見つからない（相手先探し）	58.8%	57.9%	68.0%	73.0%	66.7%
・情勢（業績・経営方針・市場など）が変化した（情勢変化）	8.8%	10.5%	16.0%	0.0%	6.4%
・ロイヤリティーの折り合いがつかなかった（ロイヤリティー）	11.8%	5.3%	4.0%	4.8%	6.4%
・当該特許だけでは、製品化が困難と思われるから（製品化困難）	3.2%	5.0%	7.7%	1.6%	3.6%
・供与に伴う技術移転（試作や実証試験等）に時間がかかっており、まだ、供与までに至らない（時間浪費）	0.0%	0.0%	0.0%	4.8%	2.1%
・ロイヤリティー以外の契約条件で折り合いがつかなかった（契約条件）	3.2%	5.0%	0.0%	0.0%	1.4%
・相手先の技術消化力が低かった（技術消化力不足）	0.0%	10.0%	0.0%	0.0%	1.4%
・新技術が出現した（新技術）	3.2%	5.3%	0.0%	0.0%	1.3%
・相手先の秘密保持に信頼が置けなかった（機密漏洩）	3.2%	0.0%	0.0%	0.0%	0.7%
・相手先がグランド・バックを認めなかった（グランドバック）	0.0%	0.0%	0.0%	0.0%	0.0%
・交渉過程で不信感が生まれた（不信感）	0.0%	0.0%	0.0%	0.0%	0.0%
・競合技術に遅れをとった（競合技術）	0.0%	0.0%	0.0%	0.0%	0.0%
・その他	9.7%	0.0%	3.9%	15.8%	10.0%

その結果を、図5.2.2-4 ライセンス供与の不成功理由に示す。約66.7%は「相手先探し」と回答している。このことから、相手先を探す仲介者および仲介を行うデータベース等のインフラの充実が必要と思われる。電気系の「相手先探し」は73.0%を占めていて他の業種より多い。

図5.2.2-4 ライセンス供与の不成功理由

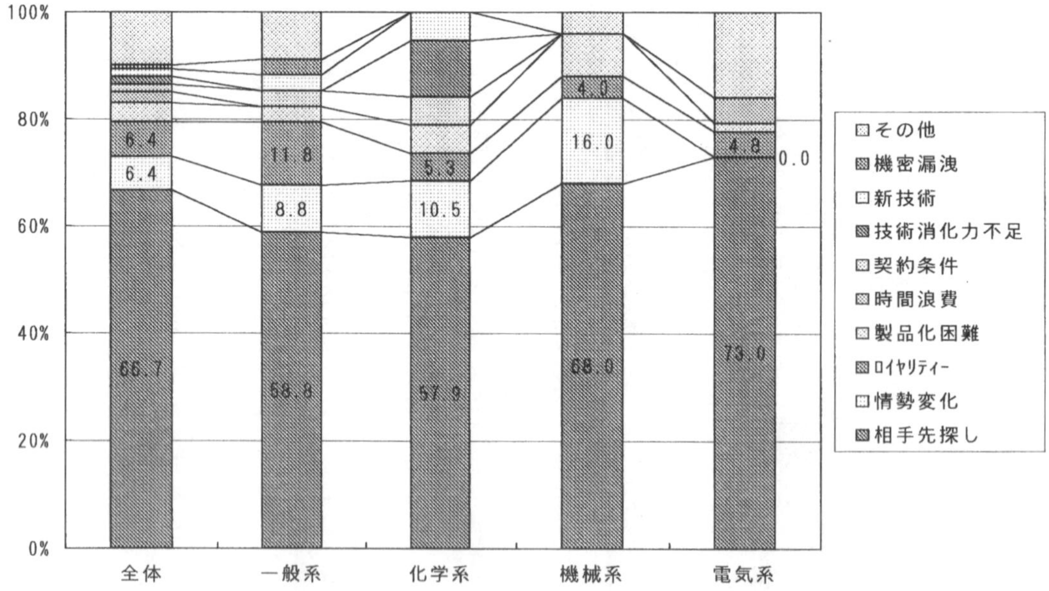

〔その他の内容〕
①単独での技術供与でない
②活動を開始してから時間が経っていない
③当該分野では未登録が多い（3件）
④市場未熟
⑤業界の動向（規格等）
⑥コメントなし（6件）

5.2.3 技術移転の対応
(1) 申し入れ対応

技術移転してもらいたいと申し入れがあった時、どのように対応するかについて質問を行った。

質問内容	一般系	化学系	機械系	電気系	全体
・とりあえず、話を聞く(話を聞く)	44.3%	70.3%	54.9%	56.8%	55.8%
・積積極的に交渉していく(積極交渉)	51.9%	27.0%	39.5%	40.7%	40.6%
・他社への特許ライセンスの供与は考えていないので、断る(断る)	3.8%	2.7%	2.8%	2.5%	2.9%
・その他	0.0%	0.0%	2.8%	0.0%	0.7%

その結果を、図 5.2.3-1 ライセンス申し入れ対応に示す。「話を聞く」が 55.8%であった。次いで「積極交渉」が 40.6%であった。「話を聞く」と「積極交渉」で 96.4%という高率であり、中小企業側からみた場合は、ライセンス供与の申し入れを積極的に行っても断られるのはわずか 2.9%しかないということを示している。一般系の「積極交渉」が他の業種より高い。

図 5.2.3-1 ライセンス申入れの対応

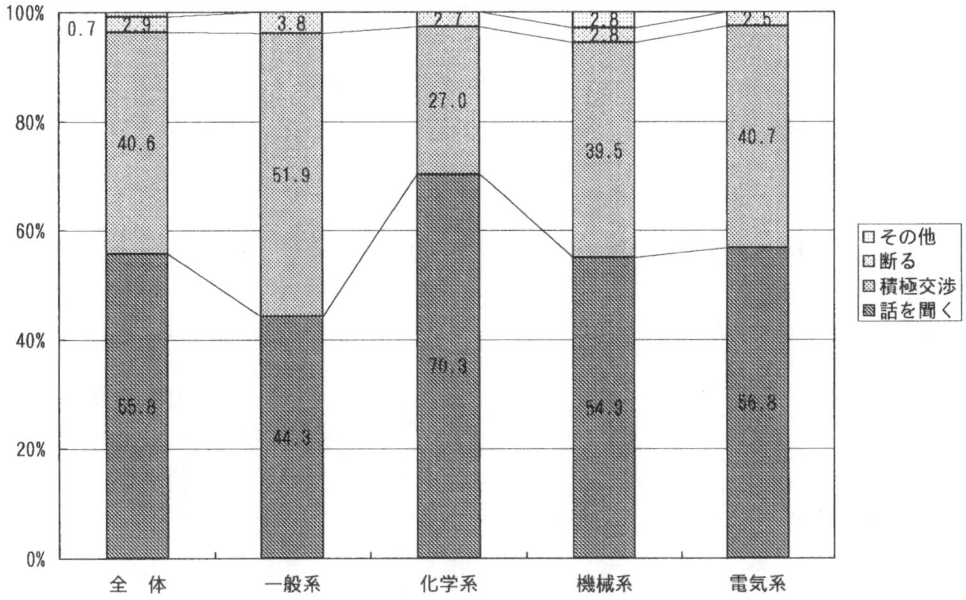

(2) 仲介の必要性

ライセンスの仲介の必要性があるかについて質問を行った。

質問内容	一般系	化学系	機械系	電気系	全体
・自社内にそれに相当する機能があるから不要(社内機能あるから不要)	36.6%	48.7%	62.4%	53.8%	52.0%
・現在はレベルが低いので不要(低レベル仲介で不要)	1.9%	0.0%	1.4%	1.7%	1.5%
・適切な仲介者がいれば使っても良い(適切な仲介者で検討)	44.2%	45.9%	27.5%	40.2%	38.5%
・公的支援機関に仲介等を必要とする(公的仲介が必要)	17.3%	5.4%	8.7%	3.4%	7.6%
・民間仲介業者に仲介等を必要とする(民間仲介が必要)	0.0%	0.0%	0.0%	0.9%	0.4%

図 5.2.3-2 に仲介の必要性の内訳を示す。「社内機能あるから不要」が 52.0％を占め、最も多い。アンケートの配布先は大手企業が大部分であったため、自社において知財管理、技術移転機能が整備されている企業が 50％以上を占めることを意味している。

次いで「適切な仲介者で検討」が 38.5％、「公的仲介が必要」が 7.6％、「民間仲介が必要」が 0.4％となっている。これらを加えると仲介の必要を感じている企業は 46.5％に上る。

自前で知財管理や知財戦略を立てることができない中小企業や一部の大企業では、技術移転・仲介者の存在が必要であると推測される。

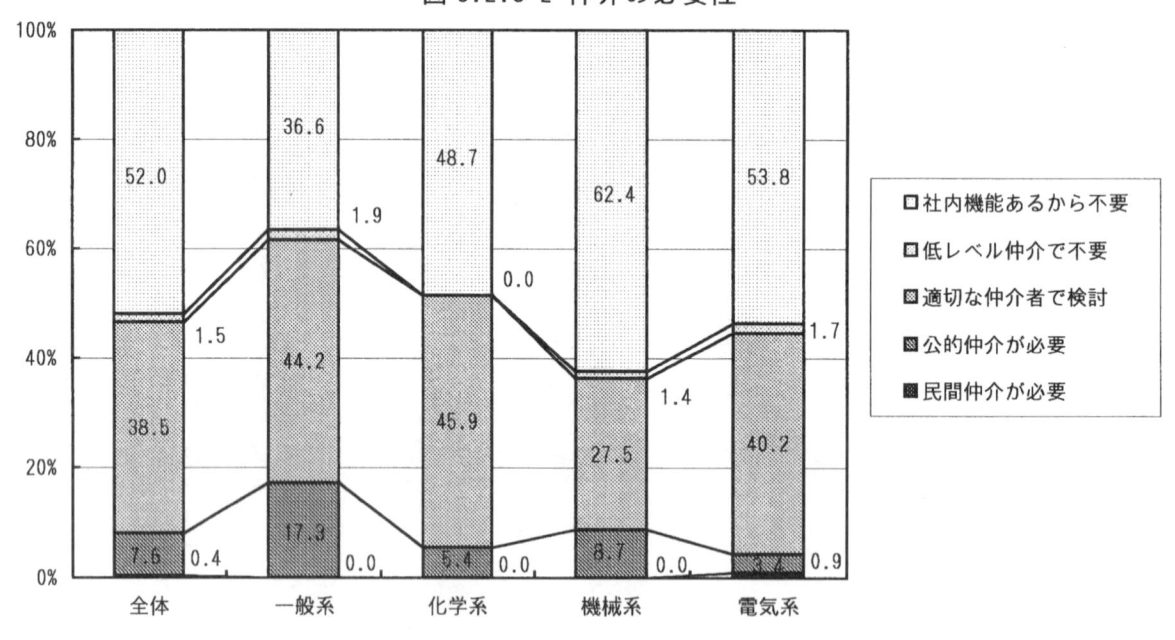

図 5.2.3-2 仲介の必要性

5.2.4 具体的事例
(1) テーマ特許の供与実績

技術テーマの分析の対象となった特許一覧表を掲載し(テーマ特許)、具体的にどの特許の供与実績があるかについて質問を行った。

質問内容	一般系	化学系	機械系	電気系	全体
・有る	12.8%	12.9%	13.6%	18.8%	15.7%
・無い	72.3%	48.4%	39.4%	34.2%	44.1%
・回答できない(回答不可)	14.9%	38.7%	47.0%	47.0%	40.2%

図 5.2.4-1 に、テーマ特許の供与実績を示す。

「有る」と回答した企業が 15.7%であった。「無い」と回答した企業が 44.1%あった。「回答不可」と回答した企業が 40.2%とかなり多かった。これは個別案件ごとにアンケートを行ったためと思われる。ライセンス自体、企業秘密であり、他者に情報を漏洩しない場合が多い。

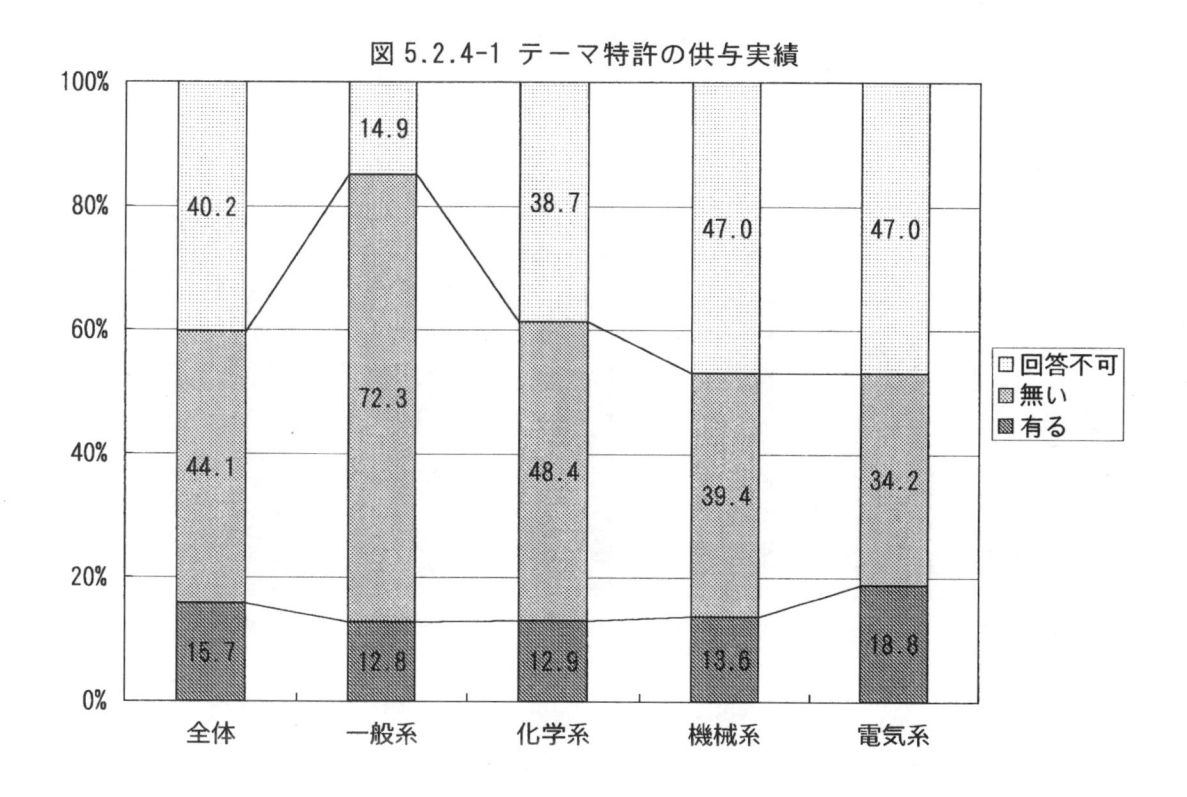

図 5.2.4-1 テーマ特許の供与実績

(2) テーマ特許を適用した製品

「特許流通支援チャート」に収蔵した特許（出願）を適用した製品の有無について質問を行った。

質問内容	一般系	化学系	機械系	電気系	全体
・回答できない(回答不可)	27.9%	34.4%	44.3%	53.2%	44.6%
・有る。	51.2%	43.8%	39.3%	37.1%	40.8%
・無い。	20.9%	21.8%	16.4%	9.7%	14.6%

図 5.2.4-2 に、テーマ特許を適用した製品の有無について結果を示す。

「有る」が 40.8％、「回答不可」が 44.6％、「無い」が 14.6％であった。一般系と化学系で「有る」と回答した企業が多かった。

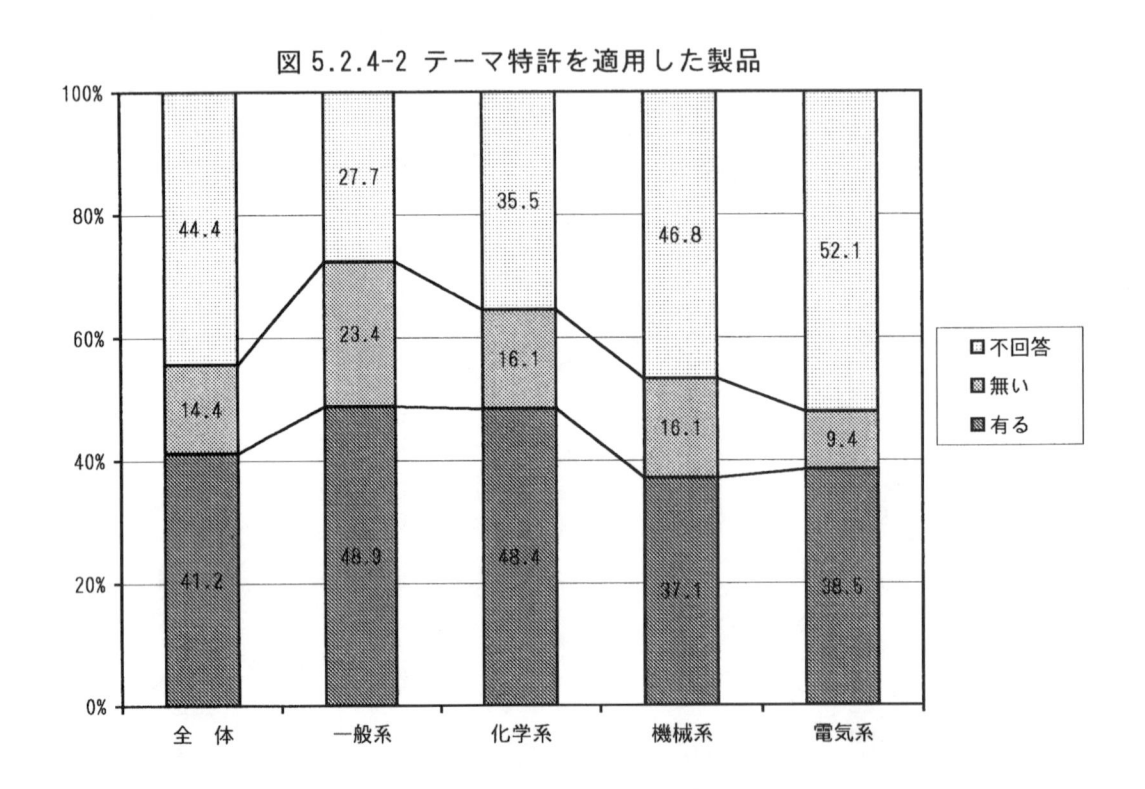

図 5.2.4-2 テーマ特許を適用した製品

	全体	一般系	化学系	機械系	電気系
不回答	44.4	27.7	35.5	46.8	52.1
無い	14.4	23.4	16.1	16.1	9.4
有る	41.2	48.9	48.4	37.1	38.5

5.3 ヒアリング調査

アンケートによる調査において、5.2.2の(2)項でライセンス実績に関する質問を行った。その結果、回収数306件中295件の回答を得、そのうち「供与実績あり、今後も積極的な供与活動を実施したい」という回答が全テーマ合計で25.4%(延べ75出願人)あった。これから重複を排除すると43出願人となった。

この43出願人を候補として、ライセンスの実態に関するヒアリング調査を行うこととした。ヒアリングの目的は技術移転が成功した理由をできるだけ明らかにすることにある。

表5.3にヒアリング出願人の件数を示す。43出願人のうちヒアリングに応じてくれた出願人は11出願人(26.5%)であった。テーマ別且つ出願人別では延べ15出願人であった。ヒアリングは平成14年2月中旬から下旬にかけて行った。

表5.3 ヒアリング出願人の件数

ヒアリング候補出願人数	ヒアリング出願人数	ヒアリングテーマ出願人数
43	11	15

5.3.1 ヒアリング総括

表5.3に示したようにヒアリングに応じてくれた出願人が43出願人中わずか11出願人(25.6%)と非常に少なかったのは、ライセンス状況およびその経緯に関する情報は企業秘密に属し、通常は外部に公表しないためであろう。さらに、11出願人に対するヒアリング結果も、具体的なライセンス料やロイヤリティーなど核心部分については充分な回答をもらうことができなかった。

このため、今回のヒアリング調査は、対象母数が少なく、その結果も特許流通および技術移転プロセスについて全体の傾向をあらわすまでには至っておらず、いくつかのライセンス実績の事例を紹介するに留まらざるを得なかった。

5.3.2 ヒアリング結果

表5.3.2-1にヒアリング結果を示す。

技術移転のライセンサーはすべて大企業であった。

ライセンシーは、大企業が8件、中小企業が3件、子会社が1件、海外が1件、不明が2件であった。

技術移転の形態は、ライセンサーからの「申し出」によるものと、ライセンシーからの「申し入れ」によるものの2つに大別される。「申し出」が3件、「申し入れ」が7件、「不明」が2件であった。

「申し出」の理由は、3件とも事業移管や事業中止に伴いライセンサーが技術を使わなくなったことによるものであった。このうち1件は、中小企業に対するライセンスであった。この中小企業は保有技術の水準が高かったため、スムーズにライセンスが行われたとのことであった。

「ノウハウを伴わない」技術移転は3件で、「ノウハウを伴う」技術移転は4件であった。

「ノウハウを伴わない」場合のライセンシーは、3件のうち1件は海外の会社、1件が中小企業、残り1件が同業種の大企業であった。

大手同士の技術移転だと、技術水準が似通っている場合が多いこと、特許性の評価やノウハウの要・不要、ライセンス料やロイヤリティー額の決定などについて経験に基づき判断できるため、スムーズに話が進むという意見があった。

　中小企業への移転は、ライセンサーもライセンシーも同業種で技術水準も似通っていたため、ノウハウの供与の必要はなかった。中小企業と技術移転を行う場合、ノウハウ供与を伴う必要があることが、交渉の障害となるケースが多いとの意見があった。

　「ノウハウを伴う」場合の4件のライセンサーはすべて大企業であった。ライセンシーは大企業が1件、中小企業が1件、不明が2件であった。

　「ノウハウを伴う」ことについて、ライセンサーは、時間や人員が避けないという理由で難色を示すところが多い。このため、中小企業に技術移転を行う場合は、ライセンシー側の技術水準を重視すると回答したところが多かった。

　ロイヤリティーは、イニシャルとランニングに分かれる。イニシャルだけの場合は4件、ランニングだけの場合は6件、双方とも含んでいる場合は4件であった。ロイヤリティーの形態は、双方の企業の合意に基づき決定されるため、技術移転の内容によりケースバイケースであると回答した企業がほとんどであった。

　中小企業へ技術移転を行う場合には、イニシャルロイヤリティーを低く抑えており、ランニングロイヤリティーとセットしている。

　ランニングロイヤリティーのみと回答した6件の企業であっても、「ノウハウを伴う」技術移転の場合にはイニシャルロイヤリティーを必ず要求するとすべての企業が回答している。中小企業への技術移転を行う際に、このイニシャルロイヤリティーの額をどうするか折り合いがつかず、不成功になった経験を持っていた。

表5.3.2-1 ヒアリング結果

導入企業	移転の申入れ	ノウハウ込み	イニシャル	ランニング
－	ライセンシー	○	普通	－
－	－	○	普通	－
中小	ライセンシー	×	低	普通
海外	ライセンシー	×	普通	－
大手	ライセンシー	－	－	普通
大手	ライセンシー	－	－	普通
大手	ライセンシー	－	－	普通
大手	－	－	－	普通
中小	ライセンサー	－	－	普通
大手	－	－	普通	低
大手	－	○	普通	普通
大手	ライセンサー	－	普通	－
子会社	ライセンサー	－	－	－
中小	－	○	低	高
大手	ライセンシー	×	－	普通

＊特許技術提供企業はすべて大手企業である。

（注）
　ヒアリングの結果に関する個別のお問い合わせについては、回答をいただいた企業とのお約束があるため、応じることはできません。予めご了承ください。

資料6. 特許番号一覧

上位20社以外の登録および公開特許一覧(1/8)

技術要素	課題	特許No.	発明の名称	特許分類	発明の概要	筆頭出願人
メタルカーテンウォール	耐震性・耐風圧性向上	特許2551905	カーテンウォールユニット	E04B2/94	外側パネルと内側パネルを、接着剤により固定し一体化する	トーヨーサッシ●
		特許2945151	パネルユニット	E04B2/90	表皮材に取り付けた補強材と縦柱が、相対回転可能とした	日本碍子
		実公平07-034971	壁パネルの取付構造	E04B2/90	取付金具の取付穴を丸穴とし、他の取付穴を長穴とする	日本碍子
	工期短縮	特許2862666	外壁パネルの取り付け方法及びこれに用いる外壁パネル	E04B2/96	パネル取付け用金具の平板状延在部を、金具支持部上に載置して取り付ける	日本碍子●
		特許2862667	外壁パネルの取り付け方法及びこれに用いる外壁パネル	E04B2/96	第一のパネルに第二のパネルを載置し、連結具により金具取り付け座に固定する	日本碍子●
	メインテナンス性向上	特許2881531	カーテンウォールユニットにおける外装板取付構造	E04B2/90	外装板は、一方の側縁部においては保持枠側に対して係合し、他方の側縁部では室外側から締結具に取付ける	東急建設
	強度向上	特許3113441	壁パネルの取付方法および取付部の構造	E04B2/94	一方の取付部においては、長手方向への摺動を阻止した状態で、他の取付部では長手方向に摺動可能に取付ける	日本碍子
	作業性向上	特開平10-025848	ワンタッチファスナー	E04B2/94	パネルは、調整機能を有する1段ファスナによって支持される	日立機材●
	耐火性向上	特開2000-230286	カーテンウォール用パネル	E04B1/94	板状のロックウールの一方の面に耐火性の表面版を貼付け、他の面に防湿性のシートを張付ける	日東紡績●
	その他	特許3101537	防汚性建築材料及び外装建材ユニット	E04B2/00	シリコンシーラント材近傍の部材表面に光の照射下で光触媒作用を有する半導体を含む薄膜をコーティングする	吉田工業●
		特開平10-037358	カーテンウォール	E04B2/96	壁体を躯体に取付ける取付けアームを細くする	堀池秀人都市建築研究所
PCカーテンウォール	強度向上	特開平09-324482	コンクリートパネルとその製造方法	E04B1/98	隙間を形成して鋼製アンカーを取付ける	小野田セメント●
		特開2001-214561	軽量PCカーテンウォールとその製造方法	E04B2/94	下地材とモルタル層を立毛布帛で強化する	大林組
		特許2869005	ガラス繊維補強セメント壁パネルの製造方法	E04C2/38	パネル外周フレームを、型枠にスペーサを介して、ガラス繊維補強セメント壁パネルに取付ける	大和ハウス工業

上位20社以外の登録および公開特許一覧(2/8)

技術要素	課題	特許No.	発明の名称	特許分類	発明の概要	筆頭出願人
PCカーテンウォール	耐震・耐風圧性向上	特開平09-049282	外壁パネルの取付構造	E04B2/94	パネルに螺着したボルト下端を自重受け金物に当て、パネルを浮かせる	ミサワセラミックス
		特許3019610	建物の制振構造	E04H9/02,341	パネルを揺動可能に取付けて振子運動をさせ、振動による変位を吸収する	大林組
		特開平09-302826	カーテンウォールの取付構造	E04B2/94	高さ方向中央部のボルトを、ルーズホールで締結する	大林組
	作業性向上	実登2554228	軽量気泡コンクリートパネルの吊上げ用埋込金具	E04C2/30	アングルピース端面を、外枠の帯板面に溶接固定する	ミサワセラミックス
		実登2502695	複合耐火パネルの取付構造	E04B2/90	めねじ部材に位置調整ボルトをねじ込み、建物躯体の上面および下面にアングル材を設け、パネル位置を調整する	日本碍子
	製造の容易化	特許3176820	コーナーパネル	E04F13/08,101	平板矩形状のパネルを、所望のコーナー形状に接着する	ミサワセラミックス
		特許2866592	捨て型枠使用外壁パネルおよびその製造方法	E04C2/38	捨て型枠を外壁パネルの外周フレームとし、型枠の清掃作業を省く	大和ハウス工業
ガラスカーテンウォール	作業性向上	実登2562398	方立用位置決め固定具	E04G21/18	上下位置決め部を有し、上位を揺動及び摺動可能な治具とする	フジタ●
		特開平10-169161	結晶化ガラス建材およびその取付け方法	E04F13/14,104	外壁面に取付けた矩形状フレームの段差面にエポキシ変成シリコン樹脂を塗布し、結晶化ガラス板を段差面に貼る	麒麟麦酒●
	耐震・耐風圧性向上	特許2817579	張索構造体	E04B1/98	引張ケーブルにプレストレスを導入する	大林組
複合材・その他カーテンウォール	作業性向上	特許2829571	耐火パネルの支持構造およびその支持構造を備えた耐火パネルの取付構造	E04B2/94	建屋の上下方向と水平方向に設けたアングル材を固着し、耐火パネルを躯体に取付ける	日本碍子
		特開平09-060241	外壁パネルおよび外壁パネル構造	E04F13/08	溝にガスケットを圧縮状態で埋込み、反発力でプレコートシートを取付ける	大和ハウス工業
		特開平11-030001	外壁パネル取付構造	E04B2/90	外壁パネルの枠側面に、第1取付部材を取付ける	大和ハウス工業
		実登2545278	パネルフレームの接合構造	E04C2/38	接合金物を介して、片側締込みリベットにより枠材を接合する	大和ハウス工業
	強度向上	特開平11-324190	カーテンウォールパネルの取付け構造	E04B2/88	ボルトと座金を溶接し、座金の角部がファスナに当接させる	大和ハウス工業
		実登2561669	建築壁パネルの取付け構造	E04B2/90	柱の溝に係合した固定用金物の拡幅部を、柱材に圧着固定する手段を設ける	大林組

上位20社以外の登録および公開特許一覧(3/8)

技術要素	課題	特許No.	発明の名称	特許分類	発明の概要	筆頭出願人
カーテンウォール・その他	外観意匠性向上	特許2945815	外壁パネルのシール構造	E04B2/94	横目地用空間部を、縦目地用空間部に対してオフセットさせる	トヨタ自動車●
	構造の簡素化・共通化	特許3044462	壁面構造体	E04B2/56,643	可動サッシと中空パネル部材とを、固定サッシで構成する	三井建設●
	製造の容易化	特開平08-199710	外壁パネルおよびその製造方法	E04B2/00	縦フレーム材の裏面に沿って横フレーム材の端部に跨る裏当て桟を設け、縦および横のフレーム材に固定する	大和ハウス工業
パネルタイプ取付け	作業性向上	特許2887375	壁パネルの取付け装置	E04B2/94	梁側金物の立片を梁部材下面より突出して取付ける	ミサワセラミックス
		特公平08-016366	壁パネル下部の取付け装置	E04B2/94	クサビプレートと支持材により、金物本体に固定されたパネルを、ボルトにより高さ調整する	ミサワセラミックス
		特公平08-016367	壁パネル上部の取付け装置	E04B2/94	短冊状の上側プレートを、摺動可能に係合支持する	ミサワセラミックス
		特許2501387	壁パネル下部の取付金具	E04B2/94	パネルを壁パネル側部材と梁側支持部材により支持し、ボルトにより縦方向の位置調整を行う	ミサワセラミックス●
		特許2633139	コンクリートパネル取付金物、及びそれを用いた取付構造	E04B2/94	掛金物が、鉛直および水平方向で受け金物を支持する	ミサワセラミックス
		特許2633140	パネル取付方法	E04B2/94	調整ボルトの回動のみで掛金物と受金物を位置決めし、パネルを固定する	ミサワセラミックス
		特許2629119	壁パネル下部の取付金具	E04B2/94	壁パネルの突出片にナットを取付け、調整ボルトを螺合する	ミサワセラミックス●
		特許2660945	壁パネル下部の取付け構造	E04B2/94	係合片下部の係合溝を、支持部材の立片に係合する	ミサワセラミックス
		特許2660946	壁パネル上部の取付け構造	E04B2/94	係合部材の位置調整を、段付きスペーサにより行う	ミサワセラミックス
		特許2602193	エレベータユニット躯体及びその壁パネル取付け金具	B66B7/00	エレベータユニット躯体を、予め地上で組立てる	ミサワセラミックス
		特許2730008	パラペット版の取付け構造	E04F13/08,101	取付用アンカー部材と係合金具と定規アングルとファスナにより、支持壁とパラペット版を固定する	ミサワセラミックス
		特開平08-060770	カーテンウォール構法における壁パネル取り付け用定規部材の取り付け構造	E04B2/94	隣接する鉄骨梁の端部同士を接続するプレートの両端部に、受け部材の脚部を溶接固定し、この受け部材にL形定規部材を設け、パネルを取付ける	ミサワセラミックス

上位20社以外の登録および公開特許一覧(4/8)

技術要素	課題	特許No.	発明の名称	特許分類	発明の概要	筆頭出願人
パネルタイプ取付け	作業性向上	特開平11-303271	軽量気泡コンクリート製壁パネルの取付け構造	E04B2/94	ボルト挿入孔をバーリング加工孔とする	ミサワセラミックス
		実公平07-034976	壁パネルの取付金物	E04B2/94	パネルに取付けられた背面板の両側に袖板を装着し、両袖板間に設けられたボルトにより、レベル調整を行う	ミサワセラミックス
		実登2554877	パラペット版の取付構造	E04B2/94	支持壁外面から上端面にかけて、開口する切欠部を設ける	ミサワセラミックス
		実登2569140	壁パネル上部の取付金具	E04B2/94	係止部材の立片を挿入して摺動させ、パネルの面方向変位を可能とする	ミサワセラミックス
		実登2570472	壁パネル下部の取付金具	E04B2/94	取付片突出片に、支持アングルの立片の係合溝を有する	ミサワセラミックス
		特開平08-128137	外壁ユニットパネル工法	E04B2/94	複数のパネルを金具とボルトで締結したユニットパネルを、L字金具により躯体に取付ける	旭化成建材●
		特開平07-189348	PC板取付方法及び装置	E04B1/38	梁材側支持体のネジ部に螺合した螺合体を、回動する	岡部●
		特開2000-328701	PC板取付け方法および取付け構造	E04B2/94	固定金具を、仮保持状態でコンクリートに打設する	岡部●
		特開平11-256737	ALCパネルの取付構造	E04B2/94	横長孔をもつ取付板を、自重受け板に挿入する	建設省建築研究所長●
		特許2520760	カーテンウォールの取付工法	E04B2/90	二つの取付金具の重ね合せ部に、直交する長穴を設ける	大林組●
		特開平08-053889	壁パネル位置調整装置	E04B2/94	XYZ方向に設けたボルトとナットの係合体により、パネル位置を調整する	大和ハウス工業
		特開平08-189042	H形鋼連続基礎梁の建築部材取合構造	E02D27/00	支柱の柱脚にH型鋼梁のフランジを水平に溶接し、建築部材を取付ける	大和ハウス工業
		特開平09-013558	外壁パネル取付構造	E04B2/90	下向ピン付の下部接合金物と上向溝形嵌合部有する上部接合金物により、パネルを躯体に取付ける	大和ハウス工業
		特開平11-036498	外壁パネルの取付け位置調整機構及び同調整方法	E04B2/94	調整ボルトの下端部を、建物の鉄骨梁に支承する	大和ハウス工業
		特開平11-062076	仮取り合いのための外壁パネルの保持構造	E04B2/90	掛止め用固定プレートに掛止め用回転プレートを設け、パネルを保持する	大和ハウス工業
		特開2000-314199	外壁パネルの上下部取付構造	E04B2/90	外壁パネルの上部と下部に配置されたパネルを、簡素な構造のファスナにより躯体に取付ける	大和ハウス工業

上位20社以外の登録および公開特許一覧(5/8)

技術要素	課題	特許No.	発明の名称	特許分類	発明の概要	筆頭出願人
パネルタイプ取付け	作業性向上	特開2000-355995	建物における壁パネルの施工方法	E04B2/56,642	ガイドレールにより壁パネルを吊って搬送し、所定位置にて固定する	大和ハウス工業
		実登2583784	腰壁構造	E04B2/90	腰壁を、支持梁の上部フランジの上面に設けられた台座に、位置調整自在に取付ける	大和ハウス工業
		実登2593816	壁パネルの位置調整装置	E04B2/94	ファスナ立板部に、互いに直交する取付溝を設ける	大和ハウス工業
		特開2001-027003	建物における壁パネルの取付け金具	E04B2/90	アジャスタボルトと金具により、パネルを水平方向に調整可能とする	日本パワーファスニング●
		実公平06-038966	カーテンウォールの取付構造	E04B2/90	折曲板状のブラケットを、フレームに取付ける	日本碍子
		実登2573534	カーテンウォール用壁パネル	E04B2/90	上部突出片に固設した上向きに延びる垂直片に、上段側に配置される壁パネルのフレームに向けてボルトを設け、前後の調整を可能とする	日本碍子
		実登2586480	カーテンウォール用壁パネルの取付構造	E04B2/94	フレームの下部に固着され屋内側に向って突出する下部突出片にピン穴を設け、この穴に嵌合する連結ピンにより、前後位置を調整する	日本碍子
		実登2500319	ワンタッチファスナー	E04B2/94	水平方向に移動可能な可動フックを設ける	日立機材●
	耐震・耐風圧性向上	特公平07-116782	壁パネルの支持機構	E04B2/94	一次ファスナと二次ファスナで締結する	ミサワセラミックス
		特開平09-165853	壁パネルの取付け構造	E04B2/94	パネル側下部ファスナと一対の受けファスナにより、パネルの変位を吸収する	ミサワセラミックス
		特開平10-046723	カーテンウォールの取り付け構造	E04B2/94	パネルの上下のファスナを設け、面内方向のスライドを可能とする	ミサワセラミックス
		実公平08-004488	壁パネル上部の取付け金物	E04B2/94	平滑面を、研削加工、メッキ層、フッ素樹脂等で形成する	ミサワセラミックス
		実登2548577	垂れ壁パネルの下端支持構造	E04B2/94	垂れ壁パネル下端面に、ボルトの頭を突設させる	ミサワセラミックス
		実登2570475	壁パネルの支持機構	E04B2/94	ファスナの係合溝に、垂直片を係合させて支持する	ミサワセラミックス
		特開平09-268679	ALCパネル用取付金具及びその取付構造	E04B2/94	一側支持部材と他側支持部材とを、上下に配設する	旭硝子建材

上位20社以外の登録および公開特許一覧(6/8)

技術要素	課題	特許No.	発明の名称	特許分類	発明の概要	筆頭出願人
パネルタイプ取付け	耐震・耐風圧性向上	特開平11-022082	PC板取付装置	E04B2/94	上方及び左右に切起片部を形成した取付金具により、水平回転方向の強度を向上させる	岡部●
		特開2001-090235	PC板取付け構造	E04B2/94	面外方向に移動可能なファスナにより、躯体に取付ける	岡部●
		特許2895775	建築構造物	E04B2/90	中層部における梁を継ぎ柱とし、一体的に連結した	戸田建設●
		特許3159042	プレキャストコンクリートカーテンウォールの取付構造	E04B2/94	パネルの破壊前に降伏変形するファスナを使用し、地震等による破壊を防止する	大林組
		特開平09-242233	カーテンウォールの取付構造	E04B2/94	カーテンウォール裏面の上側又は下側にボルトを設け、層間変位を吸収する	大林組
		特開平09-317069	カーテンウォールの取付構造	E04B2/94	ルーズホール両端に、相対移動規制用係合溝を設ける	大林組
		特開平10-096285	カーテンウォールの取付け構造	E04B2/94	カーテンウォール内側面と梁との間に、減衰装置を設ける	大林組
		特開平10-169054	カーテンウォールの取付構造	E04B2/94	層間変位を、ファスナのルーズホールで吸収する	大林組
		特開平11-324191	カーテンウォールパネルの取付け構造	E04B2/88	ボルト螺合部に、エポキシ系樹脂の接着剤を充填する	大和ハウス工業
		特許3028757	電波障害を低減する壁構造	H05K9/00	外装材と電波吸収材と電波反射体を、コンクリート壁の外側面に設けた凹部内に装着して一体化する	大林組
	強度向上	実登2600114	PC板取付用プレートファスナー	E04B1/58,512	PC板面垂直方向に、平板部の斜め上方に傾斜したファスナを設け、強度を向上させる	岡部●
		実登2596609	PC板取付用具	E04B2/94	ねじ付アンカー軸を後部壁に固着し、前壁部を貫通させる	岡部●
		実登2600119	PC板取付用具	E04B1/38	アンカーボルトの軸線にアンカープレートを固着して、パネル面内の強度向上を図る	岡部●
		特開2001-220847	コンクリート壁パネルの取付構造および該取付構造に用いる穿孔位置決め用定規	E04B2/94	断面L字状のフックボルトとアンカー部材により、パネル母材の強度を向上させる	住友金属鉱山シポレックス
		実登2586474	壁パネルの取付部の構造	E04B2/94	連結板の締付板部の上側に、回り止め片とボルト穴とそなえた座板を設け、固定を強化する	日本碍子
	外観意匠性向上	特許2501388	コンクリート製開口パネルの取付け構造	E04B2/94	脚連結部材を、脚部分の下端面よりも下方高さに配置する	ミサワセラミックス
		特許3182571	成形外装板の建込方法	E04B2/94	パネル製作時に、裏面に基準マークを付ける	小野田セメント●

上位20社以外の登録および公開特許一覧(7/8)

技術要素	課題	特許No.	発明の名称	特許分類	発明の概要	筆頭出願人
パネルタイプ取付け	空間の有効利用	特開平10-237997	鉄骨造建物の外壁構造	E04B2/94	室外側の鉄骨柱・梁を、GRCパネルで覆う	大和ハウス工業
パネルタイプ取付け	構造の簡素化・共通化	特開平08-170390	ガラス支持構造	E04B2/90	円盤挟持部、板上載置部とボルト部を一体化する	昭和鋼機●
パネルタイプ取付け	製造の容易化	特許2622931	カーテンウォールパネルへのガラス先付け工法	E04G21/14	ガラスを台車から水平スライドして、パネルに取付ける	佐藤工業●
マリオンタイプ取付け	外観意匠性向上	特開平09-060174	パネル取付構造とパネルの取付工法	E04B2/96	パネル支持ボルトを、袋ナットで支柱側に取付ける	旭硝子ビル建材エンジニアリング●
マリオンタイプ取付け	外観意匠性向上	特開平09-032169	テンションカーテンウォール	E04B2/96	壁面材を挟んで、方立及び張弦材を配置する	黒川紀章建築都市設計事務所●
マリオンタイプ取付け	外観意匠性向上	特開平08-319687	カーテンウォール	E04B2/96	方立に、開閉部縦框が納まる切欠きを設ける	日本設計●
マリオンタイプ取付け	外観意匠性向上	特開2000-027345	カーテンウォール	E04B2/96	パネル体に、航空障害灯を内蔵する凹部を配設する	日本設計●
マリオンタイプ取付け	外観意匠性向上	特開2000-027346	大型パネル支持構造	E04B2/96	上下の躯体を柱で連結し、それに方立を連結する	日本設計●
マリオンタイプ取付け	耐震・耐風圧性向上	特許2708353	連窓方立の取付装置	E06B1/18	二分割した方立を横枠に、摺動自在に取付可能とする	トーヨーサッシ●
マリオンタイプ取付け	耐震・耐風圧性向上	特開平10-196023	カーテンウォール	E04B2/96	保持材を介在させて、幅狭パネルを上下動自在にする	トーヨーサッシ●
マリオンタイプ取付け	耐震・耐風圧性向上	実登2585991	横張り方式による壁パネルの取付構造	E04B2/94	定規アングルに対して、上側金物を摺動可能に係止する	ミサワセラミックス
マリオンタイプ取付け	耐震・耐風圧性向上	特開平09-060175	板材用支持具及び板材の支持構造	E04B2/96	ガラス支持球状体を、受け部材凹陥部へ嵌合する	大塚 隆●
マリオンタイプ取付け	耐震・耐風圧性向上	特許2766966	カーテンウォールにおけるスライド式面材下端受支構造	E04B2/96	ガラス受支板を躯体側筒軸に摺動自在に嵌装し、外力を吸収する	日建設計●
マリオンタイプ取付け	作業性向上	特開平09-144188	外壁パネルの取付構造	E04B2/96	自重受け金物水平片に、自重受け金物垂直片を形成する	ミサワセラミックス
マリオンタイプ取付け	作業性向上	特開平11-200586	外装材の取付構造	E04F13/08	板ナットを、外装材のリップ溝型材の長手方向にスライド可能に保持し、躯体に取付ける	大和ハウス工業
マリオンタイプ取付け	作業性向上	特開平07-139067	カーテンウォール	E04B2/96	パネルを金具により係合支持し、ネジ筒により出入りを調整する	日建設計●
マリオンタイプ取付け	気密性向上	特開平10-131368	カーテンウォールの漏水防止構造	E04B2/96	無目のガラスのみ込み空間に、加圧空気を供給する	大林組
マリオンタイプ取付け	強度向上	特開平11-200542	サッシ	E04B2/96	横枠に固定した補強部材に、リブガラスを支持する	大林組●

上位20社以外の登録および公開特許一覧(8/8)

技術要素	課題	特許No.	発明の名称	特許分類	発明の概要	筆頭出願人
ガスケットによる接合	作業性向上	特開平10-266525	コーナーパネルの取付け構造及び取付け方法	E04F13/08,101	コーナーパネルの上下部の出入りを規定する定規金物を設け、シール材の取付けを容易にする	ミサワセラミックス
		特公平08-030368	外壁目地の防水構造	E04B1/684	ガスケット装着溝を有する防水用枠に、ガスケットを装着する	大和ハウス工業
		特開平09-013517	ユニット工法建物における乾式目地構造、乾式目地材およびその工法	E04B1/64	連接部付近間の乾式目地材と、他部位目地材と分割する	大和ハウス工業
	外観意匠性向上	特開平07-026646	外壁構造	E04B2/90	外装面材同士の接合を、防水材を介在した凹部と凸状の噛合わせで行う	大和ハウス工業
	気密性向上	実公平06-040734	壁パネルの雨仕舞構造	E04B2/96	壁パネル内側位置に雨樋を取付け、雨水受けに誘導する	日本碍子
オープンジョイントによる接合	気密性向上	特許2965918	カーテンウォール	E04B2/90	等圧空間と気密材の間に、気密空間を形成する	ノザワ●
		特許3180946	カーテンウォール	E04B2/88	一つのタイト部材で、等圧空間を形成する	ノザワ●
		特開2000-120200	十分な容積の等圧空間をもつ薄型カーテンウォール	E04B2/90	ウォールユニットに、等圧空間を外気に連通させる通孔が形成された、中間通気止水カバーを取付ける	日新製鋼●
		特開2000-120201	薄型カーテンウォール	E04B2/90	等圧空間は、中間通気止水カバーの通気孔及び排水、止水ブロックの軟質弾性体間で外気に連通させる	日新製鋼●
	外観意匠性向上	実公平07-034970	カーテンウォールのオープンジョイント構造	E04B2/90	隣合う壁パネルの第1、第2、第3および第4突出片部の先端と、パネルの型材との間にシール材を設け、型材間と外圧の等圧構造を形成する	日本碍子
		実登2523739	カーテンウォールのオープンジョイント構造	E04B2/90	隣合う一方の壁パネルの第1、2突出片部の間と、第3、4突出片部の間にそれぞれシールを介在させ、等圧空間を形成する	日本碍子
接合部の排水	気密性向上	特開2000-120198	薄型カーテンウォールの連接構造	E04B2/90	縦目地に沿った雨水の流路と、水切フレーム上の雨水の流路を、遮断する軟質弾性体を備える	日新製鋼●
		特開2000-120199	カーテンウォールユニット	E04B2/90	壁面に沿って流下した雨水を流水面で受け止め、流水面の傾斜によって偏向させる	日新製鋼●
	排水性向上	実登2586677	内樋排水構造	E04B1/64	外壁面に内樋を設け、水切り板の下縁を、化粧胴差の下端の排水孔に雨水を導くように傾斜させる	大和ハウス工業

共願されている特許については筆頭出願人に●印を付けた。
なお、以上の特許に対し、ライセンスできるかどうかは、各企業の状況により異なる。

特許流通の現状

(1) PATOLIS での検索結果

ライセンス提供の用意のある特許・実用新案をPATOLISで検索し、本テーマに関連し、権利存続中のものを15件抽出した。これらを資料6-1に示す。

ライセンス提供の用意のある特許
(PATOLIS での検索、2002年1月31日現在)

出願日	公報番号	筆頭出願人	発明等の名称
90.3.14	特公平 07-116782	ミサワセラミックス	壁パネルの支持機構
90.5.21	特許 2596849	菊水化学工業	石綿被覆層の徐去工法
91.1.29	特公平 08-16366	ミサワセラミックス	壁パネル下部の取付け装置
91.2.12	特公平 08-16367	ミサワセラミックス	壁パネル上部の取付け装置
92.4.16	特許 2633139	ミサワセラミックス	コンクリートパネル取付金物、及びそれを用いた取付構造
92.4.21	特許 2633140	ミサワセラミックス	パネル取付方法
92.11.30	特許 2602193	ミサワセラミックス	エレベータユニット躯体及びその壁パネル取付け金具
93.3.17	特許 2730008	ミサワセラミックス	パラペット版の取付け構造
91.2.27	実公平 08-4488	ミサワセラミックス	壁パネル上部の取付け金物
91.7.23	実登 2554877	ミサワセラミックス	パラペット版の取付構造
91.12.16	実登 2569140	ミサワセラミックス	壁パネル上部の取付金具
92.3.30	実登 2585991	ミサワセラミックス	横張り方式による壁パネルの取付け構造
92.8.27	実登 2554228	ミサワセラミックス	軽量気泡コンクリートパネルの吊上げ用埋込金具
92.8.27	実登 2591388	ミサワセラミックス	パネル取付け構造
93.3.9	実登 2570475	ミサワセラミックス	壁パネルの支持機構

特許流通支援チャート 一般1

カーテンウォール

2002年（平成14年）6月29日　初版発行

編　集　　独立行政法人
©2002　　工業所有権総合情報館
発　行　　社団法人　発明協会

発行所　　社団法人　発明協会

〒105-0001　東京都港区虎ノ門2－9－14
電　話　03（3502）5433（編集）
電　話　03（3502）5491（販売）
Ｆａｘ　03（5512）7567（販売）

ISBN4-8271-0679-7 C3033　印刷：株式会社　丸井工文社
Printed in Japan

乱丁・落丁本はお取替えいたします。

本書の全部または一部の無断複写複製
を禁じます（著作権法上の例外を除く）。

発明協会HP：http://www.jiii.or.jp/

平成13年度「特許流通支援チャート」作成一覧

電気	技術テーマ名
1	非接触型ICカード
2	圧力センサ
3	個人照合
4	ビルドアップ多層プリント配線板
5	携帯電話表示技術
6	アクティブマトリクス液晶駆動技術
7	プログラム制御技術
8	半導体レーザの活性層
9	無線LAN

機械	技術テーマ名
1	車いす
2	金属射出成形技術
3	微細レーザ加工
4	ヒートパイプ

化学	技術テーマ名
1	プラスチックリサイクル
2	バイオセンサ
3	セラミックスの接合
4	有機EL素子
5	生分解性ポリエステル
6	有機導電性ポリマー
7	リチウムポリマー電池

一般	技術テーマ名
1	カーテンウォール
2	気体膜分離装置
3	半導体洗浄と環境適応技術
4	焼却炉排ガス処理技術
5	はんだ付け鉛フリー技術